Traditionelles Taekwon-Do

Christian Forster

Traditionelles Taekwon-Do

Geschichte · Philosophie · Praxis

Palisander

Der Verlag dankt Dr. Janett Kühnert und Norbert Wölfel (Chemnitzer Karateverein) für die fachliche Unterstützung bei der Redaktion.

Deutsche Erstausgabe
1. Auflage 2022

Umschlaggestaltung: Uta Millner unter Verwendung eines Fotos von Winfried Fehrer
Redaktion & Layout: Palisander Verlag
Druck- und Bindearbeiten: Jelgavas tipogrāfija SIA
Printed in Latvia
ISBN 978-3-957840-36-3

www.palisander-verlag.de

Die im Buch verwendeten Zitate wurden an die aktuell geltenden Regeln der Rechtschreibung angepasst.

Der Autor

Christian Forster betreibt seit mehr als 35 Jahren aktiv traditionelles Taekwon-Do. Die Prüfung zum Schwarzgurt (1. Dan) erfolgte 1996, 2018 legte Christian Forster die Prüfung zum Großmeister (5. Dan) bei Großmeister Winfried Fehrer ab. Seit seiner Kindheit nahm er an zahlreichen Lehrgängen in Deutschland und den USA teil und errang etliche Titel als Deutscher Meister.

Christian Forster studierte Lateinische Philologie und Katholische Theologie sowie Erziehungswissenschaften an der Julius-Maximilians-Universität in Würzburg. Er ist als Lehrer am Gymnasium Bad Königshofen i.Gr. tätig. Seit 2017 ist der promovierte Theologe darüber hinaus Lehrbeauftragter am Lehrstuhl für Religionspädagogik und Didaktik des Religionsunterrichtes an der Universität in Würzburg.

Fotografien

Die Fotografien stammen von Christian Forster, Winfried Fehrer, Julia Fehrer, Michael Fehrer, Franziska Forster, Dr. Olaf Dannappel, Theresa Hiller, Armin Forster und Andy Obermeier.

Inhalt

Vorbemerkung

»Auch der weiteste Weg beginnt mit einem ersten Schritt.« – Konfuzius[1]

Das vorliegende Buch über die Kunst des traditionellen Taekwon-Do, über die Grundzüge seiner Entwicklung, seiner Philosophie und über die dieser Bewegungskunst innewohnenden pädagogischen Qualitäten stellt ein kühnes Wagnis dar. Denn die philosophische Grundlage des traditionellen Taekwon-Do bildet der Zen-Buddhismus. Im Zen-Buddhismus gilt die Praxis mehr als die Theorie. Tatsächlich können theoretische Erörterungen sogar dem in der Zen-Praxis angestrebten Ziel, zu wahrer Erkenntnis zu gelangen, im Weg stehen: »Die ursprüngliche Zen-Lehre betonte stets den Aspekt, dass sie nichts zu lehren habe, da die Wirklichkeit nicht durch Lehren, Begrifflichkeiten etc. erfahren werden kann.«[2]

Könnte demnach eine rein theoretische Auseinandersetzung mit einer »Zen-Kunst der Selbstverteidigung«[3] unter diesem Aspekt nicht einfach nur überflüssig sein?

Es wird sich zeigen, dass theoretische Reflexionen und Analysen des traditionellen Taekwon-Do in gewisser Hinsicht nur die Oberfläche der Phänomene beleuchten können. Dass sie jedoch keineswegs überflüssig sind, möchte ich unter anderem anhand meines eigenen Werdegangs aufzeigen.

Ich war ein, wie meine Mutter es einmal ausdrückte, herausforderndes, etwas »schwieriges« Kind. Was heißt das? Nun ja, ich brauchte etwa weniger Schlaf als manch anderer, war sehr lebhaft und hatte einen starken Bewegungsdrang, der sich z. B. darin zeigte, dass ich, sobald ich dazu körperlich in der Lage war, auf alles heraufkletterte, was eine Möglichkeit dazu bot, und sämtliche Gegenstände in Bewegung setzte, die sich bewegen ließen. Zu dieser vielen Energie und dem großen Bewegungsdrang kam bereits sehr früh eine recht schnelle Auffassungsgabe und Reflexionsfähigkeit hinzu. Dies führte dazu, dass ich mich im Kindergarten langweilte, stets hinterfragte, warum ich jetzt gerade dies spielen oder das tun sollte, wenn ich

---

[1] Zu Konfuzius vgl. Sandvoss, E.R.: Geschichte der Philosophie, Wiesbaden, 2004, 154ff.

[2] Ceming, K.: Buddhismus, Frankfurt a.M., 2. Aufl. 2013, 58.

[3] So der Titel eines maßgeblichen Werkes zum traditionellen Taekwon-Do: Kwon, J.-H.: Zen-Kunst der Selbstverteidigung, München, 7. Aufl. 1992.

doch eigentlich ganz andere Pläne hatte ... Die Kindergärtnerinnen stellte das immer wieder vor Herausforderungen. In der Grundschule gestaltete sich die Situation etwas harmonischer, weil sich mir der Sinn des Lernens neuer Dinge, etwa Lesen und Schreiben, von selbst erschloss. Dass Lernen notwendig ist, sah ich ein, ohne dass man mir das hätte erklären müssen. Allerdings offenbarten sich bereits hier weitere Eigenschaften, die mein Leben maßgeblich prägen sollten. Ich war auf der einen Seite sehr begierig zu lernen, auf der anderen Seite aber auch sehr ungeduldig, ehrgeizig und perfektionistisch, nichts konnte schnell genug gehen, vor allem nicht das geistige Durchdringen komplexer Sachverhalte. Diese Eigenschaften führten dazu, dass ich beim Erledigen von Hausaufgaben regelmäßig die Beherrschung verlor, weil ich aus meiner Sicht nicht schnell und effizient genug arbeitete oder gar Schwierigkeiten mit einer Aufgabe hatte. Auf Angebote meiner Eltern, mir zu helfen, reagierte ich zumeist mit den Worten: »Wenn ich zu dumm für etwas bin, nützt auch keine Hilfe etwas.«

Zurückblickend, würde ich mich im Alter von sechs Jahren als bewegungsfreudig, kognitiv leistungsfähig, ungeduldig, überehrgeizig und für Ratschläge von außen schwer zugänglich beschreiben. Ernsthafte Probleme verursachten diese Eigenschaften damals jedoch nicht. Meine Eltern waren so umsichtig, das alles nicht zu dramatisieren oder überengagiert zu reagieren; sie suchten vielmehr nach einem Weg, meine überschäumende Energie in die richtigen Bahnen zu lenken. Der Zufall wollte es, dass ich selbst einen solchen Weg finden sollte. Bei einer Festivität in meinem Heimatort sah ich im Jahr 1987 eine Vorführung des traditionellen Taekwon-Do. Mein zukünftiger Lehrer im Taekwon-Do leitete sie und präsentierte in einer atemberaubenden Demonstration diese asiatische Kampfkunst. Ich war sofort derartig Feuer und Flamme von den Kicks, den Sprüngen und akrobatischen Elementen, dass ich meine Eltern wissen ließ, dass ich das alles auch unbedingt erlernen wolle. Da mein Vater den Taekwon-Do-Meister bereits aus seiner Schulzeit kannte, willigte er ein, dass ich ein Probetraining absolvieren durfte. Für mich war klar, dass ich den optimalen Weg, mich zu bewegen und zu verausgaben, gefunden hatte. Von diesem Zeitpunkt an widmete ich mich eifrig dem Training, zu Beginn zweimal, dann recht schnell dreimal und ab dem zwölften Lebensjahr fünf- bis sechsmal in der Woche. Das Training im traditionellen Taekwon-Do wirkte sich positiv auf mich aus: Zum einen konnte ich dort meine überschüssige Energie in die körperlich sehr anstrengenden Übungen fließen lassen und mich dort auspowern, so dass ich in anderen Bereichen, in der Schule und im Privaten, wesentlich ausgeglichener wurde. Zum anderen lernte ich durch das Training, geduldig an der Verbesserung der einzelnen Techniken zu arbeiten und wurde so insgesamt sehr viel gelassener. Mir wurde bewusst, dass es bisweilen Zeit braucht, um etwas zu lernen, und so bekam ich meinen Hang zu Ungeduld und übersteigertem Ehrgeiz in den Griff. Das Training im traditionellen Taekwon-Do ließ mich außerdem erfahren, was es heißt, Niederlagen und Rückschläge einzustecken, und ich lernte, auch mit Frustration oder körperlichen Verletzungen und Schmerzen umzugehen, diese auszuhalten und nicht gleich aufzugeben oder vor Problemen wegzulaufen.

Der Weg des Trainings im traditionellen Taekwon-Do ist geprägt vom Kampf gegen sich selbst, die eigenen Schwächen und Unzulänglichkeiten, körperlich wie mental, und auch vom Üben mit anderen starken Persönlichkeiten. Dieser Weg lehrte mich, mit selbstbewussten oder auch schwierigen Charakteren auszukommen und diesen Paroli zu bieten. Wer es gewohnt ist zu kämpfen, der lässt sich eben nicht so schnell einschüchtern. Diese Haltung war in der Schule und beim Studium von unschätzbarem Wert und ist es für mich bis heute in meinem Beruf.

Zu verdanken habe ich diese Haltung dem traditionellen Taekwon-Do allgemein und im Speziellen meinem Lehrer, Großmeister Winfried Fehrer, der mir stets ein leuchtendes Vorbild war und ist, der unermüdlich das Feuer der Lehre des traditionellen Taekwon-Do weitergibt und dabei stets alle Schüler, vom kleinsten Anfänger bis hin zum Fortgeschrittenen, selbst unterrichtet, und dies jeden Tag. Er hat mich nachhaltig geprägt, vermittelt mir in jedem Training immer wieder neu die Werte des Taekwon-Do und erinnert daran, dass Taekwon-Do Bewegung ist und nicht Theorie, dass man Taekwon-Do erleben muss, um eine Ahnung davon zu bekommen, dass Tun mehr ist als Reden, ganz im Sinne des Zen-Buddhismus, dass nur derjenige (um an ein Wort des berühmten Kirchenvaters Augustinus zu erinnern), der selbst brennt, der selbst aktiv die Kunst lebt, auch Feuer in anderen entfachen kann.

Ich denke, diese Darstellung meiner persönlichen Geschichte verdeutlicht gut, dass es sich lohnt, die Kunst des traditionellen Taekwon-Do hinsichtlich ihrer pädagogischen Qualitäten zu untersuchen. Dies gilt vielleicht um so mehr heute, in einer Zeit, in der ein Kind, wie ich es war, in vielen Fällen wahrscheinlich mit Medikamenten ruhiggestellt würde. Eine solche Untersuchung kann freilich nur gelingen, wenn vorher die Kunst des Taekwon-Do an sich in Grundzügen dargestellt und erläutert wurde. Das Ziel dieser Abhandlung ist es letztendlich, den Funken zu erzeugen, der das Feuer der Praxis entfacht.

Ich widme dieses Buch meinem Lehrer, Großmeister Winfried Fehrer, der mir nicht nur im Taekwon-Do ein vorbildhafter und inspirierender Meister war und ist, der mir in allen schwierigen Lebenssituationen eine persönliche, menschliche und mentale Stütze war, der mir den Wert und die heilende Wirkung des Trainings offenbarte und der mir immer wieder die eigenen Grenzen, körperlich wie mental, bewusst macht. Ich habe nirgends so viel gelernt wie im Training bei ihm, der in Hinblick auf Taekwon-Do geradlinig, kompromisslos und in jeder Hinsicht vorbildlich voranschreitet und durch diese Haltung seine Schüler mitnimmt, begeistert und menschlich aufbaut. In absoluter Hingabe an die Sache des traditionellen Taekwon-Do lebt er diese Kunst in Perfektion, und ich bin froh und dankbar, dass ich bei ihm lernen konnte und es immer noch kann. Er steht für das im Buch beschriebene Idealmodell, an und von dem man ohne Ende lernen kann.

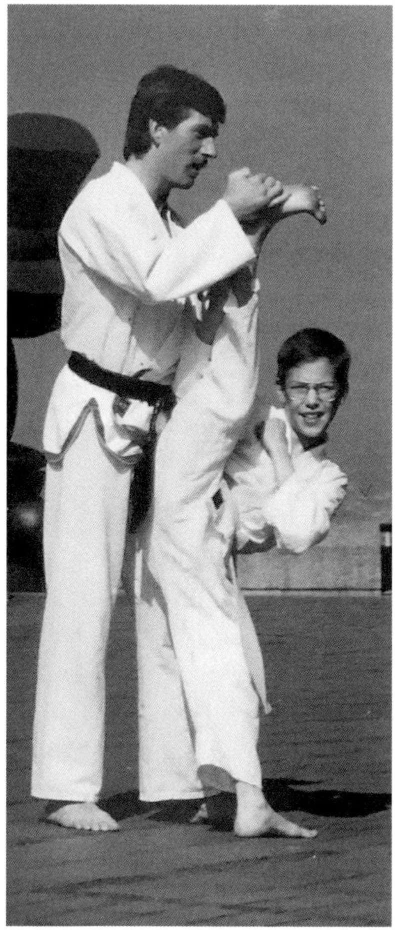

Der Autor mit seinem Lehrer, dem Großmeister Winfried Fehrer, im Jahr 1988

Einleitung

»Fange nie an aufzuhören, höre nie auf anzufangen.« – Marcus Tullius Cicero

Traditionelles Taekwon-Do ist die koreanische Kunst der waffenlosen Selbstverteidigung. Der Begriff »traditionell« impliziert dabei, dass es sich bei dieser Art der Kampfkunst um die ursprüngliche, den Traditionen des Herkunftslandes Korea am ehesten entsprechende Lehrform der Kampfkunst Taekwon-Do handelt. Diese ist sehr der Philosophie des Zen-Buddhismus verbunden. Diese Art der waffenlosen Selbstverteidigung hebt sich von modernen Formen des Taekwon-Do ab, die eher den sportlichen Wettkampf ins Zentrum stellen.[4]

Der beiden Spielarten der Kampfkunst gemeinsame Name »Taekwon-Do«[5] wird gewöhnlich mit »Weg des Fußes und der Hand« in die deutsche Sprache übertragen. Der Wortteil »Tae« bedeutet wörtlich übersetzt »Fuß« und steht symbolisch für alle Techniken, die mit den Beinen und Füßen ausgeführt werden. Dazu gehören vor allem die spektakulären Kicks des Taekwon-Do. »Kwon« kann ebenso wörtlich ins Deutsche übertragen werden und bedeutet »Faust«; die entsprechende symbolische Interpretation umfasst alle Techniken, die mit den Armen und Händen vollführt werden, das heißt Schläge und Blocktechniken, Angriffs- und Abwehrtechniken. »Do«, die letzte Begriffskomponente, wird zumeist mit »Weg« wiedergegeben und bezieht sich symbolisch auf den Weg, den der Lernende, der Schüler des Taekwon-Do, beschreitet. Zunächst steht in diesem Kontext im engeren Sinn der Weg der Entwicklung des Trainierenden im Fokus, seine körperliche und sportliche Weiterentwicklung und damit die Verbesserung seiner technischen Fähigkeiten. Im weiteren Sinn bezieht sich der Begriff »Do«

---

[4] Das olympische Taekwon-Do, das einen recht hohen Bekanntheitsgrad aufweist, stellt eine moderne Spielart des Taekwon-Do dar, das sich vor allem auf den Wettkampf konzentriert und aus diesem Grund die Vielfalt der Disziplinen reduziert. Vgl. hierzu etwa www.dtu.de.

[5] Zwar ist der Begriff gleich, die Schreibweise ist aber, entsprechend der unterschiedlichen Schwerpunktsetzung, zumeist differenziert: Traditionelles Taekwon-Do betont den philosophischen Aspekt des Weges der Unterweisung und Entwicklung des Schülers und trennt die Silbe »Do«, Weg, deshalb mit einem Bindestrich ab, um diesen Aspekt besonders hervorzuheben. Die moderne Variante wählt in der Regel die Schreibweise ohne einen Bindestrich.

aber auch auf den gesamten Lebensweg des Schülers des Taekwon-Do und nimmt damit nicht nur eine rein sportliche Ausrichtung ein, sondern betrifft den ganzen Menschen, seine körperliche wie auch mentale Entwicklung und damit auch seine Entwicklung als Persönlichkeit. Somit beinhaltet der Begriff des Do nicht nur eine philosophische, sondern auch eine pädagogische Komponente. Er gewinnt eine tiefere Dimension, die die Ebene des rein sportlich-körperlichen transzendiert. Diese tiefere philosophische und pädagogische Dimension nimmt im traditionellen Taekwon-Do einen zentralen Stellenwert ein und ist hier von größerer Bedeutung als in der modernen, wettkampforientierten Art dieser koreanischen Kampfkunst.

Dennoch ist die sportliche Seite des traditionellen Taekwon-Do am bekanntesten. Die Popularität des traditionellen Taekwon-Do, ja der Kampfkunst allgemein, beruht wohl in erster Linie auf sportlichen Höchstleistungen, zum Beispiel spektakulären Sprungkicks, die den Anschein erwecken, der Ausführende sei nicht den Naturgesetzen unterworfen und könne fliegen, brachialen Bruchtests an Holzbrettern, Ziegeln und sogar Kieselsteinen, und akrobatischen Elementen wie etwa Räderschlagen ohne Hände, Salti oder auch Demonstrationen extremer Beweglich- und Dehnbarkeit des Körpers sowie realistischen Selbstverteidigungstechniken, bei denen bisweilen mehrere Angreifer außer Gefecht gesetzt werden.

Dass Kampfkunst auch fern der Ursprungsländer in Asien im Westen bereits recht weit verbreitet ist, sich steigender Beliebtheit erfreut und basierend auf dieser Popularität auch als Instrument der Selbstdarstellung genutzt wird, zeigt sich beispielsweise in den sozialen Medien, in denen zahllose Videos zur Kampfkunst allgemein und auch zum traditionellen Taekwon-Do kursieren. Die Bandbreite der Darstellungen erstreckt sich von sehr schwachen bis hin zu sehr guten Leistungen auf höchstem Niveau. Im Zentrum steht dabei in der Regel die sportliche Seite.

Der eigentliche Grund der Popularität des traditionellen Taekwon-Do sind wohl weniger die 1960er Jahren einsetzenden Anstrengungen der koreanischen Regierung, Taekwon-Do auch außerhalb der Grenzen von Korea publik zu machen und als Kunst zu propagieren.[6] Eher liegt es daran,

[6] Vgl. Riegel, A.-M.: Taekwondo, Hintergründe und Philosophie einer asiatischen Kampfsportart, Heidelberg, 2013, 65ff.

dass das Interesse an asiatischer Kampfkunst allgemein durch die ebenfalls in den 1960er Jahren beginnende mediale Präsenz bekannter Persönlichkeiten wie Bruce Lee und Chuck Norris, die in ihren jeweiligen Kampfkünsten eine exponierte Stellung einnehmen und eine entsprechend hohe Reputation genießen[7], in großem Umfang geweckt wurde.

Im Blick auf die Rolle und das Ansehen der Kampfkunst Taekwon-Do im Speziellen war sicher auch die Tatsache, dass Taekwon-Do als Sportart im Jahre 2000 olympisch wurde,[8] von nicht zu unterschätzender Bedeutung. Hier muss gleichwohl betont werden, dass nicht das traditionelle, kontaktlose Taekwon-Do zur olympischen Sportart wurde, sondern die moderne Form, die sich auf den Kampf Mann gegen Mann bzw. Frau gegen Frau, der einen Sieger hervorbringt, konzentriert. Diese Konzentration auf den Wettkampf zweier Gegner hat eine gewisse Einschränkung der Vielgestaltigkeit der Kampfkunst in ihren Disziplinen und Techniken bewirkt.[9] Der Grund hierfür ist einfach zu benennen: Der Zweikampf, der einen Sieger hervorbringt, ist aus Sicht des Betrachters klar nachzuvollziehen, spektakulär anzusehen und lockt dementsprechend Zuschauer an.[10] Außerdem entspricht diese Form des Wettkampfes anderen olympischen Sportarten wie etwa Boxen, aber auch Tennis oder Tischtennis, bei denen ebenfalls jeweils zwei Personen gegeneinander antreten, um einen Sieger zu bestimmen.

Die Art der Darstellung von Kampfkünsten allgemein und speziell des traditionellen Taekwon-Do in den Medien sowie die Fokussierung auf den Wettkampfsport haben allerdings zur Folge, dass von vielen Laien nur bestimmte Komponenten, ein eingeschränkter Teil dessen, was Kampfkunst generell und traditionelles Taekwon-Do im Besonderen prägt und im Wesentlichen ausmacht, überhaupt wahrgenommen wird. Aktiven Taekwon-Do-Sportlern dürften die typischen Reaktionen von Laien sehr bekannt

[7] Vgl. hierzu etwa www.brucelee.com.

[8] Vgl. Riegel: Taekwondo, 70.

[9] Vgl. hierzu www.dtu.de. Zu den Disziplinen des traditionellen Taekwon-Do vgl. etwa Kwon: Zen-Kunst, 72-89.

[10] Hier dürfte auch eine gewisse grundsätzliche Begeisterung der Menschen für Zweikämpfe eine Rolle spielen. Bereits im alten Griechenland und im römischen Imperium erfreuten sich Zweikämpfe großer Beliebtheit.

sein: Wenn es auf das Thema »asiatische Kampfkunst« zu sprechen kommt, sind es vor allem der Kampfschrei bei der Ausführung einer Technik, der realistische Kampf gegen einen oder mehrere Gegner oder auch das Zerstören von Holzbrettern oder Steinen als Bruchtest zur Demonstration gewaltiger Kraft, die als Charakteristika asiatischer Kampfkünste bekannt wurden und genannt werden.

Diese Einschränkung und die damit verbundene Fokussierung auf nur ganz wenige Elemente von Kampfkunst gehen bisweilen auch mit gewissen Vorurteilen einher. Da ist man sich schnell sicher, dass Kampfkunst nur etwas für Ungebildete, für Schlägertypen und generell ein wenig verrohte Zeitgenossen sei.[11] Die Sinnhaftigkeit von Kämpfen bis zum K. o. und das Zerstören von Materialien wird in Frage gestellt und zugleich als Argument dafür ins Feld geführt, dass diejenigen, die Kampfkunst betreiben, nicht ganz bei Sinnen sein könnten.[12] Und wenn das Fehlurteil nicht so weit geht wie eben skizziert, wird Taekwon-Do gleichwohl nur als reiner Sport angesehen und dies freilich nicht nur bei Laien, sondern auch bei Menschen, die Taekwon-Do aktiv selbst betreiben. Dies hat zur Folge »[...] dass [...] Taekwon-Do größtenteils nur als Sport und rein vordergründige körperliche Betätigung mit Ausbildung zur Selbstverteidigung verstanden und praktiziert wird.«[13]

Ein solch vorschnelles Urteil ist zwar, wie sich im weiteren Verlauf noch zeigen wird, in gewissen Punkten und in Hinblick auf gewisse Ausformungen asiatischer Kampfkünste durchaus berechtigt, lässt aber einen wesentlichen Aspekt außer Acht.

Alle asiatischen Kampfkünste sind in Hinblick auf ihre Wurzeln, ihre Entstehung, ihre Entwicklung und spezielle Ausformung eng mit der Kultur ihres Ursprungslandes verbunden. Sie können demzufolge als enger kultureller Bestandteil des jeweiligen Landes angesehen werden[14] und haben darüber hinaus auch eine Verbindung zur asiatischen Philosophie[15]. Das traditionelle Taekwon-Do etwa wurzelt nicht nur in der Philosophie

---

[11] Zur verkürzten Interpretation des Wesens von Kampfkunst vgl. Kwon: Zen-Kunst, 23.
[12] Vgl. hierzu auch ebd., 114.
[13] Ebd., 109.
[14] Vgl. hierzu etwa Riegel: Taekwondo, 66ff.
[15] Vgl. ebd., 19-54.

des Zen-Buddhismus bzw. des Konfuzianismus[16], sondern ist darüber hinaus auch integraler Bestandteil des koreanischen Erziehungssystems.

Diese kurze Betrachtung zeigt bereits, dass es lohnenswert erscheint, den Blick unter die Oberfläche des Bekannten zu richten. Eine vertiefende Untersuchung sollte intendieren, das traditionelle Taekwon-Do und sein tatsächlich durchaus komplexes Technik-System nicht nur als Sportart wahrzunehmen, sondern es auch in Hinblick auf weitere Bedeutungsebenen zu untersuchen. Damit sollte eine doppelte Zielsetzung verfolgt werden. Zum einen ist es unerlässlich, traditionelles Taekwon-Do aus philosophischer Sicht zu reflektieren. Dabei werden vor allem die Rolle des (Zen-)Buddhismus und sein Einfluss auf das traditionelle Taekwon-Do betrachtet und reflektiert werden müssen. Auf Basis dieser Reflexion kann dargestellt werden, worin der tiefere Sinn des traditionellen Taekwon-Do im Kontext seines ursprünglichen kulturellen Umfelds liegt.

Zum anderen ist noch eine zweite Perspektive einer näheren Betrachtung und Reflexion würdig. Traditionelles Taekwon-Do betont besonders den Aspekt des Do, des Weges der Ausbildung und Entwicklung des Schülers, seiner körperlichen und mentalen Entwicklung. Damit kommt aber nicht nur der Schüler in den Blick, sondern auch der Meister, der die Kunst lehrt und sie an die Lernenden weitergibt, der für seine Schüler und deren Entwicklung Sorge trägt, um ihnen das Beschreiten des Weges des Do zu ermöglichen. Damit dürfte auch klar sein, dass hier ein pädagogisches Setting gegeben ist, das tiefer zu betrachten und etwas genauer zu analysieren sich lohnt. Aus diesem Grund soll traditionelles Taekwon-Do also auch hinsichtlich der ihm zugrunde liegenden Pädagogik betrachtet werden. Dabei wird der Blick zunächst auf die Art, wie Taekwon-Do gelehrt wird, gerichtet. Das Ziel ist hierbei, die dieser traditionellen Kampfkunst zugrunde liegenden pädagogischen Ideale und Grundsätze, ihr pädagogische Ethos bei der Wissensvermittlung klar zu benennen. Das Augenmerk wird darüber hinaus aber auch darauf gerichtet, den generellen pädagogischen Wert des traditionellen Taekwon-Do und damit die Wirkung auf die Persönlichkeit des Übenden herauszuarbeiten. Durch eine solche vertiefende Betrachtung und Reflexion der Kampfkunst »Traditionelles Taekwon-Do«

[16] Vgl. ebd.

aus doppelter Perspektive, der philosophischen und der pädagogischen, soll den oben genannten Einschränkungen und Vorurteilen begegnet und so der Betrachtungshorizont mit Bezug auf asiatische Kampfkünste ganz grundsätzlich erweitert werden.

Diese Zielsetzung hat auch innerhalb des engeren Kreises derer, die sich mit Kampfkunst befassen und sie aktiv betreiben, ihre Bedeutung: Der Schwerpunkt der zahlreichen Veröffentlichungen zum Thema »traditionelles Taekwon-Do« liegt eindeutig auf Technik und Wettkampf.[17] Im Vordergrund stehen vor allem die Ausführung der Techniken und Disziplinen bzw. auch der Wettkampf.[18] Interessiert man sich für die philosophische Perspektive des traditionellen Taekwon-Do, so ist die Zahl gehaltvoller Werke im deutschsprachigen Raum zum Thema recht gering, oder die Bücher hierzu bleiben vollkommen auf die Ebene der persönlichen Interpretation, die weder als allgemein anerkannt noch als wissenschaftlich fundiert begründet angesehen werden kann, beschränkt.[19] Noch weniger bedacht wurde die pädagogische Perspektive.

Ziel des vorliegenden Buches soll es dementsprechend sein, dem Mangel, dass das traditionelle Taekwon-Do in seiner ganzen Vielfältigkeit aus philosophischer und vor allem aus pädagogischer Sicht nicht hinreichend bedacht und reflektiert wurde, entgegenzuwirken. Dabei ist es unerlässlich, im ersten Teil das traditionelle Taekwon-Do in seinen Grundzügen vorzustellen und zu charakterisieren. In diesem Zusammenhang wird ein kurzer Blick auf die Geschichte dieser Kampfkunst gerichtet, um davon ausgehend Grundzüge ihres technischen Systems und ihrer Disziplinen besser verstehen und vertiefend betrachten zu können.

[17] Vgl. bereits den Aufbau von Choi, H.-H.: Taekwon-Do, Frankfurt a.M., 1977. Vgl. auch das Opus von Konstantin Gil, etwa Gil, K.: Taekwondo – Koreanischer Kampfsport, Dresden, 1995. Vgl. auch Gil, K./Kim, C.-H.: Taekwon-Do perfekt 1, Dresden, 1987. Vgl. auch Gatzweiler, G.: Handbuch Taekwondo – Technik, Training, Prüfungsordnung, Aachen, 3. Aufl. 2016.

[18] Vgl. etwa ebd., vgl. exemplarisch für die verbreitete Ordnung nach Graduierung, also Gürtelfarben auch Dornemann, V./Rumpf, W.: Taekwondo Kids II – Grüngurt bis Blaugurt, Aachen, 2008.

[19] Die besten und fundiertesten Ausführungen finden sich bei Son, J.-H.: Der Weg des Kreises, Eigenverlag Klagenfurt, 1999. und vor allem bei Kwon: Zen-Kunst. Sehr fundiert ist auch Riegel: Taekwondo.

Auf dieser Basis wird im zweiten Teil die philosophische Perspektive des traditionellen Taekwon-Do dargestellt. Die Zielsetzung besteht dabei vor allem darin, zu zeigen, dass das traditionelle Taekwon-Do mehr ist als Wettkampf, mehr ist als Sport und mehr ist als das Ausführen spektakulärer Bruchtests. Dieses Mehr wird in der buddhistischen bzw. zen-buddhistischen Philosophie zu suchen sein.[20]

Der dritte Teil schließlich verfolgt das Ziel, das traditionelle Taekwon-Do aus pädagogischer Sicht zu betrachten. Dabei soll zum einen das pädagogische Ethos des traditionellen Taekwon-Do herausgearbeitet und skizziert werden. Zum anderen soll es auch darum gehen, den Wert des Trainings des traditionellen Taekwon-Do aus Sicht des Übenden und auch aus Sicht des Unterrichtenden zu beleuchten. Am Ende des Buches werden dann die Ergebnisse der einzelnen Teile zusammengeführt, um ein klares Bild zu zeichnen, das das traditionelle Taekwon-Do als Kunst mit vielen verschiedenen Facetten angemessen charakterisiert.

태	**Tae:**	**Fuß – Symbolischer Begriff für alle Fußtechniken**
권	**Kwon:**	**Faust – Symbolischer Begriff für alle Handtechniken**
도	**Do:**	**Weg – Symbolischer Begriff für den Trainings- und Lebensweg des Schülers**

Übersicht 1: Traditionelles Taekwon-Do – Weg des Fußes und der Hand

[20] Vgl. Kwon: Zen-Kunst, 9ff.

Erster Teil

Eine Kunst voller Facetten – Historische Grundlagen und technische Grundzüge des traditionellen Taekwon-Do

Vorbemerkung

Traditionelles Taekwon-Do ist die ursprüngliche Kunst der waffenlosen Selbstverteidigung Taekwon-Do, die in Korea entstanden ist und zur Blüte gebracht wurde. Um diese Kunst, ihr Wesen, das hinter Taekwon-Do stehende technische System sowie die dieser Kunst zugrunde liegende Philosophie und ihre pädagogischen Qualitäten verstehen zu können, ist es unerlässlich, einen Blick auf die Entwicklungsgeschichte des traditionellen Taekwon-Do zu werfen.[21]

1. Zur Geschichte des traditionellen Taekwon-Do

»Nur wer die Vergangenheit kennt, hat eine Zukunft.« – Wilhelm von Humboldt
»In Asien, sagt man, sind die Kampfsporttechniken nahezu so alt wie die Länder selbst.«[22]

Das traditionelle Taekwon-Do hat seinen Ursprung in Korea.[23] Bis zu seiner heutigen Form hat es eine längere Entwicklungsgeschichte durchlaufen[24]; hinsichtlich des genauen Alters und auch in Hinblick auf den genauen Ursprung sowie seine exakte Entstehungsgeschichte besteht jedoch keine Einigkeit. Es existiert zum einen die Meinung, dass Taekwon-Do auf eine Entwicklungsgeschichte von etwa fünftausend Jahren zurückblicken kann, was aber nicht verifizierbar ist.[25] Nach dem koreanischen Großmeister Son Jong-Ho ist es plausibler anzunehmen, dass das Taekwon-Do in Korea etwa zweitausend Jahre Geschichte vorweisen kann: »Sicher aber ist, dass der Kampfsport in Korea über zweitausend Jahre alt ist [...].«[26]

---

[21] Zum Folgenden vgl. Son: Der Weg des Kreises, 17-23. Vgl. auch Choi: Taekwon-Do, 16-20. Vgl. ferner Riegel: Taekwondo, 57-71.
[22] Son: Der Weg des Kreises, 17. Zum Folgenden vgl. besonders ebd., 17ff.
[23] Vgl. Kwon: Zen-Kunst, 101.
[24] Vgl. ebd., 102.
[25] Vgl. Son: Der Weg des Kreises, 17.
[26] Ebd.

Son betrachtet die Entstehung des traditionellen Taekwon-Do im Rahmen einer umfassenden Entstehungstheorie von Kampfkunst allgemein. Als Ausgangspunkt seiner Überlegungen nimmt Son dabei auf ein archäologisches Zeugnis Bezug: »In der südlichen Mandschurei (dem heutigen Nordkorea) hat man zwei Königsgräber entdeckt, die aus der Zeit der drei Königreiche stammen und dem Reich Koguryo (37 v. Chr. – 668 n. Chr.) zugeordnet werden: das Muyong-Chong und das Kakjo-Chong. An den Wänden und Decken dieser beiden Gräber fand man erstmals Wandmalereien, die die Lebensart der Einwohner von Koguryo beschrieben, ähnlich den Fresken europäischer Gebäude. Auf diesen Gemälden sind auch zwei miteinander kämpfende Männer zu sehen. Der Kampfstil, so scheint es, hieß ›Soo Bak‹, denn diese beiden Worte sind immer wieder im Zusammenhang mit den Zeichnungen zu finden. ›Soo Bak‹, diese Kampfsportart kannte bereits Handtechniken, bestand aber vor allem aus Fußtechniken. Diese Funde gelten heute als Beweis für die frühe Existenz des Taekwon-Do, wie wir es heute kennen, in Korea.«[27] Nach Son hatte die besagte »Ur-Kampfkunst« Soo Bak ebenfalls Ausformungen in China und Japan, woraus dementsprechend Kung Fu und Judo entstanden seien.[28] Aus diesem Grund resümiert Son: »So sind Taekwon-Do, Kung Fu und Judo nachweislich die ältesten Kampfsportarten und haben allem Anschein nach den gleichen Ursprung.«[29] Kwon Jae-Hwa, einer der Großmeister, die 1965 offiziell von der südkoreanischen Regierung beauftragt wurden, Taekwon-Do im Westen zu verbreiten, betont in diesem Zusammenhang allerdings, dass es für ein ausreichendes Verständnis des traditionellen Taekwon-Do selbst ausreichend ist, Taekwon-Do als eigenständige, unabhängige und autarke Kampfkunst zu interpretieren: »Überlegungen über geschichtliche Verbindungen [der Kampfkünste], eventuelle Abhängigkeit und höheres Alter sollen [...] nicht angestellt werden, da sie für den Eingeweihten unwesentlich sind. Taekwon-Do ist jedenfalls völlig selbständig und verfügt über eine absolut eigene [...] Organisation. Es will auch völlig selbständig verstanden und ausgeübt werden [...].«[30]

[27] Ebd., 17f. Vgl. dazu auch Choi: Taekwon-Do, 18. Vgl. auch Riegel: Taekwondo, 57.
[28] Vgl. Son: Der Weg des Kreises, 18. Vgl. dazu auch Choi: Taekwon-Do, 18f.
[29] Son: Der Weg des Kreises, 18.
[30] Kwon: Zen-Kunst, 101.

Ob nun eine Urkampfkunst existiert hat und ob diese für das Verständnis des traditionellen Taekwon-Do relevant ist oder nicht, sicher ist jedenfalls, dass das Taekwon-Do in seiner traditionellen Version seinen Ursprung in Korea hat und eine längere Entwicklungsgeschichte durchlief, in der es als Kunst der Selbstverteidigung präsent war, aber unter anderen Namen und in anderer Gestalt auftrat. Son betont, dass Taek Gyeon »[...] die älteste Form des heutigen Taekwon-Do«[31] darstellt.[32] Unter dem Namen »Taek Gyeon«[33] wurden nämlich bereits in der Zeit des Reiches von Koguryo, 37 v. Chr bis 668 n. Chr.,[34] Turniere ausgetragen, und den besten Kämpfern wurde jeweils die Ehre zuteil, das Militär des Königs zu unterweisen und in Zeiten des Krieges als Anführer zu fungieren. Den Tapfersten und im Kampf Bewährten kam daneben in Zeiten des Friedens die Aufgabe zu, Straßen zu planen, Bauarbeiten zu koordinieren und auch, den König grundsätzlich zu beraten. Sie waren durch prächtige Kleidung und einen besonderen Haarschnitt auch äußerlich exponiert.[35] Taek Gyeon ist mithin als Vorläufer des traditionellen Taekwon-Do zu betrachten, auch wenn eine direkte inhaltliche Abhängigkeit nur sehr schwer nachzuweisen ist.[36]

Bereits diese älteste Form des Taekwon-Do war laut Son von vornherein nicht reduziert auf rein körperliche Aspekte, auf den Kampf im Ernstfall und das Ausfechten von Turnieren zur Übung, sondern beinhaltete auch eine mentale Unterweisung: »Unter ›Taek Gyeon‹ verstand man aber nicht nur eine körperliche, sondern vor allem eine geistige Schulung im Sinne des Zen.«[37]

Es kann daher nicht verwundern, dass Taek Gyeon besonders bei jungen, begabten und interessierten Leuten auf fruchtbaren Boden fiel und große Begeisterung weckte. Die Jugend der aristokratischen Elite Koreas entdeckte die Kampfkunst, die Körper und Geist schulen sollte, für sich.

---

[31] Ebd.

[32] Die Abhängigkeit des Taekwon-Do von der ursprünglichen Kunst Taek Gyeon könnte aber auch bewusst stilisiert sein und somit ein Politikum darstellen, um Tradition zu generieren. Vgl. dazu Rubbeling, H.: Taekkyon – Wie Wasser und Wind, Norderstedt, 2017.

[33] Son: Der Weg des Kreises, 18. Zum Gedanken vgl. ebd.

[34] Vgl. ebd., 18-20.

[35] Vgl. ebd., 18.

[36] Vgl. ebd.

[37] Ebd., 18.

In diesem Zusammenhang war für die weitere Verbreitung und Pflege der Kunst des Taek Gyeon das sogenannte »Hwa Rang Do« von besonderer Bedeutung:[38] Diese »[...] Vereinigung von jungen und talentierten Leuten des Landes, der nur die Mitglieder der angesehensten Familien angehören durften«[39], entstand in einem kleinen Königreich im Süden Koreas, in Silla.[40]

Der Grund dafür, dass der König von Silla, Jin Heung, diese Gruppierung ins Leben rief, die es sich zur Aufgabe machte, Taek Gyeon zu trainieren, weiterzuentwickeln und zu perfektionieren, ist laut Son auf politischer Ebene zu suchen: Das kleine Königreich Silla wurde durch ein sehr viel größeres Reich, das nördlich von Silla lag und den Namen Koguryo trug, bedroht.[41] Son sieht es als Verdienst des Trainings in der Kampfkunst Taek Gyeon an, dass Silla, obwohl flächen- und zahlenmäßig unterlegen, in der Lage war, militärische Erfolge über Koguryo und auch ein weiteres Reich auf dem Gebiet des heutigen Korea, das Königreich Baekche, zu erzielen, diese Reiche in der Folgezeit sogar zu annektieren und unter einem Großreich zu einer Einheit zu verbinden.[42]

Die skizzierte Entwicklung konstatiert auch Kwon: »In den ersten nachchristlichen Jahrhunderten war das Gebiet des heutigen Korea in drei Königreiche aufgeteilt – Koguryo im Norden, Baekchae im Südwesten und Silla im Südosten, wobei Koguryo flächenmäßig bei weitem die beiden anderen Länder übertraf und sich auch weit über die Grenze des heutigen Korea nach Norden ausdehnte. [...] Das brachte eine ständige Bedrohung der beiden kleineren Länder im Süden mit sich, die fortgesetzt der militärischen und wirtschaftlichen Übermacht Widerstand leisten mussten. Dieser andauernde Zwang zur Kampfbereitschaft, zur Wahrung der eigenen Unabhängigkeit hatte günstige Folgen für die Entwicklung des Südens, vor allem Sillas. [...] Man erkannte, dass die geistige Überlegenheit über das Widerstandsvermögen gegen den Norden entschied und entwickelte

[38] Vgl. ebd., 19. Vgl. dazu auch Choi: Taekwon-Do, 17. Vgl. auch Kwon: Zen-Kunst, 103 und Riegel: Taekwondo, 57 und 59f.
[39] Son: Der Weg des Kreises, 19.
[40] Vgl. ebd.
[41] Vgl. ebd.
[42] Vgl. ebd. Vgl. auch Choi: Taekwon-Do, 17. Vgl. auch Riegel: Taekwondo, 58.

vielerlei Systeme, die die geistige Substanz des Volkes nährten und verbesserten.«[43]

Laut Son ist es der geistigen Schulung im Taek Gyeon zu verdanken, dass das erfolgreiche Königreich Silla nicht, wie es vorher durchaus gängige Praxis gewesen sei, als Unterdrückerregime fungierte, sondern vielmehr auf einen friedlichen Weg in seiner Politik setzte: »Das Königreich Silla hatte sich durch die vollendete Schulung im Sinne des ›Taek Gyeon‹ so gefestigt, dass es die eroberten Länder nicht zu unterdrücken brauchte. Statt dessen verwirklichte es eine friedliche Vereinigung, die über mehr als ein Jahrtausend hielt.«[44] Ähnlich resümiert Kwon: »[Letztendlich] konnte das flächenmäßig kleine Silla [...] im Jahre 668 während einer Auseinandersetzung mit Koguryo ›den Spieß umdrehen‹ und sich die beiden Nachbarländer einverleiben.«[45] Kwon betont ebenso wie Son den friedlichen Verlauf der Annexion.[46]

Son verweist somit besonders auf zwei wichtige, das Taek Gyeon und damit die ursprüngliche Version des traditionellen Taekwon-Do entscheidend charakterisierende Facetten: Zum einen hatte man mit Taek Gyeon eine wohldurchdachte und straff organisierte Kunst der körperlichen Unterweisung geschaffen, die sich als effektive Kriegskunst erwies. Zum anderen zeichnete sich diese Kriegskunst gleichzeitig durch eine moralisch-mentale Komponente aus, die einerseits offensichtlich das Potential besaß, sehr motivierend und disziplinierend zu wirken, und andererseits gleichzeitig mit einer Art Wertesystem verbunden war, das es ermöglichte, ohne Repression eine stabile politische Ordnung zu installieren und über lange Zeit aufrechtzuerhalten. Beide Komponenten, die körperliche und die moralisch-mentale, gehören seit den Anfängen der Kunst zu ihrem originären Bestand.

Mit der Vereinigung der Königreiche unter der Führung Sillas war allerdings der primäre Anlass der Ausübung von Taek Gyeon, die Schulung für den Kampf gegen eine Bedrohung von außen, in den Hintergrund gerückt, sodass die Kunst in der Folgezeit vernachlässigt wurde: »›Taek Gyeon‹ wurde nicht weiter gefördert und geriet schließlich fast ganz in

---

[43] Kwon: Zen-Kunst, 102.

[44] Son: Der Weg des Kreises, 19. Vgl. auch Riegel: Taekwondo, 58.

[45] Kwon: Zen-Kunst, 104.

[46] Vgl. ebd.

Vergessenheit. Nur einige wenige alte Meister gaben die alte Kunst an interessierte Schüler weiter.«[47] An dieser Feststellung Sons offenbaren sich bei genauem Hinsehen weitere wichtige Aspekte der Kampfkunst: Zum einen erfolgt der Unterricht nicht durch irgendwen, sondern durch einen Meister der Kunst. Zum anderen bedarf es interessierter Schüler, um eine erfolgreiche Weitergabe der Kunst zu gewährleisten. Diese Beobachtung wird bei der Analyse der pädagogischen Seite von Kampfkunst bedeutend sein und soll bereits an dieser Stelle besonders hervorgehoben werden.

Taek Gyeon stagnierte in der folgenden Zeit aber keineswegs; es wurde nämlich nicht nur im Untergrund als eine Art Geheimwissen weitergegeben, sondern auch weiterentwickelt und in Hinblick auf das Technikrepertoire erweitert: Zu den bereits mannigfach vorhandenen Fußtechniken kamen nun auch »[...] höchst wirksame Handtechniken [...]«[48] hinzu. Schließlich erlangte Taek Gyeon auch wieder eine größere gesellschaftliche Bedeutung: »In der Koryo-Dynastie (935-1392) zeigte man an Festtagen des Mondkalenders auch wieder Kampfsport. Neben ›Soo Bak‹ wurden daher das ›Taek Gyeon‹ und andere Kampfsportarten wieder populärer.«[49]

Die Yi-Dynastie, die von 1392 bis 1910 währte, bewahrte Taek Gyeon als Kunst für Soldaten und Wachpersonal, und die Verbreitung durch einzelne Meister der Kunst wurde ebenfalls weiter gepflegt.[50] Dies hatte jedoch den Nachteil, dass zunächst kein einheitliches Lehrsystem etabliert wurde, bis König Chongjo sich im Jahre 1790 gezwungen sah, den Status quo des Wissens über Kampfkunst in Buchform zusammenfassen und systematisieren zu lassen[51]: »So entstand das ›Muje Dobo Tongje‹, das erste Standardwerk der Budotechniken. Neben dem legendären ›Soo Bak‹ ist darin auch das ›Taek Gyeon‹ zu finden.«[52]

Das Jahr 1910, das den Endpunkt der Yi-Dynastie markiert, kann als weiterer Einschnitt in der Geschichte des Taek Gyeon und damit auch des tra-

[47] Son: Der Weg des Kreises, 19. Vgl. auch Kwon: Zen-Kunst, 105.
[48] Son: Der Weg des Kreises, 19.
[49] Ebd. Vgl. dazu auch Choi: Taekwon-Do, 19. Vgl. auch Riegel: Taekwondo, 58.
[50] Vgl. Son: Der Weg des Kreises, 22. Vgl. dazu auch etwas kritischer Choi: Taekwon-Do, 19. Vgl. auch Kwon: Zen-Kunst, 105.
[51] Vgl. Son: Der Weg des Kreises, 22.
[52] Ebd., 22. Vgl. dazu auch Riegel: Taekwondo, 58f.

ditionellen Taekwon-Do gesehen werden. Korea wurde von Japan besetzt. Konsequenterweise wurde in Folge dessen die Ausübung des klar koreanisch geprägten Taek Gyeon verboten; als Kampkunst durfte nur das japanische Karate gelehrt und gelernt werden.[53] Wiederum war es einigen wenigen mutigen Kampfkunstmeistern zu verdanken, dass Taek Gyeon – erneut im Geheimen – weiter unterrichtet und gepflegt wurde[54], bis schließlich 1945 eine weitere Zäsur in der Geschichte der Kampfkunst zu beobachten war[55]: »Nach der Befreiung [Koreas von der Besetzung durch Japan] 1945 normalisierten sich die Verhältnisse, und ›Taek Gyeon‹-Techniken waren wieder gefragt. Die alte Kunst wurde der breiten Öffentlichkeit zugänglich gemacht und erhielt einen neuen Namen: ›Taekwon-Do‹. Der Weg des Fußes und der Hand.«[56]

Der Grund für das erneute und ganz grundsätzliche Erstarken der Kampfkunst in Korea kann nach A.-M. Riegel in einer generellen kulturellen Erneuerung in Korea nach dem Zweiten Weltkrieg gesehen werden: »Nach dem 2. Weltkrieg, nach dem Ende der japanischen Besatzung, erlebte das Land Korea eine kulturelle Revitalisierung. In diesem Prozess erlebten auch die Kampfkünste eine Renaissance. Das koreanische Volk war nun wild entschlossen, seine neu gewonnene Freiheit um jeden Preis zu verteidigen, und die Kampfkünste erschienen ihm für seine Zwecke ein sehr willkommenes Mittel zu sein.«[57]

In diesem Zusammenhang muss betont werden, dass es zu dieser Zeit in Korea mehrere Arten von Kampfkunst gab, die offenbar parallel nebeneinander existierten und gelehrt wurden.[58] Es ist aus diesem Grund plausibel anzunehmen, dass japanische und koreanische Selbstverteidigungsformen die Kampfkunst generell in Korea beeinflusst haben und in unterschiedlichen Kombinationen in verschiedenen Schulen gelehrt wurden, bis 1945 Taek Gyeon offiziell als Militärschulung anerkannt wurde:[59] »Nach 1945

---

[53] Vgl. Son: Der Weg des Kreises, 22. Vgl. dazu auch Choi: Taekwon-Do, 19. Vgl. auch Kwon: Zen-Kunst, 105.

[54] Vgl. ebd.

[55] Vgl. Son: Der Weg des Kreises, 23.

[56] Ebd., 23. Vgl. dazu auch Choi: Taekwon-Do, 19. Choi gibt als Jahr der Festlegung des Namens »Taekwon-Do« 1955 an. (Ebd.) Vgl. auch Kwon: Zen-Kunst, 106.

[57] Riegel: Taekwondo, 61.

[58] Vgl. ebd.

[59] Vgl. ebd.

wird Taekkyon [Taek Gyeon] als Ausbildungsinhalt in die Militärausbildung aufgenommen.«[60]

Der Konkurrenzkampf um die Stellung der »Vorreiterkampfkunst« unter den existierenden Schulen war in dieser Zeit groß, und es ranken sich zahlreiche Mythen um die Entwicklung des Verhältnisses zwischen den einzelnen Schulen und um das Ziel der Vereinheitlichung des Systems der koreanischen Kampfkünste.[61] Tatsache ist, dass es General Choi Hong Hi[62] gelang, eine große Organisation zu gründen, die das Ziel verfolgte, die koreanischen Kampfkünste zu systematisieren und zu vereinheitlichen: »Dieser Vereinheitlichungsbewegung nahm sich insbesondere Choi Hong Hi an. Durch ihn und seinen Assistenten Nam Tae Hi wurde aus der Zusammenführung von ›Taekkyon‹ und ›Do‹ der Name ›Taekwondo‹ aus der Taufe gehoben.«[63]

General Choi Hong Hi, dem gewöhnlich das Verdienst zugeschrieben wird, maßgeblich die Institutionalisierung des Taekwon-Do vorangetrieben zu haben, beschloss 1965, die Kunst des Taekwon-Do über die Grenzen Koreas hinaus bekannt zu machen[64]: »In Malaysia sorgt Choi für die Verbreitung des Taekwondo. 1965 wird er auch in andere Länder auf Mission geschickt, er besucht so Länder wie Deutschland, Italien, die Türkei, Ägypten und Singapur. Hier wird Taekwondo erstmals als nationale koreanische Kampfkunst präsentiert.«[65]

Im Jahr 1966 gründete Choi die International Taekwondo Federation, kurz ITF[66], der sich auch gleich mehrere Länder anschlossen[67]: »Es wurden Vertretungen gebildet in Korea und in Malaysia, Singapur, Vietnam, Westdeutschland, der Türkei, Italien, Ägypten und den USA.«[68] Damit

---

[60] Ebd., 63.

[61] Vgl. dazu besonders Gillis, A.: A killing art, The untold history of Taekwondo, Toronto, 2011. und Riegel: Taekwondo, 63.

[62] Zur Person und den Hintergründen vgl. ebd., 65ff. und sehr ausführlich Gillis: A killing art. Vgl. auch Kwon: Zen-Kunst, 106.

[63] Riegel: Taekwondo, 63.

[64] Vgl. ebd., 66f.

[65] Ebd., 66.

[66] Vgl. Kwon: Zen-Kunst, 106.

[67] Vgl. Riegel: Taekwondo, 66.

[68] Ebd.

wurde die weltweite Verbreitung des Taekwon-Do eingeläutet.[69] General Choi selbst war dabei die maßgeblich bestimmende und treibende Kraft. Allerdings zog er sich den Unmut Südkoreas zu, indem er eine Reise nach Nordkorea unternahm, von wo er ursprünglich stammte.[70] Die daraus entstandenen Streitigkeiten brachten Choi dazu, sich zunächst nach Kanada und später nach Wien, Österreich, zu begeben und von dort aus seine Form des Taekwon-Do, das er Zeit seines Lebens als philosophische Kunst betrachtete, weiterzuverbreiten.[71]

Nach Chois Tod entstanden allerdings inhaltliche Differenzen innerhalb seines Verbandes, und parallel dazu wurde in Korea selbst ein weiterer Verband gegründet, die World Taekwondo Federation, kurz WTF, die es sich zur Aufgabe machte, Taekwon-Do von seiner klassischen bzw. traditionellen Ausrichtung zu einem international anerkannten und bei den Olympischen Spielen praktizierten Wettkampfsport zu formen.[72]

Als Endpunkt dieser Entwicklung kann eine grundlegende Trennung und Differenzierung konstatiert werden: Auf der einen Seite wurde Taekwon-Do als Wettkampfsportart im Sinne des Kampfes Mann gegen Mann interpretiert und gelehrt, auf der anderen Seite wurde das traditionelle Taekwon-Do im klassischen Sinne weiter verbreitet. Son resümiert: »1965 trennten sich die Wege der Meister. Die einen propagierten das Taekwon-Do als Wettkampfsport mit Vollkontakt, die anderen blieben beim klassischen Stil. Zwischen dem sogenannten alten ›Taek Gyeon‹ und dem heutigen klassischen [das heißt traditionellen] Taekwon-Do bestehen vermutlich keine grundlegenden Unterschiede. Sicher wurden jedoch die alten Ideen und Ideale überliefert und bis heute beibehalten.

Dass es zwischen den klassischen Schulen dennoch einige Unterschiede gibt, liegt an der dem Taekwon-Do eigenen Philosophie. Die Aufgabe der Großmeister ist es nämlich, das System weiterzuentwickeln und die Techniken zu verfeinern.«[73] Die klassische, traditionelle Art der Kampfkunst Taekwon-Do blieb erhalten und wird bis heute gelehrt. Auch innerhalb

[69] Vgl. ebd., 67.
[70] Vgl. ebd.
[71] Vgl. ebd.
[72] Vgl. ebd., 68f.
[73] Son: Der Weg des Kreises, 23.

des traditionellen Taekwon-Do existieren allerdings sehr viele unterschiedliche Verbände, Schulen und vor allem auch Lehrsysteme, die sich zum Teil sowohl in der Form des Unterrichts als auch in ihrer Philosophie erheblich unterscheiden.

Bevor wir die dem traditionellen Taekwon-Do ursprünglich innewohnende Philosophie näher betrachten und reflektieren, sollen – dem Fazit von Son entsprechend – die grundlegenden Techniken und Disziplinen des traditionellen Taekwon-Do, die sich als Konstanten aller Spielarten des traditionellen Taekwon-Do festmachen lassen, erörtert werden.

2. Grundzüge des technischen Systems des traditionellen Taekwon-Do

2.1. Grundlegende Fußtechniken

Traditionelles Taekwon-Do besteht, der wörtlichen Übersetzung des Begriffes »Taekwon-Do« als »Weg des Fußes und der Hand« entsprechend, aus Hand- und Fußtechniken. Sowohl die Hand- als auch die Fußtechniken können vielfältig eingesetzt werden, als Angriffs- oder Verteidigungstechnik. Im Unterschied zum japanischen Karate liegt beim traditionellen Taekwon-Do der Schwerpunkt des Trainings und der Übungen auf den Fußtechniken. Man kann sagen, dass sich die Verteilung von Kicks und Armtechniken ungefähr im Verhältis von zwei zu eins bewegt. Besonderes Spezifikum des traditionellen Taekwon-Do ist darüber hinaus, dass alle Fußtechniken auch im Sprung und in Kombination mit einer oder mehreren Drehungen ausgeführt und trainiert werden.

Im Folgenden werden die grundlegenden Fußtechniken des traditionellen Taekwon-Do dargestellt und kurz erläutert werden, um eine Vorstellung von dem technischen System dieser Kampfkunst zu vermitteln. Die dazugehörigen Fotos zeigen die Techniken jeweils am höchsten Punkt der Ausführung.

2.1.1. Der Frontkick: Apchagi

Ein erster wichtiger Kick, der wegen seiner relativ leicht zu erlernenden Ausführung bereits sehr früh in der Ausbildung von Taekwon-Do Schülern vermittelt wird, ist der Frontkick, koreanisch Apchagi.

Dabei wird das Knie zunächst angezogen, dann schnappen Unterschenkel und Fuß gerade nach vorne. Die Zehen sind angezogen, Trefferfläche ist der Fußballen, der in gerader Linie nach vorne in Richtung Ziel geneigt ist, der Spann bleibt gestreckt. Nach dem Kick zieht man den Unterschenkel wieder zurück. Aufgrund dieser schnappenden Bewegung wird der Kick auch als »Schnappkick« bezeichnet. Der Rücken bleibt während der Ausführung gerade. Die Hände sollten zu Fäusten geballt werden und als Schutz gegen einen möglichen Konter eines Gegners nach oben genommen werden.

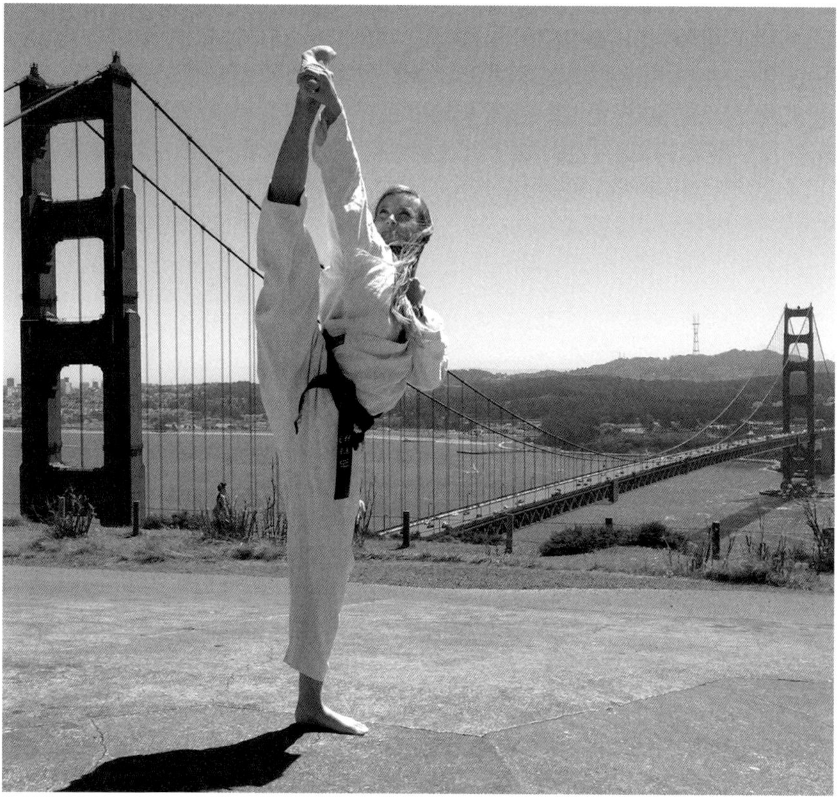

Gehaltener Apchagi, Frontkick, ausgeführt von J. Fehrer

2.1.2. Der Halbkreiskick: Tollyochagi

Der Tollyochagi ist ein weiterer Fußtritt, bei dem das Knie angewinkelt und wieder ausgestreckt wird. Er ist etwas schwieriger auszuführen als der Apchagi, da die Beweglichkeit des Ausführenden vor allem im Hüftgelenk deutlich weiter fortgeschritten sein muss, um eine größere Höhe zu erreichen.

Beim Halbkreiskick führt das Bein, dem Namen entsprechend, eine halbe Kreisbewegung aus. Dabei wird das Knie zunächst angezogen, dann werden Unterschenkel und Fuß in einem Halbkreis seitlich und von außen nach innen in Richtung Ziel gestreckt. Die Zehen sind angezogen, Trefferfläche ist der Fußballen. Nach dem Kick wird das Knie wieder an-

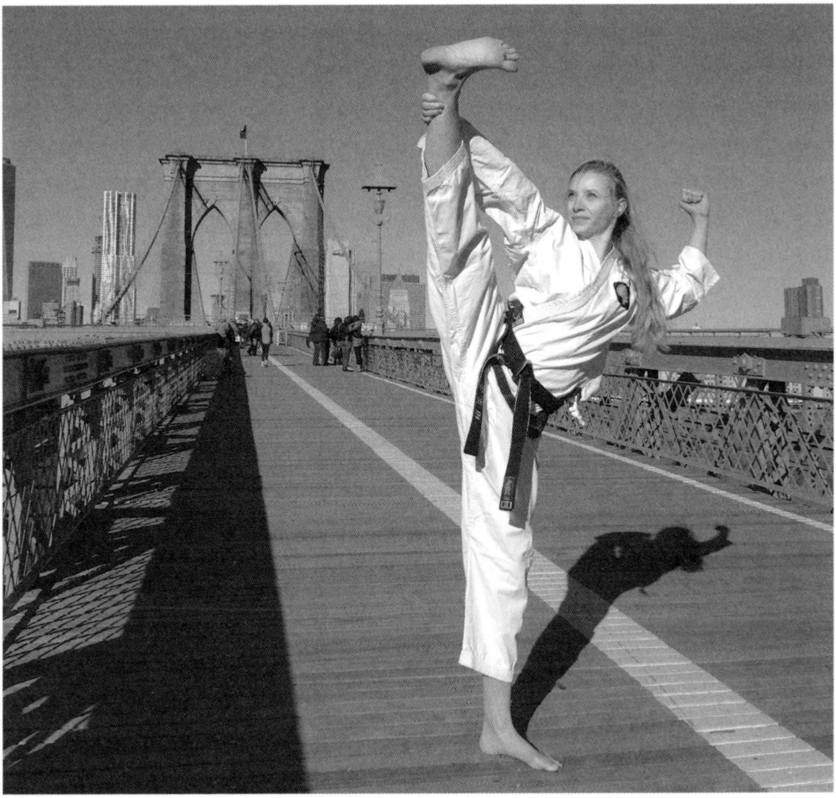

Gehaltener Tollyochagi, Halbkreiskick, ausgeführt von J. Fehrer

gewinkelt. Der Rücken bleibt gerade und wird leicht zur Seite in Richtung des Standbeins geneigt.

2.1.3. Der Seitkick: Yopchagi

Optisch in der Endposition an den Halbkreiskick erinnernd, von der technischen Ausführung aber weitaus anders und insgesamt ungleich anspruchsvoller zu erlernen ist der Seitkick, koreanisch Yopchagi.

Dabei wird das Knie des den Kick ausführenden Beines zunächst seitlich angezogen, der Standfuß zeigt komplett nach hinten. Das Bein sticht gerade heraus, dabei wird der Oberkörper nach hinten geneigt. Nach dem Kick zieht man den Fuß wieder zurück. Trefferfläche ist die Fußkante, die Außenseite des Fußes bzw. die Ferse. Die Ferse zeigt leicht nach oben, die Zehen sind nach unten gerichtet. In der Endposition bildet der Körper vom Hinterkopf bis zur Ferse eine gerade Linie (im Unterschied zum Halbkreiskick, bei dem der Oberkörper nicht nach hinten geneigt, sondern eher zur Seite gedreht wird).

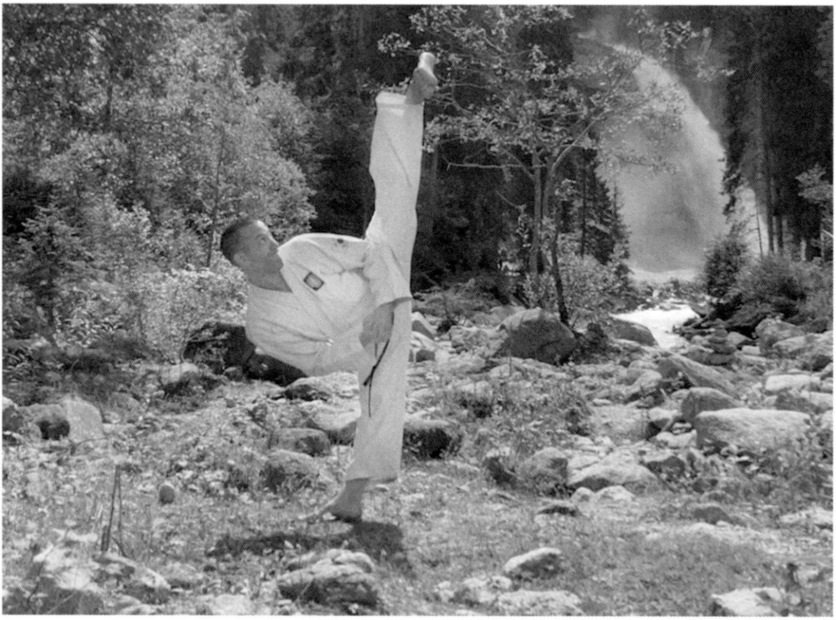

Seitkick, Yopchagi, ausgeführt von C. Forster

2.1.4. Der Twistkick: Pituriochagi

Ein sehr anspruchsvoller Kick ist der nach außen gedrehte Twistkick, koreanisch Pituriochagi. Dabei wird das Knie zunächst angezogen, der Standfuß zeigt zur Seite. Das Bein kickt in einer Art Twistbewegung von innen nach außen. Trefferfläche ist der Fußballen. Das Standbein kann leicht entspannt werden und so die Drehung des Kickbeins von innen nach außen unterstützen.

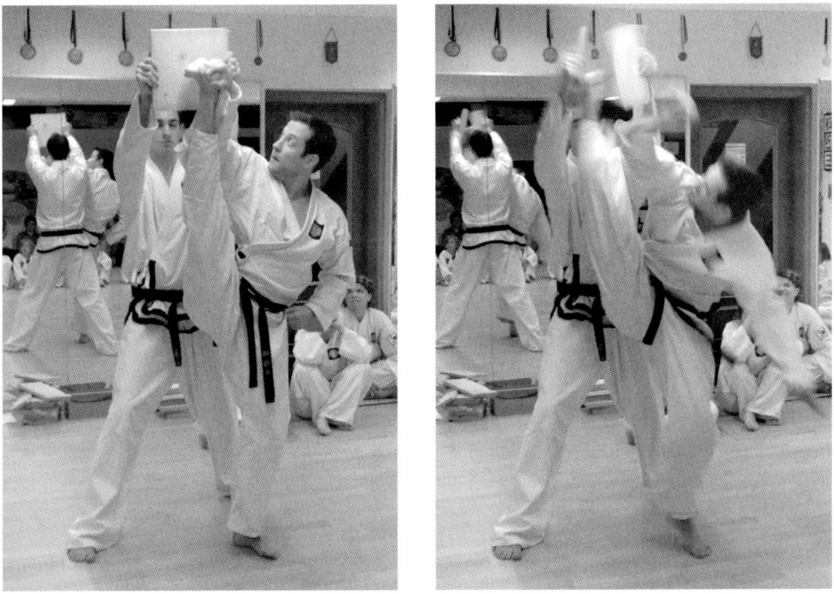

Twistkick, Pituriochagi, ausgeführt von C. Forster

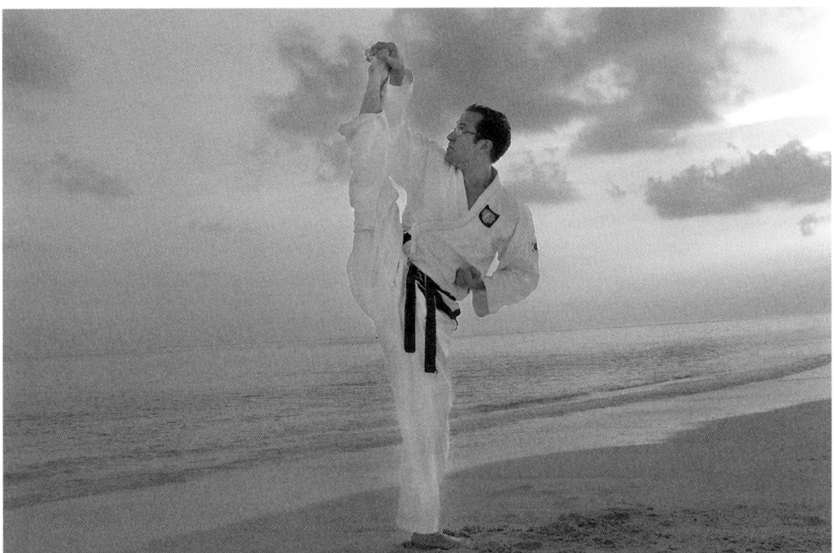

Gehaltener Pituriochagi, ausgeführt von C. Forster

2.1.5. Der Fersendrehkick, Pandaetollyochagi

Neben den eben skizzierten Kicks, die in ihrer Grundform ohne eine Drehung des Körpers erfolgen, in der Regel also frontal ausgeführt werden, gibt es einen wichtigen Fußtritt, der in seiner grundsätzlichen Ausführung aus einer halben Drehung über den Rücken heraus erfolgt. Dieser Kick wird Fersendrehschlag genannt, koreanisch Pandaetollyochagi. Dabei kickt man aus einer 180 Grad-Drehung mit der Ferse. Der Standfuß bleibt zunächst am Platz, der Oberkörper wird in Kickrichtung eingedreht. Sobald man die Spannung des Eindrehens spüren kann, wird der Kick weitergeführt. Man kickt aus der Hüfte mit der Ferse in Richtung Ziel. Der Standfuß dreht auf seinem Platz leicht mit. Bei der Ausführung des Kicks bleibt das Knie gestreckt, der Fuß ist parallel zum Boden quer ausgerichtet; die Ferse bildet den höchsten Punkt, der Fußballen zeigt leicht nach unten.

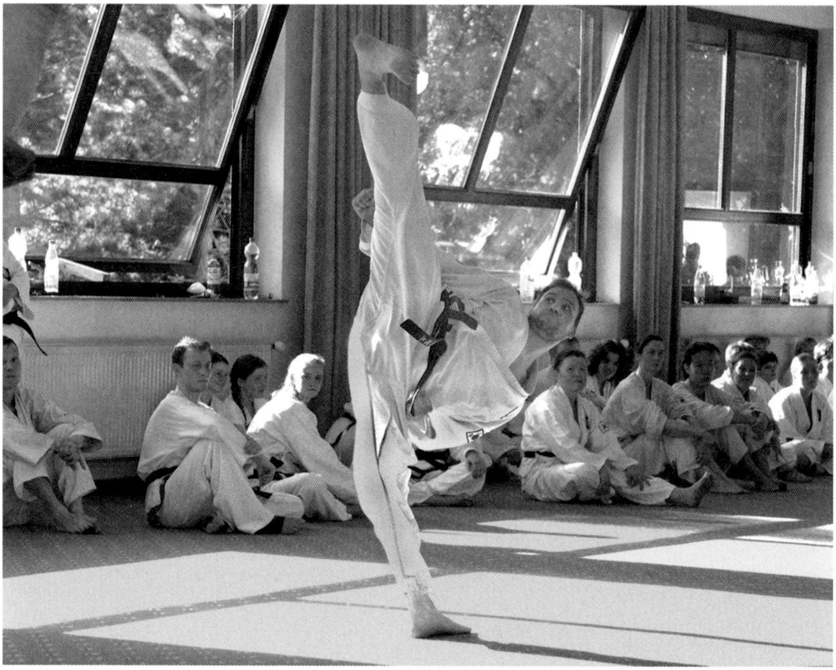

Fersendrehkick, Pandaetollyochagi, ausgeführt von M. Fehrer

2.1.6. Der Halbkreiskick von innen nach außen, Naeryochagi

Ein variantenreich ausführbarer Kick ist der gestreckte Halbkreiskick von innen nach außen. Dabei wird der Fuß mit gestrecktem Knie aus der Hüfte von innen über die Körpermitte nach außen gezogen. Ziel ist es entweder, einen Angriff zu blocken, etwa einen Schlag zum Gesicht, oder selbst anzugreifen. Im zweiten Fall wird die Ferse am höchsten Punkt senkrecht nach unten in Richtung des Ziels des Angriffes gezogen. Der Rücken bleibt während der gesamten Ausführung gerade.

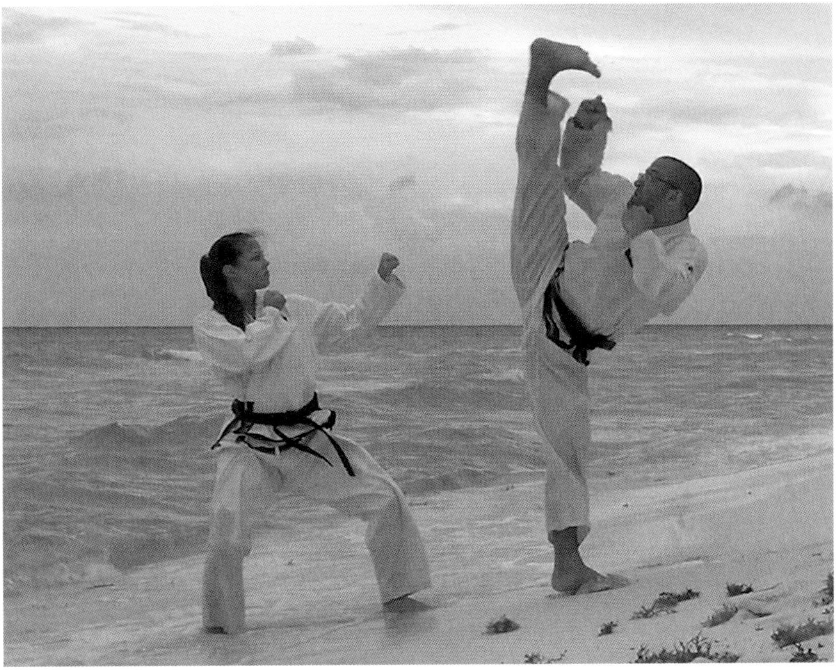

Halbkreiskick von innen nach außen, Naeryochagi, ausgeführt von C. Forster

Die genannten Fußtechniken können alle auch im Sprung ausgeführt werden. Als zusätzlicher Schwierigkeitsgrad kann der Kick auch in Verbindung mit einer Drehung oder mit mehreren Drehungen in der Luft erfolgen.

Die folgenden Fotos zeigen exemplarisch verschiedene Sprungtechniken des Taekwon-Do.

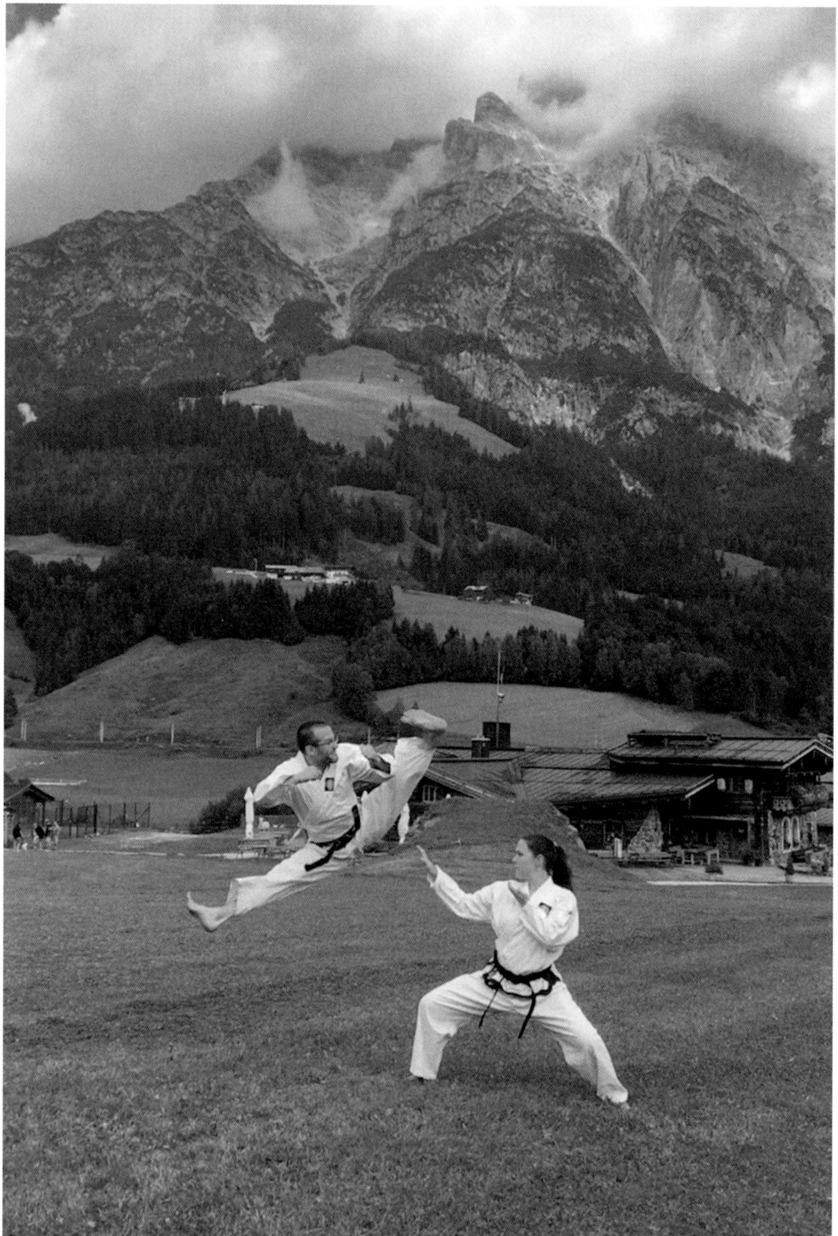

Gesprungener Fersendrehkick, Tymien-Pandaetollyochagi, ausgeführt von C. Forster

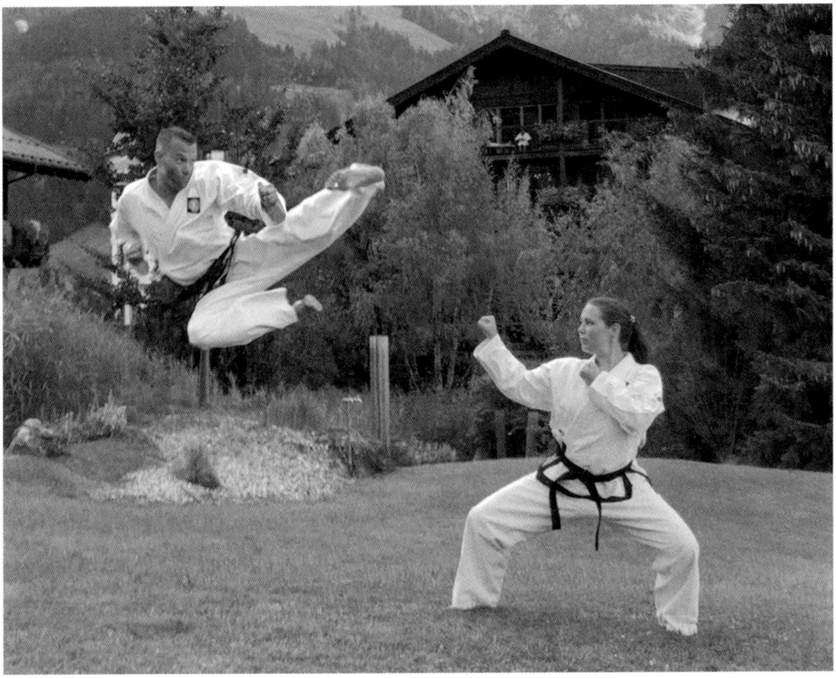

Gesprungener Seitkick, Tymien-Yopchagi, ausgeführt von C. Forster

Neben den im traditionellen Taekwon-Do dominierenden Fußtechniken existieren auch eine Reihe von Handtechniken, die sowohl Schlag- als auch Blocktechniken umfassen.

2.2. Grundlegende Handtechniken – Schlagtechniken

2.2.1. Der Fauststoß

Eine erste grundlegende Handtechnik, die als Schlag ausgeführt wird, ist der Fauststoß. Dabei wird mit der geballten Faust (der Daumen wird außen über Mittel-, Zeige- und Ringfinger abgelegt) ein gerader Schlag nach vorn ausgeführt, die andere Hand wird gleichzeitig, um durch die Gegenbewegung mehr Geschwindigkeit und dadurch mehr Energie zu erzeugen, nach hinten gezogen. Trefferfläche sind die Knöchel des Zeige- und Mittelfingers als stärkste Knöchel der Hand.

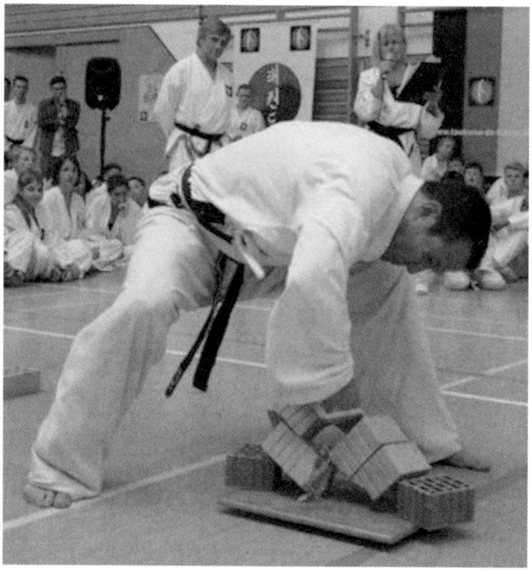

Bruchtest mit der Faust auf zwei Backsteine, ausgeführt von C. Forster

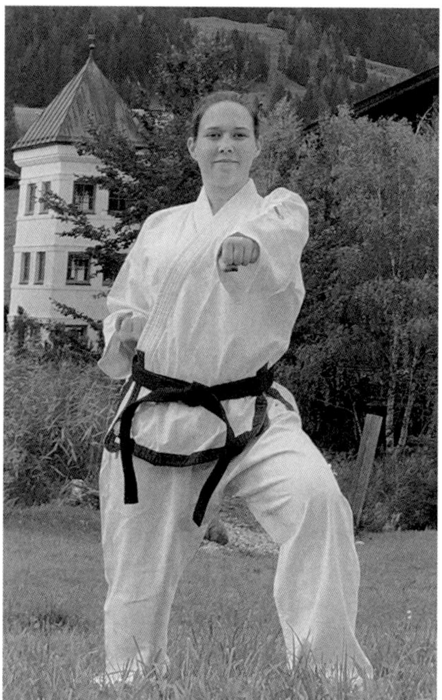

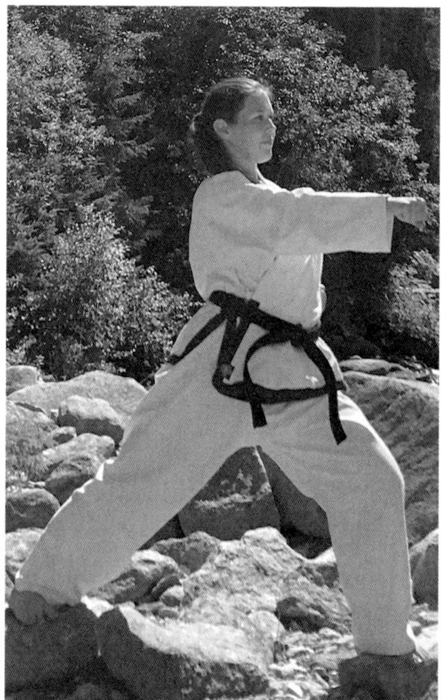

Klassischer Fauststoß frontal bzw. seitlich aufgenommen, ausgeführt von F. Forster

2.2.2. Der Außenhandkantenschlag

Ein zweiter grundlegender Schlag wird mit der Außenhandkante ausgeführt. Die Ausholbewegung erfolgt so, dass beide Arme übereinander gelegt werden, der schlagende Arm ist dabei oben. Der Schlag erfolgt von innen nach außen, der andere Arm wird – analog zum Vorgehen bei einem Fauststoß – zeitgleich nach hinten gezogen, um die Effektivität des Schlags mit der Handkante zu erhöhen. Um den Handkantenschlag noch kraftvoller und energiegeladener werden zu lassen, kann er auch aus der Drehung ausgeführt werden. Trefferfläche ist der Bereich zwischen der Handwurzel und dem kleinen Finger.

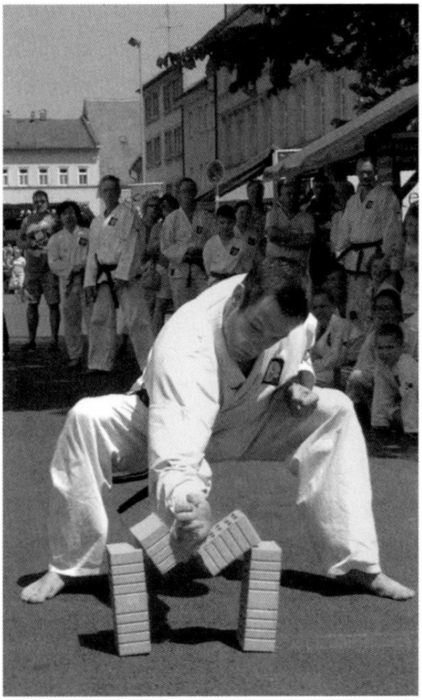

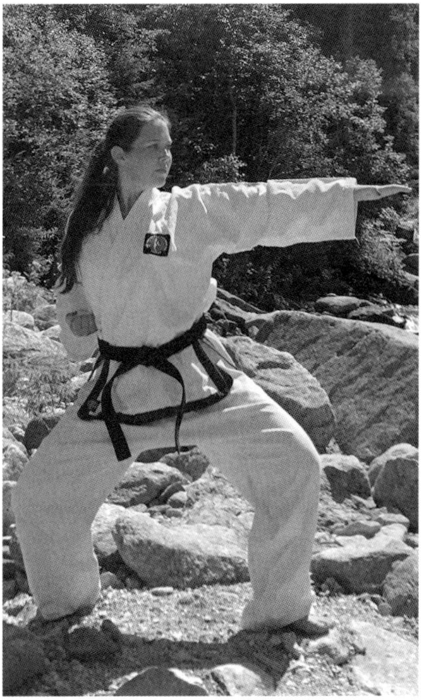

Links: Bruchtest mit der Außenhandkante auf einen Backstein, ausgeführt von C. Forster
Rechts: Klassischer Handkantenschlag, ausgeführt von F. Forster

2.2.3. Der Innenhandkantenschlag

Das Pendant zum Schlag mit der Außenhandkante ist der Schlag mit der Innenhandkante, der von außen nach innen mit dem inneren Teil der Hand ausgeführt wird. Der Daumen ist nach innen gelegt, die Hand, die nicht schlägt, wird während der Ausführung des Innenhandkantenschlages nach hinten gezogen, so dass sich, wie bei Faustsstoß und Außenhandkantenschlag, die Vorwärtsbewegung der Schlaghand und die Rückwärtsbewegung der anderen Hand zu einer Einheit ergänzen. Als zusätzliche Quelle der Geschwindigkeit wird die Hüfte eingesetzt, deren Bewegung die Ausführung des Schlages unterstützt. Trefferfläche ist der Bereich zwischen dem Daumenansatz bzw. der Handwurzel und dem Zeigefinger.

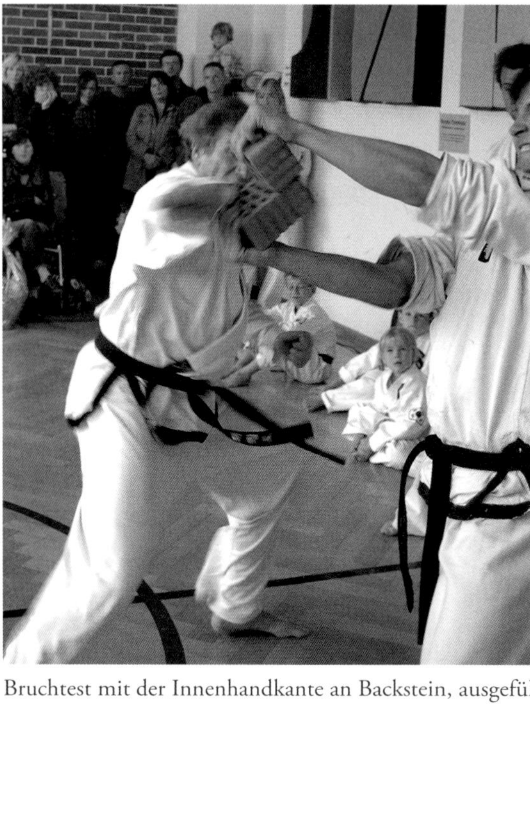

Bruchtest mit der Innenhandkante an Backstein, ausgeführt von Großmeister W. Fehrer

2.2.4. Weitere Schlagtechniken mit der Hand

Neben den eben kurz beschriebenen grundlegenden Schlagtechniken mit der Faust und den beiden Varianten der Handkante können ebenso der Handrücken, die Fingerspitzen oder sogar der Knöchel des Daumens sowie der Ellbogen als Schlagflächen eingesetzt werden.

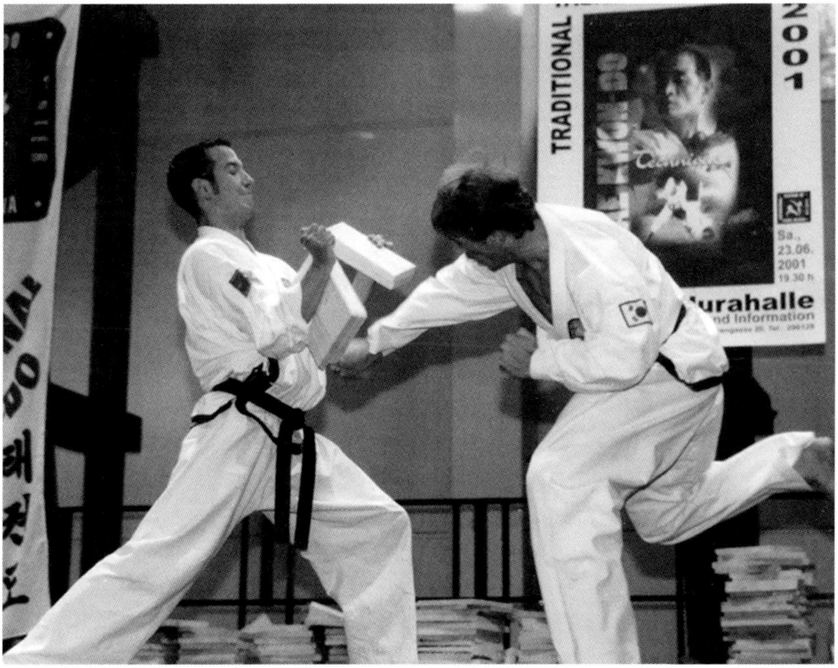

Extrem schwieriger Bruchtest mit Daumengelenk, ausgeführt von Großmeister W. Fehrer

2.3. Grundlegende Handtechniken – Blocktechniken

Das traditionelle Taekwon-Do beinhaltet neben Schlagtechniken eine im Vergleich dazu noch viel größere Anzahl von Blocktechniken, die zur Abwehr verschiedener Angriffstechniken dienen. Kurz erläutert werden aufgrund der großen Vielfalt nur die grundlegendsten Blocks mit einer Hand. Exemplarisch wird des Weiteren der klassische Schutzblock (Doppelblock) vorgestellt.

2.3.1. Der tiefe Block – Hadanmakki

Ziel des tiefen Blockes, Hadanmakki, ist es, einen Schlag, der zum Genitalbereich oder zum unteren Bauch ausgeführt wird, abzuwehren. Der den Block ausführende Arm wird dabei von oben nach unten gezogen, der andere Arm wird in einer ergänzenden Bewegung nach hinten geführt und kommt kurz oberhalb der Hüfte zum Stehen. Der Block endet etwa eine Faustbreit vom Oberschenkel entfernt.

2.3.2. Der mittlere Block – Chungdanmakki

Ein zweiter wichtiger Block wehrt einen geraden Schlag zur Körpermitte oder einen zum Gesicht zielenden Angriff ab. Der blockende Arm wird dabei von unten nach oben gezogen, der andere Arm führt – analog zur Ausführung des tiefen Blocks – die entsprechende Gegenbewegung aus. In der Endposition ist der blockende Arm in einer 90-Grad-Position exakt so ausgerichtet, dass man genau mit den Augen über den Block sehen kann.

2.3.3. Der nach oben ausgeführte Block – Sangdanmakki

Ein Angriff von oben zum Kopf kann mit einem nach oben, über den Kopf, ausgeführten hohen Block, koreanisch Sangdanmakki, abgewehrt werden. Dabei wird der blockende Arm von unten nach oben gezogen, in der Endposition ist er exakt waagrecht ausgerichtet. Der andere Arm wird, wie bei allen anderen Blocks, in einer Gegenbewegung in Richtung Hüfte gezogen und ruht am Ende kurz oberhalb der Hüfte.

2.3.4. Weitere Blocktechniken

Neben diesen grundlegenden Blocktechniken finden sich sehr viele weitere Blocks, die in der Regel aus einer Variante, etwa mit einer offenen Hand anstelle einer geschlossenen, oder aus Kombinationen der genannten Blocktechniken entstehen. Ein Beispiel für einen kombinierten Doppelblock ist unten abgebildet. Doppelblocks wehren zwei Angreifer ab.

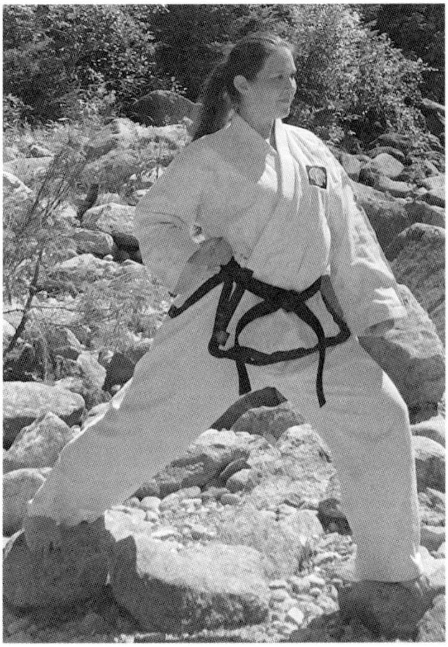

Hadanmakki, ausgeführt von F. Forster

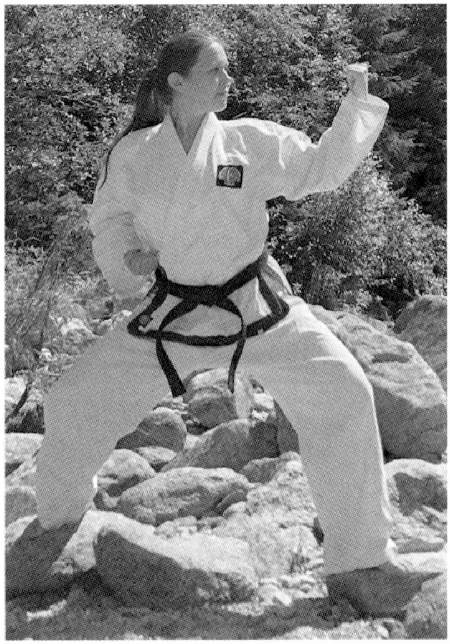

Chungdanmakki, ausgeführt von F. Forster

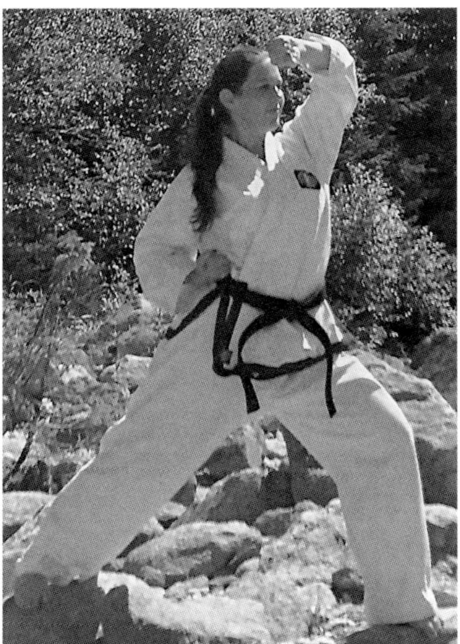

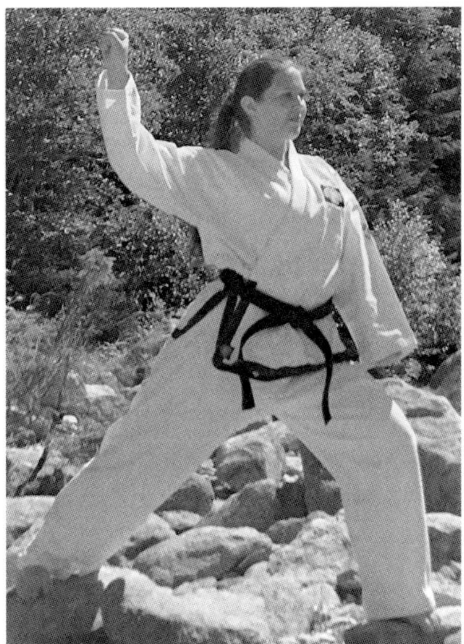

Links: Sangdanmakki, ausgeführt von F. Forster
Rechts: Doppelblock gegen zwei Angreifer, ausgeführt von F. Forster

2.4. Kombination der Techniken

Im Unterricht des traditionellen Taekwon-Do werden in der Regel zunächst die einzelnen Techniken trainiert, bis sie korrekt und genau ausgeführt werden. In einer der nächsten Phasen des Unterrichts werden dann unterschiedliche Hand- und Fußtechniken kombiniert und in Verbindung geübt. Der Phantasie des Lehrenden bei der Kombination der Grundtechniken ist dabei keine Grenze gesetzt. So ergeben sich unendlich viele Möglichkeiten, die grundlegenden Elemente des traditionellen Taekwon-Do in immer neuer Weise zu verbinden, und so können in abwechslungsreicher Form immer wieder neue Schwerpunkte des Übens gesetzt werden. Dabei wird es dem Übenden nie langweilig, da sein Geist und seine Konzentration immer wieder gefordert werden, sich auf die neue Kombination im aktuellen Training einzustellen und diese entsprechend schnell umzusetzen sowie kraftvoll, dynamisch und ästhetisch auszuführen.

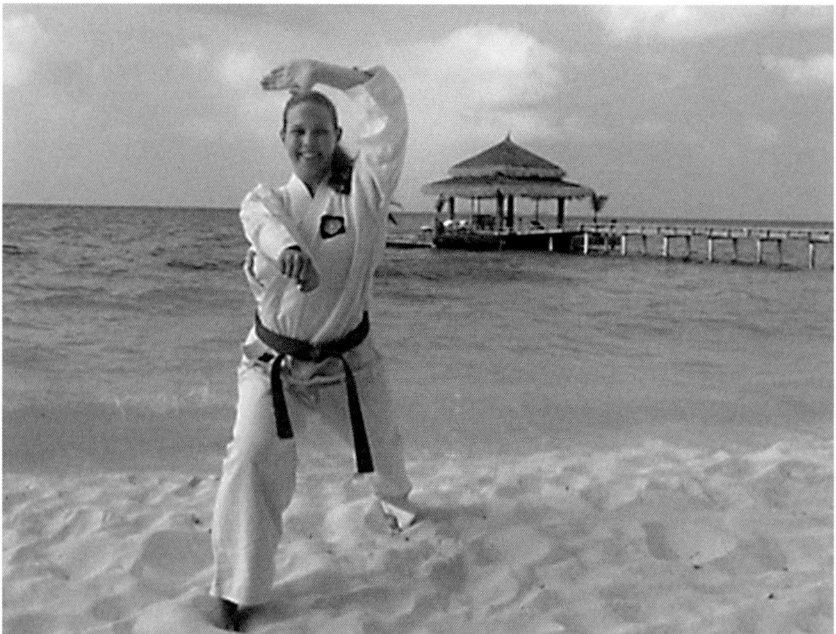

Kombinierte Block- und Angriffstechnik, ausgeführt von F. Forster

Kombiniert werden unterschiedliche Techniken aber nicht nur im Training von Kombinationen. Vielmehr betrifft die Kombination verschiedener Techniken auch die einzelnen Disziplinen des traditionellen Taekwon-Do, die im Folgenden genauer beleuchtet und beschrieben werden sollen.

Eine erste Disziplin, die den im Training geübten Kombinationen am nächsten verwandt ist, ist der Formenlauf. Kwon konstatiert zum Zusammenhang dieser ersten wichtigen Disziplin mit der Übung der Grundtechniken: »Was ich beim Grundtraining im Hinblick auf das Üben des Schlages und der Stöße auf imaginäre Gegner erwähnte – Zwang zu Konzentration und Genauigkeit –, findet hier seine sinngemäße Fortführung.«[74]

2.5. Die Disziplinen des traditionellen Taekwon-Do

»Wer andere erkennt, ist gelehrt.
Wer sich selbst erkennt, ist weise.
Wer andere besiegt, hat Muskelkraft.
Wer sich selbst besiegt, ist stark.
Wer zufrieden ist, ist reich.
Wer seine Mitte nicht verliert, ist
unüberwindlich.« – Lao Tse

2.5.1. Der Formenlauf – Hyong

Eine erste grundlegende Disziplin des traditionellen Taekwon-Do besteht in der Ausführung festgelegter Bewegungsabläufe, fester Formen, die auf Koreanisch als »Hyongs« bezeichnet werden. Son Jong-Ho beschreibt den Begriff »Hyong« auf folgende Weise: »Ein System von Verteidigungs- und Angriffsformen, auf koreanisch ›Hyongs‹ genannt, gibt dem Taekwondo-Übenden die Möglichkeit, seine Verteidigungs- und Angriffstechniken mit voller Kraft zu üben, ohne jemanden zu gefährden. Sie bestehen aus verschiedenen aufeinanderfolgenden Grundbewegungen. Alle Aktionen beginnen mit einer Abwehrtechnik, da Taekwondo sich als Selbstverteidi-

[74] Kwon: Zen-Kunst, 73.

gungssystem versteht. Darauf folgt unmittelbar die Verteidigungstechnik. Alle Hyongs basieren auf einem festen Schema mit immer gleichbleibender Bewegungsfolge. Der Übende kämpft dabei gegen einen oder mehrere imaginäre Gegner.«[75] Da die Ausführung der Bewegung auf den Trainierenden allein konzentriert ist, kann alle Kraft, die der Ausführende aufzubringen im Stande ist, eingesetzt werden, ohne dass die Gefahr besteht, dass jemand verletzt wird. »[D]a die Gegner ja nur gedacht sind, kann [der Übende] seine volle Technik anwenden, das heißt jedes Abstoppen des Schlages entfällt; für ihn entsteht eine reale Situation.«[76]

Die Anzahl der gelehrten Formen variiert von Lehrsystem zu Lehrsystem, die Zahlen reichen von 20 bis 24 verschiedenen Hyongs.[77] Die Namen der einzelnen Formen haben einen Bezug auf die koreanischen Geschichte, sie sind etwa nach berühmten Persönlichkeiten Koreas benannt oder haben einen Symbolgehalt, der eine besondere Leistung oder einen besonderen zu erstrebenden Wert bzw. eine Tugend, die als nachahmenswert interpretiert wird, widerspiegeln sollen.[78] So ist etwa die zweite Hyong nach dem mythischen Gründer von Korea, Tan-Gun, benannt, und die achte Form erinnert an die bereits erwähnte Jugendorganisation Hwa-Rang, die sich um die Verbreitung und Pflege der Kunst Taek Gyeon verdient gemacht hat.

Beim Formenlauf wird eine festgelegte Abfolge von Hand-, Fuß- und Blocktechniken ausgeführt, vergleichbar mit einer einstudierten Kür im Eiskunstlauf oder im Turnen. Der Übende stellt sich im Anfangsstadium den Angreifer vor und verteidigt sich gegen diesen imaginären Gegner; je weiter der Schüler auf dem Weg des Do fortschreitet, desto mehr vermag er sich schließlich bei der Ausführung des Formenlaufes vom Zwang der konkreten Vorstellung des imaginären Gegners zu lösen und sich vollkommen auf das optimale Ausführen und Fließenlassen der Techniken einzulassen.

Ziel des Formenlaufs ist das Perfektionieren der einzelnen Techniken und deren Abfolge; es sollen Kraft, Präzision und Genauigkeit der Techniken sowie ihr harmonisch dargebotener Ablauf als Gesamtsystem beständig verbessert und verfeinert werden. Dazu bemerkt Son: »Besonders wichtig

---

[75] Son: Der Weg des Kreises, 151. Vgl. hierzu auch Kwon: Zen-Kunst, 72.
[76] Ebd.
[77] Vgl. hierzu etwa Kwon: Zen-Kunst, 75-78.
[78] Vgl. ebd.

ist, dass der Übende die Hyong nicht einfach mechanisch durchläuft, sondern sich wirklich in die jeweilige Situation hineinversetzt. Dadurch ergibt sich ein gewisser Bewegungsrhythmus. Die Geschwindigkeit der einzelnen Aktionen soll dabei sinngemäß variieren, je nachdem, wie man sich den Angriff vorstellt. Einmal erfolgt er schnell und unerwartet, einmal eher vorhersehbar. So muss der Übende entsprechend reagieren. Einmal eher reflexartig und blitzschnell, einmal bewusst logisch konternd. Immer aber voll konzentriert und kontrolliert. Muskel- und Atemkontrolle müssen sich entwickeln, flüssige Bewegungsfolgen entstehen.«[79] Im Kontext seiner Überlegungen zum Ausführen von Hyongs verweist Kwon Jae-Hwa auf den tieferen Sinn, der hinter der Ausführung des Formenlaufes steht: »Für den Betrachter der *hyong* wird in der Aneinanderreihung und Kombinierung der Bewegungen und Techniken die Ästhetik, Gewandtheit, Schnelligkeit, Universalität und Rhythmik des Taekwon-Do offenbar. Nur der Eingeweihte vermag natürlich über diesem optimalen Genuss auch den dahinterliegenden philosophisch-psychologischen Gehalt zu erkennen.«[80]

Dieser dahinterliegende philosophisch-psychologische Gehalt soll im weiteren Verlauf der Überlegungen auf Basis der Philosophie des Zen-Buddhismus näher bestimmt und erläutert werden. Darüber hinaus ist Folgendes zu bedenken: Ein realistisch dargebotener, effektiv und kraftvoll ausgeführter Formenlauf sollte gleichzeitig den Entwicklungsstand des Schülers zeigen und den Grad seines Fortschritts im Do manifestieren: »Die Hyongs bilden das ›Kleine 1x1‹ der Selbstverteidigung. Aus den Formen lässt sich für den Meister klar ersehen, wie weit ein Schüler fortgeschritten ist, wie effektiv er seine Techniken zum Einsatz bringt. Die Hyongs fordern den Schüler unterschiedlich.«[81]

Die Formen werden der Reihe nach von der Komplexität der kombinierten Bewegungen und vom Schwierigkeitsgrad der Technik her sukzessiv anspruchsvoller und sind dementsprechend fester Bestandteil der Gürtelprüfungen: »Die ersten Formen sind einfach und kurz. Die höheren Hyongs sind raffinierter und länger. Sie erfordern immer mehr Konzentration und

[79] Son: Der Weg des Kreises, 151.
[80] Kwon: Zen-Kunst, 73.
[81] Son: Der Weg des Kreises, 151. Vgl. auch Kwon: Zen-Kunst, 72.

Ausdauer.«[82] Der in seiner sportlichen und persönlichen Entwicklung weiter fortschreitende Schüler wird dabei nicht nur in körperlicher, sondern vor allem auch in geistiger Hinsicht immer mehr gefordert und geschult: »Es zeigt sich, wieweit der Schüler mit dem Taekwon-Do eins geworden ist, ob ihm Bewegung und Technik noch aufgezwungen erscheinen oder er ihren Sinn begreift und sie sich bereits teilweise ›einverleibt‹ hat. Ob er die Techniken und Bewegungen nicht einfach nur stur anwendet, sondern sie ihm zur Selbstverständlichkeit, zur unterbewussten Verhaltensweise geworden sind, mit denen sein Körper zu handeln ihn drängt.«[83]

2.5.2. Der Bruchtest – Kyek-Pa

Die wohl bekannteste und öffentlichkeitswirksamste Disziplin des traditionellen Taekwon-Do ist der Bruchtest,[84] bei dem jeweils eine Technik so ausgeführt wird, dass dadurch ein Holzbrett oder ein Stein zerbrochen wird. Obwohl der Bruchtest wegen der spektakulären Ausführungen sehr populär ist und sich großer Bekanntheit erfreut,[85] wird er im Unterricht selbst nicht regelmäßig praktiziert, sondern nur als Training auf Schlagpolster geübt: »Der Bruchtest dient lediglich als Test zur Überprüfung der erworbenen Technik, Kraft, Schnelligkeit, Konzentration und Entschlusskraft. Verschiedene Materialien wie Holzbretter, Mauerziegel oder Flusskieselsteine dienen dazu, die Fertigkeiten des Taekwondo-Übenden entsprechend den Leistungsmaßstäben des Taekwondo zu überprüfen.«[86]

Die Ausführung der Bruchtests erfolgt allein zu Zwecken der Demonstration der Effektivität der Technik und als Spiegel für den geistigen Entwicklungsstand des Schülers; so wird sichtbar, dass der Schüler eine gewisse körperliche und mentale Stärke erreicht hat, die es ihm möglich macht, Materie zu überwinden. Zentral ist dabei nicht der Aspekt der Zerstörung, sondern vielmehr die mentale Fokussierung. Um einen erfolgreichen Bruchtest ausführen zu können, muss der Schüler des Taekwon-Do

---

[82] Son: Der Weg des Kreises, 151. Vgl. dazu auch Kwon: Zen-Kunst, 72f.
[83] Ebd., 73.
[84] Vgl. ebd., 78.
[85] Vgl. Son: Der Weg des Kreises, 154.
[86] Ebd. Vgl. auch Kwon: Zen-Kunst, 78.

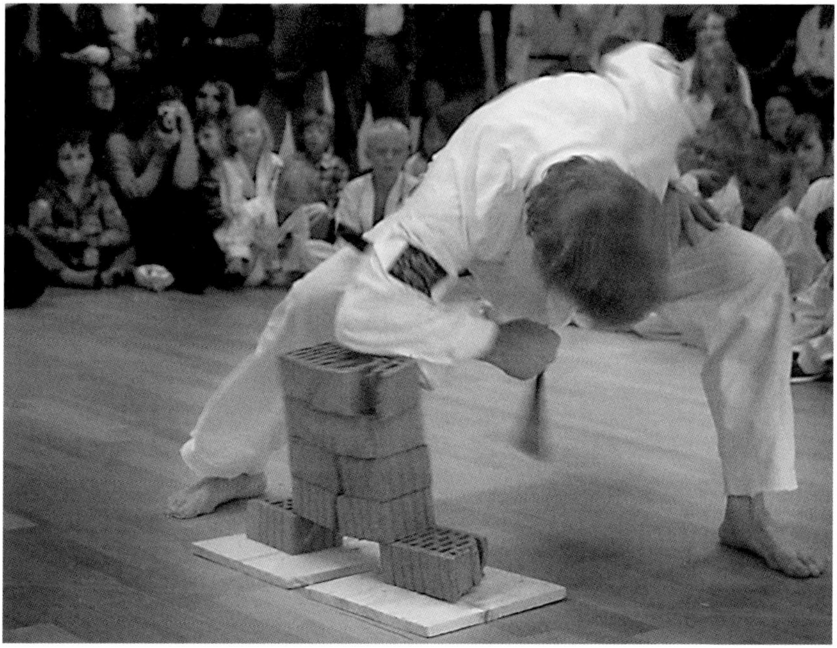

Bruchtest mit dem Ellbogen auf vier Backsteine, ausgeführt von Großmeister W. Fehrer

zunächst einmal eine gewisse Stärke und Kompetenz bei der Ausführung der einzelnen Techniken erreicht haben: »[Die Kompetenz des Schülers besteht] in einer bis zu einem gewissen Grad vollendeten Technik [...]. Ferner in der Ausbildung einer gewissen Schutzschicht an den entsprechenden Schlagpunkten der Arme oder Beine. Doch all das würde noch nicht genügen, um derartige Leistungen zu vollbringen, wie sie dem Meister des Taekwon-Do selbstverständlich sind. [...] Jeder Knochen, jeder Teil des Körpers wäre für sich zu schwach, um die Härte eines Steines zu überwinden. Nur die dahinterstehende, helfende, in Wahrheit ausführende Kraft des Geistes, des Willens ermöglicht einen derartigen Sieg.«[87]

Damit ein Bruchtest tatsächlich gelingen kann, sind ein klares Vorgehen sowie eine klare Ausrichtung des Geistes notwendig: »Absicht des Geistes ist es, eine vor ihm befindliche Materie zu besiegen, das heißt zu zerbrechen, zu zerschlagen oder zu zerstoßen. Das ist der äußerliche materielle

[87] Ebd., 79.

Ausdruck des dahinterstehenden Kampfes der zugrunde liegenden Konfrontation des Geistes mit der Umwelt. Der Wille muss geistig bereits den Bruch der Materie konzipiert haben, für ihn ist beispielsweise der Stein schon zerschlagen. Diese Ausstrahlung des Willens erfasst die Gedanken, die sich dadurch in ihrer Richtung nur auf die bestimmte Materie sammeln, was zu ausschließlicher Konzentration führt. Die spirituelle Konzeption erfasst in der Folge den Körper, der jetzt zum Teil eines von einer bestimmten Absicht durchdrungenen Ganzen wird und dadurch nicht mehr alleinige, im Härtegrad schwächere Materie als die zu zerschlagende ist, sondern lediglich letzteres, ausführendes Organ des Geistes, der in seiner ihm eigenen Stärke, die wesentlich höher liegt als die des Steines, diesen schon zerbrochen hat.«[88]

Son konstatiert in diesem Zusammenhang zur Progression des Vorgehens bei Bruchtests: »Es ist nicht wichtig, was man fertig bringt, sondern wie man es macht. Natürlich bedeutet es eine persönliche Steigerung, wenn man anstatt des gewohnten Brettes ein dickeres wählt oder sich für einen Ziegelstein entscheidet. Wesentlich mehr Konzentration und Körperbeherrschung erfordert es aber, wenn man sich anstatt des dickeren Materials für eine schwierigere Technik entscheidet. Durch ausdauerndes Training ergeben sich zwangsläufig eine höhere Schlagkraft und eine präzisere Ausführung.«[89]

Ein konkretes Beispiel kann die Disziplin des Bruchtests genauer erläutern: Winfried Fehrer, mein Lehrer im traditionellen Taekwon-Do, führt einen Bruchtest auf einen Flusskieselstein aus. Dabei entwickelt er eine Kraft von über 10 000 Newton, die im Bruchteil einer Sekunde auf den Stein einwirken. Die Auftreffzeit der Hand auf den Stein ist sehr kurz, der Kraftimpuls gewaltig. Eine derartige Leistung wirkt für den Betrachter geradezu übermenschlich; sie zeigt den Entwicklungsgrad im Do, der Resultat jahrzehntelangen unermüdlichen körperlichen und mentalen Trainings ist und sich als absolute Fähigkeit zur Konzentration der Kraft hin auf einen Punkt in einem sehr kurzen Zeitintervall manifestiert. Körper und Geist wirken zusammen und überwinden die Materie des Steines.

[88] Ebd., 79f.

[89] Son: Der Weg des Kreises, 155.

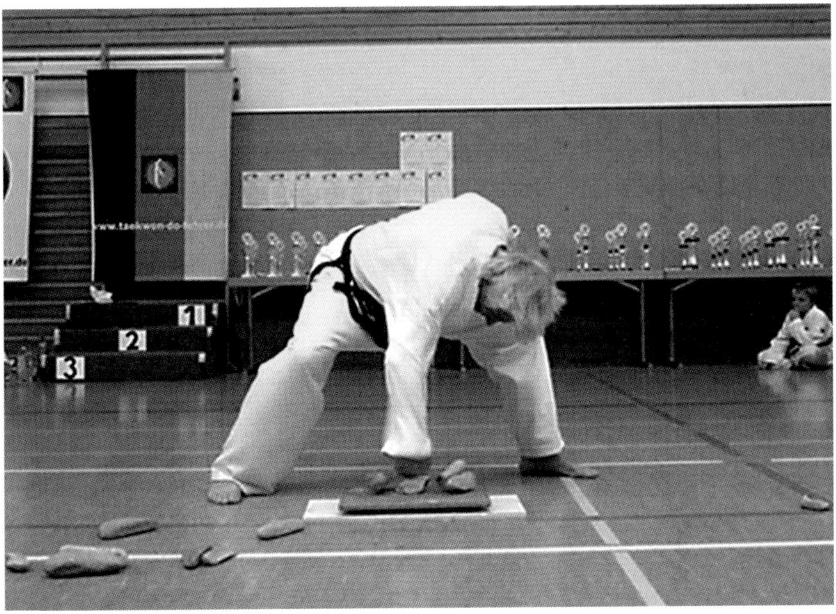

Bruchtest an einem Flusskieselstein, die Manifestation des höchsten erreichbaren Niveaus mentaler und körperlicher Stärke, ausgeführt von Großmeister W. Fehrer

Der in diesen Ausführungen zur Disziplin des Bruchtestes bereits anklingende tiefere Sinn eines Kyek-Pas wird im Folgenden noch auf Basis der Philosophie des traditionellen Taekwon-Do weiter zu erörtern sein.

2.5.3. Der freie Kampf und seine Vorstufen – Hyongs mit dem Partner, Ilbotaeryon und Chayutaeryon

Neben den festgelegten Übungsformen der Hyongs und dem Einzeltechniktraining als Vorbereitung zur Durchführung eines Bruchtests gibt es im traditionellen Taekwon-Do eine ganze Reihe von Übungen mit dem Partner. Zunächst können alle Formen als Form mit dem Partner ausgeführt werden, etwa wenn man eine Hyong nach vorne, also in eine Richtung läuft und dies mit einem Gegenüber zusammen übt. Beide Partner vollführen hierbei ein- und denselben Bewegungsablauf, aber gemeinsam, synchron und mit dem Ziel, die Techniken möglichst nahe und kontrolliert an den Partner heran, also mit sehr geringem Abstand zum Körper des

Partners, auszuführen. Darüber hinaus kann auch der eine Partner beim Lauf der Formen als Angreifer fungieren und als realer Gegner den Angriff, der im klassischen Formenlauf nur gedacht ist, tatsächlich ausführen. So entsteht ein Formenlauf im Kampf.

Neben dieser Übung der Hyongs mit einem Partner als Gegenüber oder als konkrete Manifestation des sonst imaginierten Gegners existieren auch freiere Formen des gemeinsamen Kampfes mit einem Partner.

Eine erste Stufe der freieren Partnerübung stellt der sogenannte Einschrittkampf, koreanisch Ilbotaeryon, dar. Dabei wechseln die Übenden, einen Schritt ausführend, Angriff und Verteidigung ab. Der Angreifer attackiert nach festgelegtem und mit dem Partner abgesprochenem Muster, mit einem einzigen Faustst0ß, den der Angegriffene pariert, um im Anschluss sofort einen Gegenangriff vorzunehmen, der aus einer Mischung von selbst gewählten Techniken besteht, die möglichst präzise und mit sehr geringem Abstand zum Körper des Partners auszuführen sind.

Je fortgeschrittener ein Athlet in der Ausführung einer Reihe von Techniken ist, desto exakter und kraftvoller werden seine Techniken und desto geringer wird ihre Distanz zum anvisierten Zielpunkt sein. Es obliegt bei dieser Art der Partnerübung den Übenden selbst, sich eine Kombination für den Gegenangriff zu überlegen.

Als Zielvorgabe für die Ausführung können dabei folgende Leitlinien gelten: Die Techniken sollen abwechslungsreich sein, das heißt etwa, dass sich verschiedene Handtechniken und Kicks abwechseln, dass sowohl Techniken im Stand als auch im Sprung ausgeführt werden oder dass langsame, in Zeitlupe demonstrierte Techniken sich mit sehr schnellen Kicks und Schlägen ergänzen. Zu beachten ist des Weiteren, dass sich innerhalb einer Gegenangriffssequenz der Schwierigkeitsgrad der ausgeführten Techniken sukzessive steigern und nicht abfallen sollte. Auf eine Handtechnik kann z. B. eine Fußtechnik im Stand folgen, die wiederum von einem Sprungkick ergänzt wird. Die einzelnen Ilbotaeryon-Sequenzen sollten ein kraftvolles, technisch versiertes und abwechslungsreiches Gesamtbild ergeben.

Die noch freiere und vom Schüler weitaus individueller gestaltbare Variante der Partnerübung ist schließlich der gänzlich freie Kampf, Chayutaeryon.[90]

[90] Vgl. dazu etwa Kwon: Zen-Kunst, 82ff.

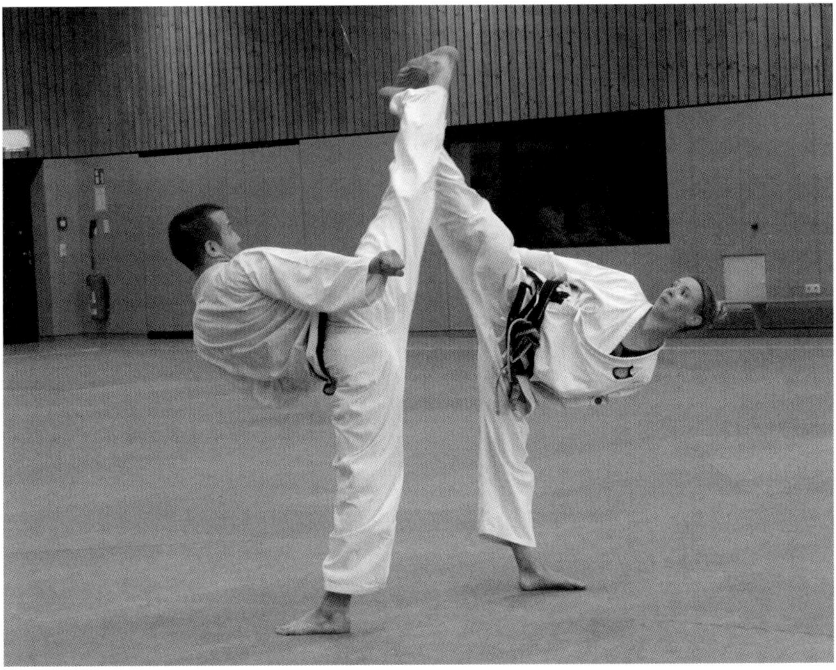

Szene aus einer Partnerübung, ausgeführt von J. Fehrer und C. Forster

Dieser freie Kampf kann in zwei unterschiedlichen Spielarten vollführt werden. Zum einen kann der freie Kampf zu Zwecken der Demonstration erfolgen. Dabei werden Fußtechniken von beiden Partnern ohne Pause aneinandergereiht, die Kicks sind vom Ausführenden frei wählbar. Allerdings ist das Ziel dieser Übung eine möglichst harmonische Ausführung der Fuß- und Sprungtechniken in Eintracht mit dem Partner. Die Kicks sollen möglichst nahe an den Kopf herangeführt werden, ohne den Partner jedoch zu berühren. Die Bewegungen der beiden Kämpfenden müssen sich ergänzen und so schnell, kraftvoll und exakt wie möglich in der Präsentation sein. Um dies leisten zu können, müssen die Einzeltechniken bereits mit großer Sicherheit und Präzision beherrscht werden; man muss als Übender bereits eine sehr gute Kontrolle des eigenen Körpers erlangt haben, um sich in der freien Bewegung auch auf einen Partner und dessen Körper entsprechend schnell und flexibel einstellen zu können. Je schneller beide Partner in Harmonie und mit geringer Distanz zum Partner schwierige Sprungtechniken ausführen, desto versierter wirkt der demonstrierte freie Kampf zum Zweck der Show.

Zum anderen kann Chayutaeryon auch eine Form des Wettkampfes darstellen. Dabei besteht das Ziel darin, Punkte zu erzielen. Punkte erhält man, wenn ein Kick am Block vorbei bis knapp vor den Kopf ausgeführt wird, oder wenn ein Fauststoß zum Solarplexus gesetzt wird. Die Fußtechniken müssen vor dem Kopf des Partners gestoppt werden, jede Ausführung im freien Kampf erfolgt ohne Kontakt. Wird der Partner getroffen, gibt es für den, der einen Mangel an Kontrolle zeigte, einen Punkt Abzug.

Zur Zielsetzung des freien Kampfes konstatiert Son grundsätzlich: »Im Freikampf kann der Schüler seine im Training erworbenen Techniken und Kombinationen nach eigener Wahl anwenden. Im freien, offenen Kampf versucht der Schüler alleine, für die gerade vorherrschende Situation die wirkungsvollste Angriffs- oder Verteidigungstechnik zu finden und anzuwenden. Dies setzt neben einem hohen Maß an Körperbeherrschung auch eine enorme geistige Wendigkeit voraus. Primäres Ziel des Freikampfes ist es, dem ernsthaften Schüler Höflichkeit und Respekt beizubringen und nicht etwa die Schwächen seines Gegners verantwortungslos auszunutzen.

Der Freikampf hat also nicht das Ziel, den Gegner mit brutaler Kraft und purem Zerstörungswillen fertigzumachen, sondern er dient dazu, dem Taekwondo-Schüler Reaktionsschnelligkeit, Timing und selbständiges Handeln anzueignen, seinen Mut und seine Überwindung aufzubauen sowie ihn in der Kontrolle seiner körperlichen Kraft und seiner Gedanken zu schulen. Die ausgeführten Bewegungen [...] müssen einige Zentimeter kurz vor dem beabsichtigten Auftreffpunkt abgestoppt werden.«[91]

Um den Respekt vor dem Partner sowie dessen körperliche Integrität zu sichern, unterliegt der freie Kampf zu Zwecken des Wettkampfes klaren Regeln. Dazu bemerkt Kwon: »Halten, Klammern und Werfen sowie Beißen, Kratzen und ähnliches ist verboten, Attacken unter der Gürtellinie ebenfalls. Besonders gefährliche und schwer kontrollierbare Techniken, wie Fingerstiche und Nervenschläge, bleiben reiner Notwehr vorbehalten.

Die Eigenart des Taekwon-Do betonend ist auch die höhere Bewertung der Bein- als der Armtechniken und die perfekte Verteidigung. Ferner darf

[91] Son: Der Weg des Kreises, 145.

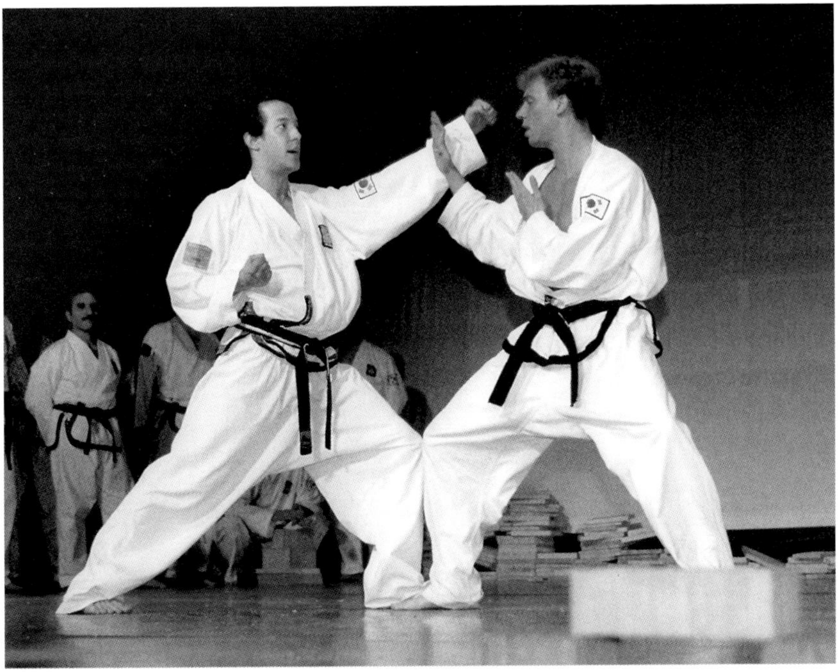

Szene aus einer Partnerübung, einer Form im Kampf; M. Fehrer und C. Forster

ein zu Fall gebrachter Gegner nicht mehr angegriffen werden. Die Bewertung im Wettkampf erfolgt mit Punkten, die in verschiedener Anzahl für gelungene Angriffs- oder Verteidigungstechniken vergeben werden. Darüber entscheiden einige Neben- und ein Hauptschiedsrichter. [...] Verletzungen des Gegners, die nicht durch dessen eigene Ungeschicklichkeit, sondern durch eine mangelhafte Kontrolle meiner Technik entstehen, führen zu einer Disqualifikation.«[92]

In jedem freien Kampf im traditionellen Taekwon-Do steht die Achtung vor dem Partner stets im Vordergrund, die zugleich dazu führt, dass auch die Persönlichkeit des Übenden weiter geschult wird: »Hierzu gehört vor allem, dass der Sinn des Freikampfes nicht [...] in der imaginären Vernichtung des Gegners besteht, sondern im Gegenteil in der Achtung vor dem Gegner. Das beginnt mit der Befolgung des disziplinierten Rahmens (Ver-

[92] Kwon: Zen-Kunst, 88f.

beugung, Kontrolle und Abstoppen der Schläge und Stöße) und setzt sich fort mit der notwendigen Beachtung des Gegners und dem Zwang, ihn kennenzulernen und zu durchschauen. Diese Beschäftigung mit ihm zeigt mir sein Wesen, seine Eigenständigkeit und sein Können. Ich muss auf ihn eingehen und mich ihm anpassen. Ich verliere meine eigene Zentriertheit und erfahre die Polarität des anderen. All das fördert mein Verständnis für den anderen, ich werde derart mit ihm vertraut, dass der Kampf mit ihm nicht Ausdruck einer Vernichtungsabsicht, sondern geistiges Spiel wird, menschliche ›Diskussion‹, die beide bereichert und zur gegenseitigen Annäherung führt.«[93]

Die Ausführungen zu den Disziplinen zeigen zweierlei: Zum einen ist das traditionelle Taekwon-Do durch einen pädagogisch-erzieherischen Charakter geprägt, der etwa bewirkt, dass die Schüler des Taekwon-Do selbst in einem Wettkampf fair und respektvoll miteinander umgehen. Zum anderen wohnt dem traditionellen Taekwon-Do ein tieferer Sinn inne, der sich bereits in der Geschichte der Entstehung dieser Kunst der Bewegung offenbarte, und der in der Philosophie des Buddhismus wurzelt. Es lohnt, beide Ebenen einer genauen Analyse und Reflexion zu unterziehen. Den Ausgangspunkt der Überlegungen soll die folgende Betrachtung der philosophischen Ebene bilden.

[93] Ebd., 87f.

Zweiter Teil

Meditation in Bewegung – Philosophische Grundzüge des traditionellen Taekwon-Do

1. Hinführung

> *»Wie Bogenschießen und Schwertfechten ist das koreanische Karate eine Kunst des Zen, die mit der Technik der Selbstverteidigung eine geistige Schulung verbindet.«*[94]

Die Skizze der Disziplinen des traditionellen Taekwon-Do hat gezeigt, dass das traditionelle Taekwon-Do neben dem Aspekt des körperlichen Trainings der Techniken, Formen, Bruchtests und freien Formen von Kämpfen auch eine mentale Komponente umfasst, durch die die Ebene des Körperlichen transzendiert wird und alle Disziplinen sowie das traditionelle Taekwon-Do als Ganzes einen tieferen Sinn erhalten. Dieser tiefere Sinn erschließt sich in seiner ganzen Fülle nur durch eine Betrachtung des gedanklichen Fundaments des traditionellen Taekwon-Do, das aus der asiatischen Philosophie erwächst. Wie schon in der Einleitung erwähnt, wird das gedankliche Fundament von Kampfkunst nur selten hinreichend gewürdigt. Vor allem in der westlichen Welt werden vom Ursprung und Wesen her philosophisch ausgerichtete Kampfkünste häufig in ihrer Vielfalt reduziert, etwa auf sportliche Aspekte wie Akrobatik oder den Zweikampf oder auch auf rein funktionale, praktische Aspekte, wenn es beispielsweise darum geht, die körperliche Fitness zu erhalten, Selbstverteidigungstechniken für reale Angriffssituationen zu erlernen oder verschiedene nützliche Fähigkeiten für Schule und Beruf zu entwickeln. Das trifft natürlich auch auf das traditionelle Taekwon-Do zu.

Was die Funktionalität betrifft, so herrscht weitgehend Einigkeit; am praktischen Nutzen von Taekwon-Do für Gesundheit und Selbstverteidigung besteht kein Zweifel. Um dem traditionellen Taekwon-Do und seinen philosophischen Wurzeln allerdings wirklich gerecht zu werden und damit zu einem besseren, das heißt zu tieferem und umfassenderem Verständnis dieser Bewegungskunst und ihres Sinngehalts gelangen zu können, muss die auf Funktionalität beschränkte Perspektive erweitert werden. Das ist nur möglich, wenn der tiefere Sinn asiatischer Bewegungs-

[94] Ebd., Klappentext.

künste in das Zentrum der Überlegungen rückt. Als erstes soll in diesem Zusammenhang die Frage der philosophischen Grundlagen des traditionellen Taekwon-Do beleuchtet werden.

2. Philosophische Grundzüge des traditionellen Taekwon-Do

»Es ist die Grundidee des Do, die Lücke zwischen Wille, Gedanken und Körper zu schließen, um in dem so errichteten Zustand dem Geist freie Entfaltungsmöglichkeiten zu geben […].«[95]

Bereits in den Anmerkungen zur geschichtlichen Entwicklung wurde angedeutet: Gewisse philosophische Implikationen sind schon in der frühen Entstehungsgeschichte des traditionellen Taekwon-Do wahrnehmbar. Der Gründervater des traditionellen Taekwon-Do, General Choi Hong Hi, sprach davon als »Geist des Taekwon-Do«. Auch zwei weitere große Persönlichkeiten, Kwon Jae-Hwa und Son Jong-Ho, die sich ab 1965, nach der Institutionalisierung des Taekwon-Do durch General Choi, um die Verbreitung dieser traditionellen Kampfkunst in Europa verdient gemacht haben und die als maßgebliche und epochemachende Großmeister dieser Kunst in Europa gelten können, haben sich ausführlich zur Frage nach dem tieferen Sinn des traditionellen Taekwon-Do geäußert.[96]

Zunächst soll ein weiterer Blick auf die geschichtliche Entwicklung geworfen werden, um die historisch gewachsenen und weiter überlieferten Grundzüge der Philosophie des traditionellen Taekwon-Do nachvollziehen und richtig einordnen zu können. Im Anschluss sollen die Entwürfe von Kwon und Son näher beleuchtet und analysiert werden, um ein klares Bild des tieferen Sinngehaltes des traditionellen Taekwon-Do zeichnen zu können.

---

[95] Ebd., 13.

[96] Vgl. dazu grundlegend Kwon: Zen-Kunst und Son: Der Weg des Kreises sowie Son: Classic Taekwon-Do Alive, 17-34.

2.1. Philosophische Implikationen aus der Geschichte des Taekwon-Do: Das Ethos des traditionellen Taekwon-Do

»Jede Gemeinschaft legte besonderen Wert nicht nur auf die körperliche Ertüchtigung, die Ausbildung körperlicher Fähigkeiten, sondern auch auf die Kultivierung eines moralischen Charakters der Angehörigen.«[97]

Der kurze Blick in die Geschichte der Kampfkunst Taekwon-Do ließ bereits erkennen, dass die Gruppierung »Hwa-Rang« bedeutenden Einfluss auf die Verbreitung des Taek Gyeon im Speziellen und damit auch auf das traditionelle Taekwon-Do im Allgemeinen hatte.[98] Andrea-Mercedes Riegel führt in ihrer Darstellung des Taekwon-Do in Hinblick auf die Hwa-Rang und deren Bedeutung für Korea insgesamt aus: »Die Hwarang-Do (›Zirkel der jugendlichen Blüte‹) sind eine Organisation von außerordentlicher Wichtigkeit und Bedeutung für die koreanische Geschichte und das koreanische Selbstbewusstsein. In der koreanischen Reichseinigung spielten sie tatsächlich eine tragende Rolle.«[99]

Die Zielsetzung, die die Hwa-Rang verfolgten, kann zunächst einmal als politische, genauer als militärische bezeichnet werden; sie wurde bewusst vom Gründer der Hwa-Rang, König Jin-Hung, der von 540 bis 576 regierte, initiiert: »Sein Ziel war gewesen, junge gebildete Aristokraten mit militärischen Fähigkeiten um sich zu scharen, die sich aktiv an der Verteidigung des Landes beteiligen konnten. Die jungen Männer wurden nach Stand, Bildung und moralischen Eigenschaften ausgewählt und in verschiedenen Disziplinen ausgebildet.«[100] Es gab Unterricht in »Etikette, Musik, Bogenschießen, Reiten, Schreiben und Mathematik«.[101, 102] Darüber hinaus wurden Leitlinien für das Verhalten der Men-

[97] Riegel: Taekwondo, 72.
[98] Vgl. zum Folgenden ebd., 59f.
[99] Ebd., 59.
[100] Ebd.
[101] Ebd.
[102] Vgl. ebd.

schen untereinander vermittelt, wie »Güte, Gerechtigkeit, Höflichkeit, Klugheit und Treue«.[103, 104] Daneben wurden die Hwa-Rang auch ganz praktisch auf die sie in der Zukunft erwartenden politischen und gesellschaftlichen Tätigkeiten vorbereitet.[105]

Im Zentrum der Ausbildung der Hwa-Rang stand eine wertbasierte geistige Schulung, die von ihrer Bedeutung her vergleichbar ist mit der Philosophie der Samurai[106] und die in Korea in Einklang mit den politischen Intentionen des Königs stand: »Mental wurden die jungen Aristokraten eingeschworen auf Loyalität zur Armee der Silla, Selbstdisziplin, Unbeugsamkeit und Selbstaufopferung für das Vaterland. Sie waren eingebettet in einen militärischen, moralischen, kulturellen und spirituellen Rahmen mit dem Ziel, sie zu schulen für die Übernahme von Aufgaben in Regierung, Verwaltung und Gesellschaft.«[107] Dementsprechend wurden die Hwa-Rang auf einen konkreten moralischen Kodex eingeschworen und verpflichtet.[108] Dieser Kodex umfasste: »Loyalität zum Vaterland, Gehorsam gegenüber den Eltern, Vertrauenswürdigkeit und Treue gegenüber Freunden, Mut, nie vor dem Gegner zu kapitulieren, Gerechtigkeit: niemals grundlos töten.«[109]

Bedeutsam für die weitere historische Entwicklung war, dass dieser Kodex der Hwa-Rang von General Choi Hong Hi bei der Systematisierung und Ausgestaltung seines Taekwon-Do-Lehrsystems Vorbild war; er hat das von Choi formulierte wie auch das tradierte Ethos des traditionellen Taekwon-Do inhaltlich geprägt[110]: »Choi Hong Hi nahm sich den Ehrenkodex der Hwarang zum Vorbild, nahm ihn [...] in sein Buch *Taekwon-Do* auf. Letztlich entwickelte er auf dessen Basis jedoch einen ganz individuellen, der seine eigene Handschrift trug.«[111] Der von Choi entwickelte Ehrenkodex umfasste »Anstand, Moralität, Geduld, Selbst-

103 Ebd.
104 Vgl. ebd.
105 Vgl. ebd.
106 Vgl. ebd., 72ff.
107 Ebd., 59.
108 Vgl. ebd., 59f.
109 Ebd., 60.
110 Vgl. ebd.
111 Ebd., 74.

disziplin und Unbeugsamkeit«[112]; Choi selbst bezeichnete ihn als »Geist, der das Taekwon-Do beseelt oder beseelen soll«.[113] Damit formuliert Choi in Anlehnung an das Konzept der Hwa-Rang einen tugendethischen Ansatz. Das bedeutet für den Schüler des Taekwon-Do, dass er die genannten Tugenden ausprägen und verinnerlichen muss, sie in seinen Habitus und Charakter aufnehmen soll.[114] Das von Choi als Geist des Taekwon-Do bezeichnete Ethos kann und sollte allerdings nicht bei den genannten Oberbegriffen stehenbleiben, sondern bedarf einer ausführlichen Erläuterung und Entfaltung.[115]

Chois »Geist des Taekwon-Do« entfaltet sich bei näherer Betrachtung auf mehreren Ebenen in einem praktischen Ethos, einem Wertesystem, das für aktive Taekwon-Do-Sportler als Leitlinie und Richtschnur fungiert. Dieses Ethos betrifft zunächst das Verhalten im Trainingsraum, das bestimmten Regeln unterliegt.[116] »Begrüßen und Verabschieden in entsprechender Achtungshaltung und mit einer Verbeugung«[117] ist ein wichtiges Ritual beim Betreten und Verlassen des Trainingsraumes, des Dojangs. Vor, während und nach dem Unterricht werden der Lehrer und im Rang höhere Trainierende begrüßt, ihren Anweisungen wird re-

[112] Choi: Taekwon-Do, 10 (Choi selbst formuliert: »Höflichkeit, Integrität, Durchhaltevermögen, Selbstdisziplin und Unbezwinglichkeit«. ebd.), vgl. Riegel: Taekwondo, 74. Choi setzt als Kodex für Taekwon-Do-Übende, ähnlich wie die Hwa-Rang, einen Katalog von Tugenden als Ziel und bietet damit einen tugendethischen Ansatz an: »Mit dem Begriff Tugend werden bestimmte Eigenschaften ausgezeichnet, derentwegen ein Mensch gelobt wird, als moralisches Vorbild oder einfach als ein moralisch guter Mensch gilt. Diese Eigenschaften beziehen sich (im Regelfall) auf einen spezifischen Bereich menschlichen Könnens und menschlicher Erfahrung. […] Tugendhaftigkeit zeigt sich nicht nur darin, dass richtige Handlungen gewählt werden, vielmehr bestimmt die Tugend insgesamt das Urteilen und auch die emotionale Einstellung der tugendhaften Person. […] Tugenden bezeichnen demnach Charaktereigenschaften; und die Diskussion darüber, was als Tugend zählen soll, geht darum, welchen Charakter ein Mensch ausbilden sollte.« (Rippe, K.-P./Schaber, P.: Der tugendethische Ansatz, in: Rippe, K.-P./Schaber, P. (Hg.): Tugendethik, Stuttgart, 1998, 11.)

[113] Riegel: Taekwondo, 75. Vgl. auch ebd.

[114] Vgl. Rippe/Schaber: Der tugendethische Ansatz, in: Rippe, Schaber, (Hg.): Tugendethik, 11f.

[115] Vgl. zum Folgenden Riegel: Taekwondo, 76ff.

[116] Vgl. ebd., 76.

[117] Ebd., 76.

spektvoll Folge geleistet:[118] »Dem Lehrer gegenüber darf man es nie an Respekt fehlen lassen.«[119] Aber nicht nur dem Lehrer und höher Graduierten gegenüber muss respektvolles Verhalten an den Tag gelegt werden. Der gleiche Respekt, der einem Träger des schwarzen Gürtels, einem Taekwon-Do-Meister oder Großmeister, zu erweisen ist, soll und muss auch gegenüber einem, der eine niedrigere Graduierung trägt, gezeigt werden.[120] Damit wird man auch einer gewissen Vorbildrolle gerecht: »Man muss Gürtelinhabern niedrigeren Ranges immer ein Vorbild sein. Es ist ganz natürlich, dass diese versuchen, die älteren Schüler nachzuahmen.«[121] Dazu gehört auch, dass man »sich der eigenen Schwäche bewusst sein«[122] muss und keineswegs »die Fehler anderer verachten«[123] darf. Es kann somit festgehalten werden, dass die erste wichtige Komponente des Ethos von General Choi besagt, dass allen Mitübenden, gleich welchen Ranges, Respekt gezollt wird.

Zum respektvollen Umgang miteinander zählen natürlich auch das pünktliche Erscheinen zum Unterricht und das Tragen eines tadellosen und sauberen weißen Anzuges (Dobok) sowie »Disziplin und Konzentration im Training«.[124] Die Tugenden Anstand und Moralität bzw. Sittlichkeit beziehen sich des Weiteren auf ein entsprechendes Verhalten im Alltag, das sich etwa durch »vornehme Zurückhaltung und allgemein die soziale Kompetenz«[125] auszeichnet.[126] Zum Bereich Moralität gehört demzufolge nicht nur das Verhalten innerhalb des Dojangs, sondern auch außerhalb des Trainingsraumes: Ein Taekwon-Do-Trainierender sollte stets bestrebt sein, das, was er als moralisch richtig erkannt hat, zu tun.[127] In diesem Zusammenhang ist in Hinblick auf die zugrunde liegende Handlungsmotivation entscheidend, dass man das Richtige um

---

[118] Vgl. ebd.
[119] Choi: Taekwon-Do, 239.
[120] Vgl. Riegel: Taekwondo, 76.
[121] Choi: Taekwon-Do, 239.
[122] Ebd., 10.
[123] Ebd.
[124] Riegel: Taekwondo, 76. Vgl. auch ebd.
[125] Ebd.
[126] Vgl. ebd.
[127] Vgl. ebd.

der Sache willen tut[128] und nicht aus anderen, gar egoistischen Beweggründen.[129]

Ein Taekwon-Do-Übender entwickelt also eine bestimmte Einstellung. Diese Einstellung beinhaltet das Bemühen um moralisch einwandfreies Handeln und vereint »eine gewisse Reinheit und Unkorrumpiertheit des Denkens und Handelns«[130] in sich.[131] Konkret bedeutet das nach Choi, »die Fähigkeit, Recht und Unrecht unterscheiden zu können und genügend Gewissen zu haben, um sich schuldig zu fühlen, wenn man ein Unrecht begangen hat«.[132] Anstand und Moralität, die ersten beiden Tugenden des Ethos, des Geistes des Taekwon-Do, ergänzen einander und überschneiden sich; sie beziehen sich zum einen auf das äußere Verhalten – innerhalb und außerhalb des Trainings –, und zum anderen ganz grundsätzlich auch auf die innere Einstellung, die Haltung des Menschen in Hinblick auf das eigene Denken und Handeln.

Die weiteren Tugenden des von Choi formulierten Ethos des traditionellen Taekwon-Do, Geduld, Selbstdisziplin und Unbeugsamkeit bilden eine Dreiheit, die sich ebenfalls ergänzt und überschneidet.

Mit Geduld ist gemeint, dass man, zunächst im Kontext des Trainings, aber auch ganz allgemein »Verletzung, Schmerz, Anstrengung«[133] zu er-

---

[128] Hier lässt sich eine Verbindung zum gesinnungsethischen Ansatz von Immanuel Kant erkennen, der fordert, sich beim Handeln immer von der Pflicht, vom guten Willen und vom ethischen Anspruch der Handlung an sich leiten zu lassen: »Im ethischen Sinne gut ist allein derjenige Wille, der nicht von der Neigung, sondern allein von der Pflicht – das heißt nicht um eines äußeren Zwecks, etwa um eines Vorteils willen, sondern wegen des Gebotenseins der Handlung selbst – geleitet ist. Die Wahrheit sagen anstatt zu lügen, ist nicht schon dann im ethischen Sinne gut, wenn man dies aus Angst vor Strafe oder aus Hoffnung auf einen Vorteil tut, sondern erst dann, wenn man es deswegen tut, weil es Pflicht ist. Entscheidend ist also, dass die Handlung nicht nur äußerlich als Pflichterfüllung erscheint, also bloß *pflichtgemäß* erfolgt, sondern dass sie auch innerlich allein *aus Pflicht* getan wird. Erst dann, wenn auch die innere, der Handlung zugrunde liegende letzte Ausrichtung des Willens, seine Maxime, nicht wieder auf die Erreichung eines äußeren, von den Neigungen geleiteten Zwecks, sondern auf die Erfüllung der Pflicht um ihrer selbst willen zielt, ist der Wille unbedingt und in sich gut.« (Ernst, S.: Grundfragen theologischer Ethik – Eine Einführung, München, 2009, 168.)

[129] Vgl. Riegel: Taekwondo, 76.

[130] Ebd.

[131] Vgl. ebd. Vgl. auch Son: Classic Taekwon-Do Alive, 17.

[132] Choi: Taekwon-Do, 10.

[133] Riegel: Taekwondo, 77.

tragen imstande und grundsätzlich ausdauernd ist in all seinem Tun.[134] Für Choi liegt ein wesentliches Ziel des Bemühens im Taekwon-Do darin, »jede Schwierigkeit durch Durchhaltevermögen zu überwinden«[135]. Innerhalb des traditionellen Taekwon-Do geht es in diesem Zusammenhang speziell um »das Ertragen von Schmerz und Anstrengung, aber auch von eventueller Schikane. Das Herz muss stark genug sein, körperlichen oder mentalen Schmerz zu ertragen, ohne aufzugeben, ohne zu kapitulieren.«[136]

Die in einer solchen Haltung der Geduld bereits anklingende Haltung der Disziplin soll im Taekwon-Do besonders auf die eigene Person, auf das eigene Selbst bezogen werden. So wird Disziplin zur Selbstdisziplin. Selbstdisziplin »bezeichnet die Selbsterziehung, die Erziehung, die nicht von außen kommt, sondern von innen.«[137] Choi erläutert: »Die mangelnde Fähigkeit, im Rahmen des eigenen Könnens bzw. innerhalb der eigenen Grenzen zu leben und zu handeln ist [...] ein Beweis für fehlende Selbstdisziplin.«[138] Es darf nach Choi nie zu einem »Verlust der eigenen Kontrolle«[139] kommen. Die beiden Tugenden Geduld und Selbstdisziplin beziehen sich folglich vor allem auf das Selbst, auf das Individuum in seiner Haltung und seinem Verhalten.[140] Wer traditionelles Taekwon-Do übt, wird geduldig und diszipliniert an den ihm im Training und im Alltag gestellten Aufgaben arbeiten und diese mit steter Disziplin angehen und zu bewältigen suchen. Er wird geduldig und diszipliniert an seiner körperlichen und sportlichen Leistungsfähigkeit und an sich selbst und seiner Haltung als Mensch und Persönlichkeit arbeiten. Natürlich wird der Übende auf diesem Weg der Körper- und Persönlichkeitsbildung auch immer wieder Rückschlägen und Niederlagen ausgesetzt sein.

An dieser Stelle gewinnt die letzte Komponente des Ethos von General Choi, die Unbeugsamkeit, entscheidende Bedeutung. »Sie steht [...] für den unbeugsamen Willen trotz größter Hindernisse, die auch Demütigun-

---

[134] Vgl. ebd.
[135] Choi: Taekwon-Do, 10.
[136] Riegel: Taekwon-Do, 77.
[137] Ebd.
[138] Choi: Taekwon-Do, 10.
[139] Ebd.
[140] Vgl. Riegel: Taekwon-Do, 77.

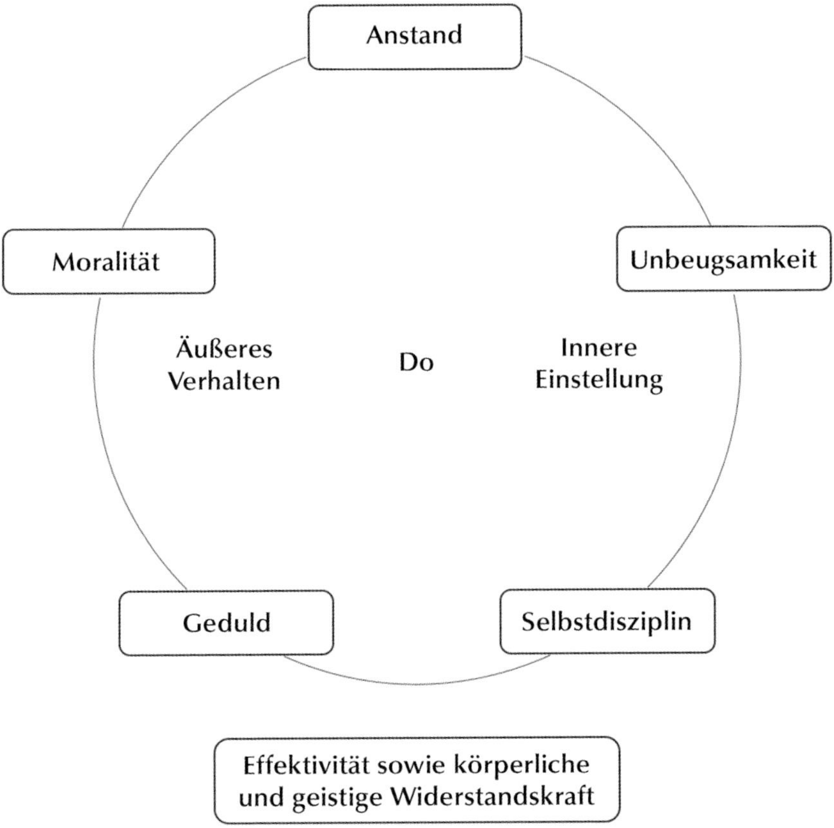

Übersicht 2: Das Ethos des traditionellen Taekwon-Do

gen psychisch wie physisch mit einschließen […].«[141] Choi führt aus: »Ein unbezwinglicher Kampfgeist findet immer dann seinen Ausdruck, wenn ein mutiger Mensch und seine Grundsätze sich überwältigenden Widerständen gegenüber sehen. Ein ernsthafter Schüler des Taekwon-Do wird jederzeit bescheiden und ehrlich sein. Wenn er es mit Ungerechtigkeit zu tun hat, wird er der streitbaren Partei ohne Furcht und Zögern gegenübertreten, er wird dabei ohne Ansehen der Person oder Zahl der Gegner einen unbezwingbaren Kampfgeist an den Tag legen.«[142] In gewisser Weise

[141] Ebd.
[142] Choi: Taekwon-Do, 10.

schließt sich in einer solchen Haltung der Kreis zu Anstand und Moralität, die sich hier als unbezwingbarer Kampfgeist konkretisieren.

Insgesamt zeigt das maßgeblich von den Hwa-Rang beeinflusste und von Choi formulierte Ethos mit dessen Worten: »Effektivität sowie körperliche und geistige Widerstandskraft.«[143]

Zusammenfassend kann in Hinblick auf den »Geist des Taekwon-Do« festgehalten werden:

»An oberster Stelle stehen die vier Kardinaltugenden, die auch Außenwirkung besitzen. Voraussetzung für diese ist die strenge Individualerziehung, die Kasteiung des Selbst. Alle zusammen sind Schule und Voraussetzung für das höchste Gut des Taekwondo: den unbeugsamen Willen.«[144] Um diesen unbeugsamen Willen zu erreichen, bedarf es eines intensiven körperlichen und mentalen Trainings, das den ganzen Menschen betrifft und ihn ganz und gar schult. Diese Ganzheitlichkeit entspricht nun aber der philosophischen Sicht auf den Menschen im Zen-Buddhismus. Damit ist die Brücke geschlagen und der Weg geebnet, die philosophischen Grundlagen des traditionellen Taekwon-Do näher zu betrachten. Die wichtigste in deutscher Sprache erschienene Auslegung der Philosophie des traditionellen Taekwon-Do wurde von Kwon Jae-Hwa, einem der Großmeister, die maßgeblich an der Verbreitung des traditionellen Taekwon-Do in der Welt außerhalb von Korea beteiligt waren, vorgelegt. Dieses Werk mit dem Titel »Zen-Kunst der Selbstverteidigung« soll als Ausgangpunkt für alle weiteren Überlegungen dienen.

---

143 Riegel: Taekwondo, 77.

144 Ebd., 78.

2.2. Das traditionelle Taekwon-Do aus Sicht des Zen-Buddhismus

»Doch erst, wenn körperliche Übung mit spiritueller Haltung verbunden wird, kann die verborgene Dimension des Taekwondo erreicht werden. Das ist ein langer und beschwerlicher Weg.«[145]

»Zen ist das Gegenwärtigsein im Augenblick.«[146]

2.2.1. Die Interpretation des traditionellen Taekwon-Do durch Großmeister Kwon Jae-Hwa: Zen-Kunst der Selbstverteidigung

»Dem Taekwon-Do liegt, kurz zusammengefasst, die Überlegung zugrunde, dass in umfassender Anwendung und vollkommener Ausnutzung der vorhandenen Möglichkeiten Körper und Gedanken einer sich bis zur letzten Vervollkommnung erstreckenden Schulung zu unterwerfen sind.«[147]

Kwon Jae-Hwa, der nach seinem Studium in Korea sein ganzes Leben der Verbreitung und Lehre des traditionellen Taekwon-Do gewidmet hat, betrachtet das traditionelle Taekwon-Do nicht nur als Kunst der Bewegung; er entfaltet in seiner Auslegung dieser Kunst vielmehr auch eine tieferliegende Ebene, die im Gedankengut und in der Philosophie des Zen wurzelt. Traditionelles Taekwon-Do wird aus dieser Perspektive eine Kunst der körperlichen Bewegung und der mentalen Schulung mit einem tieferen Sinn. Seinen Ansatz stellt er im Buch »Zen-Kunst der Selbstverteidigung: Taekwon-Do – Karate« dar.

Um die Auslegung Kwons nachvollziehen zu können, ist es notwendig, zunächst einige Grundgedanken des Zen zu skizzieren.[148] Zen, was auf Deutsch so viel wie »Versenkung, Absorption des Bewusstseins in seinen eigenen Grund«[149] bedeutet, bezeichnet sowohl eine Strömung des chinesi-

---

[145] Son: Der Weg des Kreises, 23-25.
[146] Von Brück, M.: Zen – Geschichte und Praxis, München, 3. Aufl. 2016, 17.
[147] Kwon: Zen-Kunst, 13.
[148] Vgl. zum Folgenden Von Brück: Zen, 7-19.
[149] Ebd., 7.

schen Buddhismus als auch eine Praxis des meditativen Sich-Versenkens.[150] »Als eine Meditationsschule des chinesischen Buddhismus unterscheidet sich Zen in seinen inhaltlichen Aussagen nicht wesentlich von anderen sinisierten Formen des Mahāyāna-Buddhismus [...], wohl aber durch [...] einen neuen Lehr- und Meditationsstil.«[151] Die Zielsetzung von Zen kann dabei wie folgt beschrieben werden: »Zen beansprucht, durch unmittelbare Einsicht in die Wirklichkeit das Rätsel von Leben und Tod im zeitfreien Augenblick einer geistigen Erfahrung direkt auflösen zu können.«[152] Hat man diese Einsicht erreicht, spricht man im Zen von einer Erfahrung des sogenannten Satori: »Diese Erfahrung wird Erwachen oder Erleuchtung (jpn. *kenshō*, *satori*) genannt und verändert die Wahrnehmung der Welt und des eigenen Bewusstseins vollständig, das heißt, sie transformiert das Leben grundlegend und wird als tiefstes Glück beschrieben.«[153]

Durch Meditation will man im Zen »Einsicht in die ›wahre Natur‹ der Wirklichkeit bzw. den Grund des Bewusstseins«[154] erlangen. Eine Meditation im Sinne des Zen entfaltet sich auf folgende Art und Weise: »Durch fokussierte Konzentration auf die unbedingt korrekte Sitzhaltung und den willentlich nicht gesteuerten Atem werden psychosomatische Energien gebündelt. Danach wird eine nichtfokussierte Achtsamkeit des Bewusstseins angestrebt, die nicht an irgendein Objekt mit räumlich oder zeitlich bestimmten Merkmalen gebunden ist, sondern eine über den Raum ausgebreitete Wachsamkeit und eine Wahrnehmung der Gleichzeitigkeit aller Erscheinungen darstellt. Ziel der Meditation schließlich ist Weisheit; Weisheit bedeutet, jenseits von begrifflichen und emotional gefärbten Projektionen eine Bewusstheit und Einsicht in die ›Wirklichkeit, wie sie ist‹ zu erreichen. In einem meist als plötzlich erlebten Durchbruch (jpn. *kenshō, satori*) werden alle Widersprüche und Dualitäten aufgelöst, die das ratio-

---

[150] Vgl. ebd.

[151] Ebd.

[152] Ebd.

[153] Ebd., 7f. Vgl. auch Kornfield, J.: Frag den Buddha und geh den Weg des Herzens – Was uns bei unserer spirituellen Suche unterstützt, München, 3. Aufl. 2017, 164: »Im Zen legt die Rinzai-Schule besonderen Wert auf die sehr wirkungsvolle *Koan*-Praxis und rigorose Retreats, um das gewöhnliche Bewusstsein aufzubrechen und Erfahrungen zu aktivieren, die man *Satori* und *Kensho* – Augenblicke von tiefgreifendem Erwachen – nennt.«

[154] Von Brück: Zen, 8.

nale Bewusstsein kennzeichnen, und alle Phänomene der Welt erscheinen in ihrer Einheit, ohne dass dabei die Vielheit und Besonderheit der einzelnen Erscheinungen verschwinden würden. Diese Erfahrung zeichnet sich aus durch überdeutliche Klarheit der Wahrnehmung und wird als befreiend und tiefstes Glück erlebt.«[155]

Satori kann aber nicht nur durch die geschilderte, eher passive Form der Meditation im Sitzen erreicht werden, sondern auch durch Bewegung und damit durch ein eher aktives Meditieren. Diesen Zusammenhang legt Kwon Jae-Hwa ausführlich in seinem Entwurf dar.

Zu Beginn seiner Überlegungen befasst sich Kwon seinem philosophischen Schwerpunkt entsprechend mit dem Zusammenhang zwischen Zen und Do.[156] Er betont zunächst, dass als Ausgangspunkt für ein tieferes Durchdringen der Kunst des traditionellen Taekwon-Do buddhistisches Gedankengut herangezogen werden muss. Der Buddhismus mit dem zentralen Konzept der »Erleuchtung« Buddhas[157] ist nach Kwon mit Worten nicht angemessen zu erfassen und kann darüber hinaus überhaupt nur dann begriffen werden, wenn man selbst eine bestimmte geistige Haltung erreicht hat.[158] Diese geistige Haltung, die der Buddhist als Ziel seines philosophischen Strebens sieht, ist eine Haltung, »[...] in der man sich von allen Dingen löst, die den Geist oder das intuitive Einsichtsvermögen des Menschen hindern und einengen. Dazu gehören positive oder negative Anteilnahme an der uns umgebenden Welt, wie etwa Liebe und Hass, Zuneigung oder Abscheu, Sympathie oder Gleichgültigkeit usw.«[159] Der nach dem Ziel des Buddhismus strebende Geist soll demnach alle Emotionen loslassen bzw. sich von allen Einschränkungen lösen, die mit Emotionen verbunden sind. Intendiert ist, durch das Beenden jeglicher Regungen des Gemütes eine Art innerer Leere zu erlangen.[160] Durch diesen Zustand der Leere wiederum ist es schließlich möglich, »[...] wahre Einsichten zu gewinnen.«[161] Dabei ist

[155] Ebd., 9. Vgl. auch ebd., 13-15.
[156] Vgl. Kwon: Zen-Kunst, 9-17. Zum Folgenden vgl. ebd. 9-48.
[157] Vgl. hierzu 92ff.
[158] Vgl. Kwon: Zen-Kunst, 9.
[159] Ebd.
[160] Vgl. ebd.
[161] Ebd.

für ein rechtes Verständnis dieser Art der Leere Folgendes zu bedenken: »Es kommt [...] nicht auf eine stumpfe Gedankenleere an, sondern darauf, dass der Übende die Gedanken vorüberziehen lässt, nicht bei ihnen verweilt und sie nicht für Abbilder der Wirklichkeit hält.«[162]

Kwon betont im weiteren Verlauf seiner Analyse, dass die skizzierte grundlegende buddhistische Zielsetzung im Zen aufgenommen und weiterentwickelt wird.[163] Aus Sicht des Zen ist es dem Menschen in seiner durchschnittlichen Verfassung nicht möglich, »[...] echte Einsicht in das Sein zu gewinnen.«[164] Alle Aussagen, die der Mensch über sich und alles, was ihn umgibt, tätigen will, »[...] können immer nur Stückwerk bleiben, da das Wissen, das wir erlernt haben, immer nur kleinste Teile des Gesamten umfassen kann und daher unsere Denkkategorien und Urteile beschränkt [...].«[165]

Zen hat nun zum Ziel, dieses Defizit in der Erkenntnis zu überwinden und den Menschen, die Zen praktizieren, einen Zustand des Geistes zu ermöglichen, der einen Einblick in das wahre Sein zu gewähren vermag.[166] Im Fokus des zu Erreichenden steht, »[...] dass der Mensch die hemmenden positiven oder negativen Interessen an der Umwelt wie alle Gedanken- und Gefühlsgehalte ablegen muss.«[167] Das bedeutet: »Die Zen-Übung soll [...] bewirken, dass das Bewusstsein frei werden kann, indem das Aufnehmen und Verarbeiten ständig neuer Sinneseindrücke unterbunden wird.«[168] Und weiter: »Das Ziel des Zen besteht also im Nicht-Anhaften an Gedanken, Gefühlen, Handlungen.«[169]

An dieser Stelle treffen und überschneiden sich nach Kwon das Zen und die Zielsetzung des Buddhismus: »Die Geisteshaltung, die Buddha vorgeschrieben hat und die nach seiner Ansicht allein zur wahren Schau befähigt, soll erreicht werden.«[170] Dieser Zustand wird von Kwon mit der

[162] Von Brück: Zen, 10.
[163] Vgl. Kwon: Zen-Kunst, 9.
[164] Ebd., 10.
[165] Ebd.
[166] Vgl. ebd.
[167] Ebd., 10f.
[168] Von Brück: Zen, 11.
[169] Ebd., 12.
[170] Kwon: Zen-Kunst, 11.

bereits genannten, zentralen Kategorie des Zen-Buddhismus als »Satori«[171] bezeichnet. Es handelt sich dabei um eine »[...] mit Worten nicht wiederzugebende Einsicht in das Wesen des Seins, ein unmittelbares Wissen um alle Dinge in der Weise, dass man völlig mit ihnen eins wird und sie nicht mehr von außen, als ein Zweites beurteilt. Man ist selbst das Erkannte, und alles hat denselben Rang, es gibt keine Wertung von vorteilhaft und schlecht, hoch und niedrig, gut oder böse.«[172] In diesem Zustand wird nach Kwon – entgegen mancher Fehlinterpretation – das eigene Ich keineswegs aufgegeben, das Ich wird dem Philosophierenden in diesem Zustand vielmehr erst richtig bewusst.[173] Mit Michael von Brück kann man hierzu auch konstatieren: »So wird die Erfahrung selbst als Tod des Ichgefühls bzw. der alten, am Ich anhaftenden Identität des Menschen und als Wiedergeburt in eine andere Bewusstseinsebene erlebt.«[174]

Der geschilderte Zustand des Satori, der inneren und äußeren Leere, kann auf mannigfache Weise, auf unterschiedlichen Wegen erreicht werden. Zum einen kann Satori Gegenstand einer zufällig und unvermutet eintretenden Alltagserfahrung sein, es kann einfach und plötzlich eintreten, ohne dass das Erreichen des Zustandes bewusst intendiert gewesen wäre. Satori glückt in diesem Fall einfach.[175] Zum anderen kann Satori auch mit System herbeigeführt werden. Dazu ist es nötig, dass sich ein »[...] Schüler, der Satori erleben will, einer kontinuierlichen Rückwärtsentwicklung unterwerfen [muss], nachdem er systematisch [...] seinen ursprünglichen Fähigkeiten entwöhnt wurde.«[176]

Der bekannteste und weitverbreitete Weg, diese »Umprogrammierung« und, damit verbunden, den Zustand von Satori zu erreichen, ist die Meditation im Sitzen. Grundsätzlich ist aber auch sie nur ein Weg unter vielen möglichen, um geistige Leere zu erreichen. Alle Wege, die Satori zum Ziel haben, werden unter dem Begriff »Do« subsumiert.[177] Nach Kwon ist all

---

[171] Ebd.
[172] Ebd.
[173] Vgl. ebd.
[174] Von Brück: Zen, 9.
[175] Vgl. Kwon: Zen-Kunst, 11.
[176] Ebd., 11f.
[177] Vgl. ebd., 12.

diesen Wegen, all diesen Do gemein, dass sie zunächst einmal davon ausgehen, dass ein Mensch in der Regel nur sehr rudimentär dazu imstande ist, die eigenen Gedanken und den eigenen Körper zu beherrschen.[178] Aus diesem Grund wird der Mensch gewöhnlich sowohl von seinen Gedanken als auch von seinem Körper beherrscht, nicht er verfügt herrschend über sie. In der Folge ist der Mensch nicht in der Lage, seine mentalen Fähigkeiten auf die von ihm intendierte Weise zur Entfaltung zu bringen, »[...] da Gedanken und Körper mit ihrer Selbständigkeit und ihrem ›Ungehorsam‹ wie Gewichte an ihm hängen.«[179] Das heißt, Menschen erleiden regelmäßig Niederlagen gegen ihre körperlichen und geistigen Bedingtheiten, ihre Bedürfnisse sowie gegen Angewohnheiten, die sie eigentlich bereits als negativ identifiziert haben und ablegen bzw. ändern wollen.[180] Auch der Versuch, nur für einen ganz kurzen Zeitraum Kontrolle über die eigenen Gedanken zu erlangen, wird in der Regel zum Scheitern verurteilt sein und man erliegt Bedürfnissen und Gedanken, die unkontrolliert in den Sinn kommen.[181] Kwon konstatiert als Konsequenz dieses Zustandes: »Derart ist der menschliche Geist in seiner Entfaltung gehindert und sein Wunsch, zu seinem Ursprung zurückzufinden und Satori zu erlangen, kann in diesem Zustand nicht verwirklicht werden.«[182]

Wenn der Mensch aber dazu befähigt wäre, seine körperlichen und geistigen Bedingtheiten zu kontrollieren und für sich nutzbar zu machen, würde das sein Potential insgesamt erheblich steigern.[183] An dieser Stelle wird der Kerngedanke des Do offenbar: »Es ist die Grundidee des Do, die Lücke zwischen Wille, Gedanken und Körper zu schließen, um in dem so errichteten Zustand dem Geist freie Entfaltungsmöglichkeit zu geben und ihm Zugang zum Satori zu ermöglichen.«[184] Das Schließen der Lücke zwischen Körper und Geist wird aus Sicht des Do erzielt, indem »[...] Geist, Gedanken und Körper durch eine bestimmte, kontinuierlich fortgesetzte

[178] Vgl. ebd.
[179] Ebd.
[180] Vgl. ebd.
[181] Vgl. ebd.
[182] Ebd.
[183] Vgl. ebd., 12f.
[184] Ebd., 13.

Tätigkeit oder Verhaltensweise [...] aneinandergebunden werden und so allmählich völlig ineinander übergehen. Der Geist (Wille) gebraucht also seine Instrumente so lange, bis er sie völlig zu handhaben versteht und sie Teil seiner selbst geworden sind.«[185]

Traditionelles Taekwon-Do bietet dem Praktizierenden die Möglichkeit, die besagte Lücke zwischen Körper und Geist zu schließen. Aus Sicht des Zen-Buddhismus bedeutet dies, dass diese Kampfkunst einen der möglichen Wege, Do, darstellt, durch die Satori, jener Zustand der Leere, nach dem der Zen-Buddhist strebt, erreicht werden kann.[186] Taekwon-Do beabsichtigt, »[...] dass in umfassender Anwendung und vollkommener Ausnutzung der vorhandenen Möglichkeiten Körper und Gedanken einer sich bis zur letzten Vervollkommnung erstreckenden Schulung zu unterwerfen sind. Diese wird es dem Geist immer mehr ermöglichen, auf seine ›Instrumente‹ bewusst Einfluss zu nehmen.«[187]

Dazu ist es einerseits nötig, den Körper durch Training der Techniken des Taekwon-Do umfassend zu schulen, das heißt die körperlichen Fähigkeiten bis zur Perfektion zu trainieren und auszuprägen. Andererseits müssen auch die Gedanken diszipliniert und kontrolliert werden, um sich in höchstem Maße durch Konzentrationsfähigkeit auf gewollte geistige Bewegungen zu fokussieren und unerwünschte Gedanken und Empfindungen zu kontrollieren.[188] Im traditionellen Taekwon-Do geschieht auch dies auf Basis des körperlichen Trainings, das aufgrund der Komplexität der Übungen dem Übenden vollkommene Konzentration und Fokussierung abverlangt. Darüber hinaus fordert und schult das Training allein schon wegen der körperlichen Anstrengung bei der Ausführung der Techniken den Geist und den Willen des Trainierenden.

In diesem Zusammenhang betont Kwon nachdrücklich, dass Taekwon-Do auf keinen Fall auf die landläufig bekannten Bruchtests reduziert werden darf. Die Demonstration von gewaltiger Schlagkraft ist und bleibt nur

[185] Ebd. Vgl. auch Von Brück: Zen, 18: »Körper und Bewusstsein sind im Zen ein Kontinuum. [...] Bewusstsein ist ein Impuls, der Motivationen freisetzt und sich in Handlungen äußert, die durch *karman* Strukturen schaffen, die wir als *Körper* wahrnehmen.«

[186] Vgl. Kwon: Zen-Kunst, 13.

[187] Ebd.

[188] Vgl. ebd., 13f.

ein Aspekt des Do.[189] »Weit wichtiger ist die Erlernung der gedanklichen Überlegenheit und der ungeahnten Möglichkeiten, die sich daraus ergeben.«[190] In diesem Zusammenhang verweist Kwon dann konsequenterweise auf den ganzheitlichen Aspekt des Taekwon-Do: »Jede Einseitigkeit wird vermieden, die allen sonstigen Betätigungen [...] anhaftet. Deshalb stellt Taekwon-Do, wird es richtig ausgeübt, höchste Anforderungen an den einzelnen, erfasst ihn ganz und lässt ihn, hat er einmal die segensreichen Wirkungen dieses Do erfahren, nicht mehr aus seiner Faszination.«[191] Die positiven Effekte der Ausübung des Taekwon-Do bestehen nach Kwon in der Verbesserung der gesundheitlichen Verfassung, des mentalen Befindens und der Fähigkeit, bessere Leistungen in verschiedenen Lebensbereichen zu erbringen.[192] So formt Taekwon-Do den ganzen Menschen, und er erlebt »[...] eine totale Umwandlung, die ihn reifen lässt und zur wahren Vervollkommnung führt.«[193]

Der skizzierte Geisteszustand der Leere bedarf nach Kwon der Präzisierung und der Analyse, um Missverständnisse zu vermeiden. Richtig verstanden, muss das anvisierte Ziel wie folgt umschrieben werden: »Diese Leere ist nicht eine Leerheit im Sinne eines Vakuums, es ist ein Zustand, der in Wirklichkeit bedeutend bewusster und reicher ist als das Tagesbewusstsein des Europäers, der seine Aufmerksamkeit jeweils einigen ihm wichtig erscheinenden Gegebenheiten seiner Umwelt zuwendet und in dieser Beschränkung und willkürlichen Abgrenzung seines Bewusstseins hellwach zu sein glaubt, sich selbst zu besitzen glaubt in der verzerrten Perspektive seiner engpersönlichen Vorstellungswelt.«[194]

Michael von Brück formulierte prägnant: »Nicht-Denken ist im Zen [...] alles andere als Bewusstlosigkeit, sondern die Wiederherstellung der natürlichen Klarheit des Bewusstseins [...].«[195] Neben diesen präzisierenden Hinweisen auf die eigentliche Fülle des zen-buddhistisch ver-

---

189 Vgl. ebd., 14.
190 Ebd.
191 Ebd., 15.
192 Vgl. ebd., 15f.
193 Ebd., 16.
194 Ebd., 20.
195 Von Brück: Zen, 12.

standenen Begriffes der Leere ist nach Kwon noch ein weiterer Aspekt zu betonen: Leere ist aus buddhistischer Sicht nicht der Zielpunkt des Handelnden, sondern vielmehr der Ausgangspunkt eines jeden Handelns und Strebens.[196] Erst auf Basis dieses Zustandes erreicht der Mensch sein wahres Sein und sein wahres Potential: »Ihm stehen alle Möglichkeiten im Sein offen, er lebt in Unbegrenztheit und Omnipotenz.«[197]

Zur Veränderung des Menschen und dessen Bewusstseins durch jegliche spirituelle Praxis – so auch durch das Üben von traditionellem Taekwon-Do – bemerkt Jack Kornfield: »Wenn wir jedoch mehr Erfahrung mit der spirituellen Praxis gewonnen haben, [...] verlieren selbst die eingefleischtesten Muster des Festhaltens und der Angst nach und nach ihre Macht über uns. Wir entwickeln eine Geisteshaltung von Ruhe und Unerschütterlichkeit, welchem speziellen Praxisweg wir auch immer folgen mögen. Diese Ruhe ist nicht das Ende der Praxis, aber sie kann ein Anfang sein. Dieses Bei-sich-Sein und die Standhaftigkeit von Herz und Geist sind ein Tor zu anderen Bereichen der Erfahrung. Durch unsere beständige Praxis der Meditation, des Gebets, des Yoga, der Konzentration oder bestimmter Atemtechniken [*auch des Meditierens in Bewegung durch Taekwon-Do, d. Verf.*] [...] erleben wir uns als außerordentlich wach und völlig unbeeinträchtigt von irgendwelchen inneren Ablenkungen. Dank dieser neuen, umfassenden Aufmerksamkeit verlagert sich unser Bewusstsein in einen Bereich andersartiger und völlig neuer Wahrnehmungen.«[198]

Zusammenfassend kann in Hinblick auf das Ziel des zen-buddhistischen Strebens, das durch den Weg, den Do des traditionellen Taekwon-Do, erreicht werden soll, festgehalten werden: Satori meint zunächst das Erreichen eines Zustandes der Leere, dessen Charakteristikum darin besteht, dass der Übende leer ist von den Bedingtheiten der Sinneswelt, leer von Emotionen, leer vom Beherrschtwerden durch seine Gedanken und seinen Körper und dessen Bedürfnisse. Auf dieser Basis eines bewussten und reichen Zustandes eröffnen sich dem Übenden aber ganz neue, schier unbegrenzte »Möglichkeiten im Sein«.[199]

---

[196] Vgl. Kwon: Zen-Kunst, 20.
[197] Ebd.
[198] Kornfield: Frag den Buddha, 167.
[199] Kwon: Zen-Kunst, 20.

Satori als Zustand mag am Anfang nur unverhofft und gerade dann, wenn damit nicht gerechnet wird, auftreten. Kwon schildert einen möglichen Verlauf des Erlebens von Satori mit folgenden Worten: »Der Schüler ist beispielsweise schon seit Monaten, vielleicht seit Jahren bemüht, eine bestimmte Technik auszufeilen, sie endlich dem Meister gleichzutun, der ohne Erklärung in unserem Sinne ihm nur immer wieder zeigt, was er zu tun hätte, wie es richtig auszuführen wäre; der Schüler befindet sich manchmal bereits in völliger Verzweiflung, er schämt sich seiner Ungeschicklichkeit, er glaubt nie zum Ziel zu kommen. All seine Bemühungen, hinter das Geheimnis des Gelingens zu kommen, scheitern. Inmitten seiner ihm anerzogenen Versuche, das Problem gedanklich zu meistern, intellektualistisch das Versteckte zu erkennen, erlahmt er einmal und übt ›vor sich hin‹, im Glauben, doch nichts mehr erreichen zu können. Seine verkrampften Gedanken, Hindernisse für ein Erscheinen des Inneren, sind einen Moment gelöst. Und in diesem Augenblick kann es geschehen: Gedankenlos übt er – zum vielleicht aberhundertstenmal – und in dieser Gedankenlosigkeit bricht aus seinem Inneren ungestört der Strom der Leere, des Absoluten, in dem alle Formen, alles Seiende begründet sind. Ohne es zu wollen, ja gerade deswegen, gelingt ihm die Ausführung der Technik. Dieser Moment ist unbeschreiblich eindrucksvoll, er erstaunt den Erlebenden über alle Maßen, er ergreift ihn völlig. Eine Sekunde lang hat er den Hauch des Alls, das in ihm verborgen liegt, verspürt, eindeutig und unwiderleglich.«[200]

Kwon betont wiederholt, dass der Zustand von Satori mit Worten nur bedingt und äußerst rudimentär zu erfassen ist, wirklich und ganz grundsätzlich kann Satori nur erfahren und erlebt werden.[201] Aus diesem Grund muss entschieden und mit Nachdruck hervorgehoben werden, dass aus Sicht des traditionellen Taekwon-Do der Weg, den geistigen Zustand von Satori zu erreichen, nur über die Körperlichkeit, über die Bewegung führt: »Die erste und wichtigste Aufgabe sieht der Buddhismus darin, durch Übung und Disziplin den Bogen des Körpers neu zu spannen, um dann von diesem Bogen den geistigen Pfeil in höhere Sphären fliegen zu lassen. Die physi-

[200] Ebd., 21f. Vgl. dazu auch, Son: Der Weg des Kreises, 25.
[201] Vgl. Kwon: Zen-Kunst, 22.

Zen:
Praxis des meditativen Sich-Versenkens

Traditionelles Taekwon-Do:
Zen – Kunst der Selbstverteidigung – Weg des Sich-Versenkens in Bewegung

Taekwon-Do beabsichtigt, »[...] dass in umfassender Anwendung und vollkommener Ausnutzung der vorhandenen Möglichkeiten Körper und Gedanken einer sich bis zur letzten Vervollkommnung erstreckenden Schulung zu unterwerfen sind. Diese wird es dem Geist immer mehr ermöglichen, auf seine ›Instrumente‹ bewusst Einfluss zu nehmen.« (Kwon, Zen-Kunst, 13.)

Ziel:
Satori – Erwachen / Erleuchtetwerden

Veränderung der Wahrnehmung der Welt und des eigenen Bewusstseins, Erfahrung von tiefem Glück

Das Bewusstsein wird durch das Ausführen von Bewegung frei, indem durch den Fokus auf die Bewegung die Aufnahme von Sinneseindrücken unterbunden wird (äußere und innere Leere).

Durch Bewegung wird eine natürliche Klarheit des Bewusstseins hergestellt.

Übersicht 3: Das traditionelle Taekwon-Do aus Sicht des Zen-Buddhismus – eine Interpretation nach Kwon Jae-Hwa

schen Übungen lösen die Hemmungen, die der nur diesseitig ausgerichtete Mensch seinem Inneren entgegensetzt, durch ihre physiologische Kraft. Die Natur der Übungen ist befreiend, gemütsöffnend [...].«[202]

Durch die Übung im traditionellen Taekwon-Do wird damit gleichzeitig ein Weiteres erreicht. Die bei Menschen grundsätzlich verbreitete Haltung der Konzentration auf das eigene Ich, mithin eine egozentrische Einstellung, wird überwunden und weicht einer Haltung der vollkommenen Ausgeglichenheit: »Der Zustand der Erleuchtung, gewonnen im

[202] Ebd. Vgl. dazu auch, Son: Der Weg des Kreises, 25: »Der Rhythmus der Bewegung, die der Körper in den Übungen vollführt, löst die Fesseln des Geistes; es wird eine Schwingungsgleichheit zwischen beiden hergestellt. Ein Zustand intuitiver Bereitschaft wird dadurch hervorgerufen, in dem alles Störende ausgeschaltet ist. Der Körper wird zum Gefäß des Geistes, bereit, Höheres aufzunehmen und zu verwirklichen.«

Satori, ist die Wiederherstellung des vollkommenen geistigen Gleichgewichts.«[203]

Der Zustand der Leere, der im Satori erreicht wird, ist jedoch nach Kwon – und das betont er eindringlich – nicht das eigentliche Ziel, nicht der eigentliche Endpunkt, der im Buddhismus erstrebenswert ist.[204] Der durch Bewegung erreichte Zustand der Leere ist nichts anderes als der Ausgangspunkt für die weitere Entwicklung und »[...] die Voraussetzung aller wirklichen Befreiung und Erleuchtung.«[205] Hat man also den Zustand der Leere erreicht, eröffnet und ermöglicht dieser eine Perspektive, das eigene Leben auf eine neue Ebene zu heben: »Die Erleuchtung besteht nicht nur in vollkommener Erkenntnis, sondern im Leben dieser Erkenntnis, also auch in dieser Welt und mit dem Körper.«[206]

Das heißt für den Übenden der Zen-Kunst des traditionellen Taekwon-Do konkret Folgendes: Der Schüler verwirklicht sich durch das kontinuierliche Training selbst und bringt durch das beständige und regelmäßige Üben von Körper und Geist seine eigenen Möglichkeiten zur Entfaltung: »Er erlebt die Bewusstwerdung seiner ihm innewohnenden Erleuchtungsfähigkeit.«[207]

Das Konzept des Satori und des Weges, Satori zu erreichen, das Kwon in seiner philosophischen Interpretation des traditionellen Taekwon-Do formulierte, kann aus Sicht der Lehre des Buddhismus noch weiter entfaltet werden. Zu diesem Zweck soll im Folgenden die buddhistische Weltsicht in ihren Grundzügen dargestellt werden, um auf Basis dieses Wissens die Zielsetzung des Satori im Buddhismus tiefgründiger verstehen zu können.

[203] Kwon: Zen-Kunst, 24. Vgl. dazu auch Kornfield: Frag den Buddha, 93: »Meditation ist eine Praxis, die uns lehren kann, jedem Augenblick mit Weisheit, Heiterkeit und einem Sinn für Humor zu begegnen. Sie ist eine Kunst des Sichöffnens und des Loslassens [...]. Richtig praktiziert, lässt sie selbst inmitten all unserer Frustrationen und Probleme ein bemerkenswertes Gefühl des Getragenseins und einer größeren Lebensperspektive heranwachsen.«

[204] Vgl. Kwon: Zen-Kunst, 26.

[205] Ebd.

[206] Ebd.

[207] Ebd.

2.2.2. Grundzüge der buddhistischen Lehre

»Es gibt keine Meditation ohne Weisheit, es gibt keine Weisheit ohne Meditation.«[208]

2.2.2.1. Buddha und sein Leben

»Der Buddhismus ist eine von Siddhārta Gautama Śākyamuni ›gestiftete‹ Religion, historisch bedingt und wesentlich von der Geschichte seines Ursprungs, der Lebenswelt Indiens im 5. bzw. 4. Jahrhundert v. Chr. geprägt. Er hat im Laufe seiner Geschichte ganz Asien erfasst und diese Gesellschaften in allen politisch-kulturellen Dimensionen äußerst kreativ gestaltet. Er ist seit über einhundert Jahren auch in Amerika, Europa und Australien heimisch geworden.«[209] Der Buddhismus,[210] eine der großen Weltreligionen, kann auf eine initiierende historische Person, Siddhārta Gautama, der den Beinamen »Buddha«, der Erleuchtete, erhielt, blicken.[211] Was das Leben des historischen Buddha angeht, so gibt es jedoch nur wenige gesicherte Erkenntnisse: »Über das Leben des historischen Siddhārtha Gautama, der ein Abkömmling aus dem Gautama-Geschlecht der Sākyas [*Fürstenfamilie aus dem Norden Indiens – d. Verf.*] war, liegen nicht allzu viele historisch zuverlässige Zeugnisse vor. Das meiste, was von ihm bekannt ist, stammt aus buddhistischen Schriften.«[212]

Nichtsdestotrotz steht fest, dass Buddha eine historische Persönlichkeit war, die ein Lebensalter von etwa 80 Jahren erreichte.[213] Er stammte aus einem vornehmen indischen Geschlecht und gehörte zur Kaste der Krieger.[214]

---

[208] Ceming: Buddhismus, Klappentext.

[209] Von Brück, M.: Einführung in den Buddhismus, Frankfurt a. M. und Leipzig, 4. Aufl. 2016, 24. Vgl. zum Buddhismus grundlegend auch Sandvoss, E. R.: Geschichte der Philosophie – Von den Anfängen bis in die Gegenwart, Wiesbaden, 2004, 48ff.

[210] Vgl. zum Folgenden Ceming: Buddhismus, 3ff. und Ceming: Einheit im Nichts – Die mystische Theologie des Christentums, des Hinduismus und Buddhismus im Vergleich, Augsburg, 2004, 255ff. Vgl. auch Nydahl, O.: Wie die Dinge sind, Eine zeitgemäße Einführung in die Lehre Buddhas, München, 2004. Vgl. auch von Brück: Einführung in den Buddhismus.

[211] Vgl. Ceming: Buddhismus, 3. Vgl. auch Nydahl: Wie die Dinge sind, 25-35.

[212] Ceming: Buddhismus, 3.

[213] Vgl. ebd.

[214] Vgl. ebd., 4.

Nachdem er seine Cousine geheiratet und mit ihr zusammen einen Sohn bekommen hatte, entschied er sich für ein Leben als Asket:[215] »Der Grund für die Entscheidung Buddhas, ein Asketenleben zu führen, wird in der Geschichte von den vier Ausfahrten genannt. Nachdem Buddhas Vater, so die Legende, prophezeit worden war, dass sein Sohn entweder ein bedeutender Herrscher oder ein großer Asket werden würde, je nachdem, ob ihm der Anblick menschlichen Leids erspart bliebe oder ob ihm ein Asket den Weg aus dem Leid weisen würde, versuchte er seinen Sohn mit allen Mitteln vom Anblick des Leids fernzuhalten. Dazu verwöhnte er ihn im Palast nach allen Regeln der Kunst. Irgendwann unternahm der junge Prinz aber doch vier Ausfahrten hinaus aus dem Palastbezirk, bei denen er zunächst einem Alten, bei einer weiteren Ausfahrt einem Kranken, und schließlich einem Toten und dann einem Asketen begegnete.«[216]

So kam Buddha auf seinen legendär gewordenen Ausfahrten in Kontakt mit dem Leiden der Welt; gleichwohl erfuhr er durch die Begegnung mit dem Asketen auch gleich eine Möglichkeit, dieses Leiden zu überwinden: »Nachgefragt bei seinem Kutscher, ob alle Menschen alt und krank würden und schließlich sterben müssten, erhielt er zur Antwort, dass dies das Schicksal aller Menschen sei, auch sein eigenes. Auf die Frage, wer der Asket sei und was er tue, erhielt er die Antwort, dass dies ein Mensch sei, der den Weg zur Überwindung des Leids gefunden habe.«[217] Aufgrund dessen gab Buddha sein bisheriges Leben auf und wendete sich der strengen Askese zu. Dieses enthaltsame Leben brachte ihm aber auf seinem Weg zur Überwindung des Leidens keinen Erfolg.[218] »Wie die Tradition berichtet, beschloss er daraufhin, so lange unter einem Bodhibaum zu meditieren, bis ihm Erleuchtung zuteil werden würde.«[219]

Nachdem er schließlich durch Meditation zur Erleuchtung gelangt war,[220] wendete Buddha sich aus Mitleid und, der Legende nach, vom Gott Brahma motiviert der Verkündigung seiner Lehre zur Überwindung des Leides zu:

[215] Vgl. ebd.
[216] Ebd., 5.
[217] Ebd.
[218] Vgl. ebd., 5f.
[219] Ebd., 6f.
[220] Vgl. Nydahl: Wie die Dinge sind, 31f.

»Aus Mitleid erhob sich nun der Erwachte und beschloss, die ihm verbleibenden 45 Jahre der Verbreitung seiner Heilslehre zu widmen.«[221] Seine erste in der Öffentlichkeit vorgetragene Predigt macht klar, »dass der Weg der Erlösung ein Weg der Mitte zwischen den beiden Extremen von radikaler Askese und dem Verhaftetsein an das Sinnliche ist.«[222] Dieser Weg, Erlösung und damit die Überwindung des Leides zu erreichen, soll im Folgenden näher beleuchtet werden.

2.2.2.2. Buddhas Weg aus dem Leiden: Das Konzept der vier edlen Wahrheiten

»Lerne loszulassen, das ist der Schlüssel zum Glück.« – Buddha

Buddha, der Erleuchtete, erreichte durch Meditation die Erleuchtung selbst, und nachdem ihm dies gelungen war, widmete er sich der Vermittlung des Weges zur Erleuchtung und legte so den Grundstein für seine Lehre.[223] Von entscheidender Bedeutung für die Lehre Buddhas ist dessen erste Predigt, in der er grundlegend bedeutsame Inhalte seiner Weltsicht darlegte, die »in vier sogenannten Heiligen Wahrheiten«[224] kulminiert.[225] Worin bestehen nun diese vier heiligen Wahrheiten, die auch als »edle Wahrheiten« bezeichnet werden?

---

[221] Ceming: Buddhismus, 8.

[222] Ebd.

[223] Michael von Brück interpretiert die Lehre Buddhas als medizinische Diagnose: »Dieses Schema ist bewusst konstruiert nach dem Muster einer medizinischen Diagnose und Präskription, wie es in Indien allgemein üblich war: 1. Es wird festgestellt, dass alles Dasein [Leiden] ist (Feststellung der Krankheit), 2. dass die Ursache [des Leidens] das Begehren [...] ist, 3. dass dieser Zusammenhang erkannt und aufgelöst [...] werden kann (Möglichkeit der Therapie) und nun 4. der Weg zur Überwindung gezeigt wird (Mittel der Therapie), der darin besteht, die fundamentale [...] ›Unwissenheit‹ des Menschen über sich selbst aufzuheben.« (Von Brück: Einführung in den Buddhismus, 117.) Vgl. auch Sandvoss: Geschichte der Philosophie, 52.

[224] Ceming: Buddhismus, 9.

[225] Vgl. ebd. Vgl. dazu auch Ceming: Einheit im Nichts, 259-263. Vgl. auch Von Brück: Einführung in den Buddhismus, 27f. sowie 117-121. Eine ausführliche Übersicht zu den Quellen der schriftlich festgehaltenen Lehren des Buddhismus bietet Von Brück ebd., 29-35.

Die erste heilige bzw. edle Wahrheit lautet: »[A]lles ist Leiden[.]«[226] Das bedeutet: »Buddha charakterisiert alles als leidvoll, weil nichts in diesem Dasein ewig und an sich ist. [...] Alles Existierende unterliegt einem ewigen Wandel und hat aus sich keinen Bestand. Diese Wandelhaftigkeit des Seienden bezeichnet Buddha als leidvoll.«[227] Leidvoll ist das Dasein demnach, weil es »in dieser Welt nichts Absolutes, Ewiges und Unveränderliches«[228] geben kann.[229] Dabei muss der Begriff »Leiden« genau bestimmt werden, um falsche Interpretationen zu vermeiden: »Die Vergänglichkeit als solche ist nicht das Leiden, sie ist ein wertneutrales Naturgesetz. Leidvoll ist vielmehr der Versuch des Menschen, dem Augenblick Dauer zu verleihen, um sich selbst Stabilität und Identität [...] zu geben.«[230] Buddha interpretierte die Welt und die ihr zugrunde liegende Wirklichkeit als »zusammengesetzt«[231]. »Alles Zusammengesetzte löst sich wieder auf, ist also vergänglich [...].«[232]

Wie alles auf der Welt ist aber auch der Mensch »zusammengesetzt«: »Da der Mensch genauso zusammengesetzt ist wie alle anderen Dinge, hat er keine ewige und unzerstörbare Identität, sondern er ist ein System, das sich [...] dauernd zusammensetzt, auflöst, wieder zusammensetzt usw. Aus egozentrischer Selbstbehauptung verkennt der Mensch diese Tatsache und schafft sich die Illusion, beständig zu sein.«[233] Und genau in dieser aus Egoismus erzeugten Illusion, in dieser Selbsttäuschung besteht das Leiden. Denn: »Da diese Haltung auf einer falschen Grundannahme beruht und dem Weltgesetz widerspricht, muss sie misslingen und immer wieder frustriert werden.«[234]

Die zweite der vier edlen bzw. heiligen Wahrheiten fragt nun nach der Ursache für dieses Leiden.[235] »Buddha sagt, es ist der Werde- oder Entste-

[226] Ceming: Buddhismus, 9. Vgl. auch Nydahl: Wie die Dinge sind, 37-40.
[227] Ceming: Buddhismus, 9.
[228] Ebd., 10. Vgl. auch Ceming: Einheit im Nichts, 259.
[229] Vgl. ebd.
[230] Von Brück: Einführung in den Buddhismus, 120.
[231] Ebd., 119.
[232] Ebd. Vgl. auch Sandvoss: Geschichte der Philosophie, 89.
[233] Von Brück: Einführung in den Buddhismus., 120.
[234] Ebd.
[235] Vgl. Nydahl: Wie die Dinge sind, 41-43.

hensdurst, der für das Leid verantwortlich ist.«[236] Das heißt: »Leid hat [...] seine Ursache im Nicht-Einsehen«[237], dass es in dieser Welt nichts geben kann, was immerwährend und ewig ist.[238] Leid »wurzel[t] in der Gier bzw. dem Durst [...], die sowohl bei der Aneignung von Objekten wie auch bei dem Hass, der entsteht, wenn das Begehren frustriert wird, Gewalt und Leiden freisetzt.«[239] Hat man allerdings die Erkenntnis erlangt, woher das Leid kommt, wodurch es begründet ist, ist ein erster Schritt in Richtung der Beendigung des Leidens bereits gemacht: »Wenn man weiß, wie Leiden entsteht, dann muss es möglich sein, dieses zu beenden.«[240]

Damit ist dann bereits die dritte der edlen bzw. heiligen Wahrheiten benannt: »Die Lehre vom Beenden des Leidens ist die dritte heilige Wahrheit.«[241] Das Leid wird nach Buddha dadurch beendet, dass der Lebens- bzw. »Werde-Durst«[242] zu einem Ende kommt.[243] »Nur durch Einsicht [...], die in meditativer Versenkung gründet, kann di[e] Wurzel des Leidens überwunden werden.«[244] Zur Erreichung dieses Ziels formulierte Buddha einen »Weg zum Heil«[245].

Dieser Weg, der den Menschen zum Heil bringen soll und damit unweigerlich aus dem Leid herausführen muss, stellt die vierte edle bzw. heilige Wahrheit dar.[246] »Die letzte der vier heiligen Wahrheiten beschreibt [...] einen gangbaren Weg, wie das Leid realiter auch überwunden werden kann. Dieser Weg ist der so genannte Achtfache Pfad.«[247]

---

236 Ceming: Einheit im Nichts, 260.

237 Ceming: Buddhismus, 10.

238 Vgl. ebd.

239 Von Brück: Einführung in den Buddhismus, 120f.

240 Ceming: Einheit im Nichts, 260. Aus buddhistischer Perspektive bedeutet Erlösung im Grunde Selbsterlösung, einen »Zustand der Selbstbefreiung, des eigentlichen Seins der Seele, das sie in der Selbsterkenntnis als Aufhebung ihrer Entfremdung erschaut, erfährt, verwirklicht.« (Sandvoss: Geschichte der Philosophie, 89.)

241 Ceming: Einheit im Nichts, 260. Vgl. auch Nydahl: Wie die Dinge sind, 43ff.

242 Ceming: Einheit im Nichts, 260.

243 Vgl. ebd., vgl. auch Ceming: Buddhimus, 11.

244 Von Brück: Einführung in den Buddhismus, 121.

245 Ceming: Buddhismus, 11. Vgl auch Ceming: Einheit im Nichts, 261f.

246 Vgl. ebd. und Ceming: Buddhismus, 11. Vgl. auch Nydahl: Wie die Dinge sind, 44f.

247 Ceming: Buddhismus, 11. Vgl. Von Brück: Einführung in den Buddhismus, 126-130. Vgl. auch Sandvoss: Geschichte der Philosophie, 89.

2.2.2.3. Der edle achtfache Pfad

> *»Der Weg liegt nicht im Himmel. Der Weg liegt im Herzen.« – Buddha*

»Die dritte der ›Vier Edlen Wahrheiten‹ stellt fest, dass der Kreislauf des Leidens beendet werden kann. Als Therapie empfiehlt die vierte der ›Vier Edlen Wahrheiten‹ den ›Achtfachen Pfad‹.«[248] Von Brück verweist in diesem Kontext für ein korrektes Verständnis wiederum auf die Weltsicht des Buddhismus, die von einer stetigen Veränderung der Dinge ausgeht: »Er [*der Achtfache Pfad, d. Verf.*] beruht auf der Erkenntnis, dass sich die leidverursachenden Faktoren (vor allem Unwissenheit, Begierde und Hass) verändern. Was sich aber verändert, ist nicht notwendigerweise mit dem Bewusstsein verbunden. Daraus folgt, dass die leidverursachenden Faktoren vom Bewusstsein abgelöst werden können und müssen. (Hier zeigt sich erneut: Die Veränderlichkeit der Welt ist nicht als solche ein Übel, sondern sie erweist sich an dieser Stelle sogar als die Möglichkeitsbedingung für die Befreiung.) Die leidverursachenden Faktoren entstehen aufgrund von Bedingungen, und eine Auflösung derselben bedeutet eine Reinigung des Bewusstseins. Ist das Bewusstsein gereinigt, tritt seine wahre Natur zum Vorschein, die man zuvor noch nicht hatte wahrnehmen können. Die Methode der Reinigung ist nun der ›Edle Achtfache Pfad‹ […].«[249]

Systematisch betrachtet, lassen sich innerhalb dieses Pfades drei Bereiche unterscheiden: »Der Achtfache Pfad besteht aus drei Aspekten: der Ethik, der Erkenntnis und der Meditation.«[250] Dabei ist zu beachten, dass der Weg stufenweise verläuft, dass die Stufen aber nicht nacheinander und isoliert beschritten werden, »sondern Aspekte [darstellen], die gegenseitig aufeinander einwirken und gleichzeitig bedacht und praktiziert werden müssen«[251]: »Die ersten beiden Stufen betreffen die Erkenntnis. Der erste Schritt beginnt mit der vollkommenen Einsicht, die sich in der Anerkennung der vier Heiligen Wahrheiten und in der Einsicht in das

---

[248] Von Brück: Einführung in den Buddhismus, 126.
[249] Ebd., 126f.
[250] Ceming: Buddhismus, 12.
[251] Von Brück: Einführung in den Buddhismus, 128.

Kausalgeschehen alles Existierenden artikuliert.«[252] Das heißt, dass der auf dem Weg zur Erlösung Schreitende zunächst den edlen achtfachen Pfad als heilsbringend erkennen und diesen dann, auf Basis seiner Erkenntnis, innerhalb seines eigenen Lebens auch in die Praxis umsetzen muss.[253] Ergebnis der ersten Stufen des achtfachen Pfades ist demnach eine Entscheidung, die »nicht nur [...] die Verwirklichung des Achtfachen Pfades im eigenen Leben«[254], sondern vielmehr auch »einen Haltungswechsel im eigenen Tun, der sich durch absolutes Mitleid allem und jedem gegenüber manifestiert«[255], bedeutet.[256]

Hat man die Stufen der Erkenntnis beschritten, folgt auf einer nächsten Ebene die praktische Umsetzung der gewonnenen Erkenntnis, die den Bereich der Ethik betrifft.[257] »Auf diesem ethischen Weg ist es zunächst notwendig, sein Reden und Denken nach den Maßstäben der Wahrhaftigkeit auszurichten.«[258] Dabei ist nicht nur das Unterlassen des Lügens, also der schwersten Form der Verletzung der Wahrheit, notwendig; vielmehr geht es um eine grundsätzliche Haltung, die sich der Wahrheit verpflichtet weiß: »Die vollkommene Rede beinhaltet [...] nicht nur das Abstandnehmen vom Lügen, sondern sie fordert, wahrhaftig zu sein und zu denken.«[259] Diese grundsätzliche, der Wahrheit verpflichtete Haltung wird mithilfe der Kontrolle des eigenen Denkens erreicht: »Weil die Ursache alles üblen Tuns stets im vorausgegangenen Gedanken liegt, deswegen sind besonders die Gedanken zu kontrollieren.«[260] Wenn die Kontrolle über die eigenen Gedanken erreicht ist, kann ethisches, der Wahrheit verpflichtetes, unparteiliches und altruistisches Handeln in den Blick genommen

[252] Ceming: Buddhismus, 12.

[253] Vgl. ebd. Vgl. Von Brück: Einführung in den Buddhismus, 127: »1. [...] ›ganzheitliche Anschauung‹, bei der in vollkommen nicht-dualistischer Weise die Einheit von Motivationen, Handlungen und Wirkungen als wahre Natur der Wirklichkeit (›die Dinge, wie sie wirklich sind‹) betrachtet wird; 2. [...] ›ungeteilter Entschluss‹, die Einsicht in die ganzheitliche Anschauung zu vertiefen und im ganzen Leben zu verwirklichen.«

[254] Ceming: Buddhismus, 12.

[255] Ebd.

[256] Vgl. ebd.

[257] Vgl. ebd.

[258] Ebd.

[259] Ebd.

[260] Ebd.

und in der Praxis des eigenen Lebens umgesetzt werden: »Hierunter kann man die fünf ethischen Grundregeln des Buddhismus subsumieren, die man auch als Fünffache Rechtschaffenheit bezeichnet. Der Schüler gelobt, sich unheilvoller Dinge wie Töten, Stehlen, Ehebrechen, Lügen und des Konsums berauschender Getränke sowie des Konsums von Drogen zu enthalten.«[261] Ziel ist insgesamt eine Art »vollkommene Lebensweise, die darauf ausgerichtet ist, keinem Lebewesen Leid zuzufügen.«[262] Hat man diese Haltung erreicht, »ist der ethische Teil abgeschlossen.«[263]

Die letzte Ebene des edlen achtgliedrigen Pfades betrifft die Meditation, die sich zunächst in »vollkommener Bemühung«[264] manifestiert.[265] »Diese zielt darauf, Positives in sich zu mehren und Negatives zu verringern.«[266] Auf Basis dieser Bemühung, die eigenen Gedanken, vor allem negative, unter Kontrolle zu bringen, wird mehr und mehr ein »Zustand der vollkommenen Aufmerksamkeit oder Achtsamkeit«[267] erreicht, der sich als »Kontrolle aller psycho-physischen Prozesse im Menschen«[268] konkretisiert und gleichzeitig die Bedingung dafür darstellt, »die vollkommene Sammlung«,[269] die letzte Stufe des edlen achtfachen Pfades, zu erreichen.[270] Zusammenfassend kann

---

[261] Ebd.

[262] Ebd.

[263] Ebd. Vgl. Von Brück: Einführung in den Buddhismus, 127: »3. [...] ›untadelige Rede‹, die keine ich-bezogenen Werturteile auf die Wirklichkeit projiziert und weder falsche Verherrlichung noch Verleumdung zulässt, sondern gleich-gültig den Dingen und Menschen begegnet; 4. [...] ›vollkommenes Handeln‹, in dem der ungeteilte Entschluss und die untadelige Rede individuell wie in der Gemeinschaft mit allen Lebewesen konkret Gestalt gewinnen; 5. [...] ›ganzheitliche Lebensführung‹, in der keine äußerlichen Unterschiede zwischen guten und schlechten, heiligen und unheiligen, religiösen und profanen Lebensbereichen auftreten, denn *alles* Handeln wird bestimmt von der Motivation, die karmische Wirkungen hervorbringt; das heißt vor allem, dass der Lebensunterhalt auf eine Art und Weise verdient wird, der mit den anderen Gliedern des Pfades verträglich ist;«

[264] Ceming: Buddhismus, 12.

[265] Vgl. ebd.

[266] Ebd., 12f.

[267] Ebd., 13.

[268] Ebd.

[269] Ebd.

[270] Vgl. ebd. Zur spirituellen Praxis der Übung, Kontrolle über die eigenen Gedanken, vor allem über negative Gedanken wie etwa Begierde, Ärger oder Angst zu gewinnen, indem man sie achtsam wahrnimmt und benennt vgl. Kornfield: Frag den Buddha, 113-141.

mit Michael von Brück festgehalten werden: »Die Glieder 1-2 beinhalten die Erkenntnis [...], die Glieder 3-5 die Lebenspraxis [...] und die Glieder 6-8 die rechte Meditation bzw. Bewusstseinsschulung [...]. Die Lebenspraxis hängt davon ab, wie unser Bewusstsein geschult ist, das heißt, wie wir wahrnehmen und erkennen – projektionsfrei und ohne alles auf das Ich zu beziehen oder ich-haft und motiviert von den drei leidverursachenden ›Giften‹ (Ichhaftigkeit, Gier, Hass). Nur Erkenntnis vermag das Handeln zu verändern, Erkenntnis aber muss auf eigener Erfahrung beruhen [...]. Der ›Achtfache Pfad‹ ist eine Anleitung zur Erfahrung in allen Bereichen psychischer und physischer Handlungsfelder.«[271]

Folgt man dieser Anleitung und hat man die Stufen des achtgliedrigen Pfades erfolgreich beschritten, gelangt man zum Ziel buddhistischer Erlösung, zu vollkommenem Heil: »Wer in der vollkommenen Sammlung weilt, hat das Heilsziel des Buddhismus, die Erleuchtung, erlangt.«[272]

2.2.2.4. Erleuchtung aus buddhistischer Perspektive

»Ruhig wie ein tiefer See mit ungetrübtem Wasser ist der Weise mit seiner heiteren Klarheit.« – Buddha

Das Ziel, das jeder Buddhist verfolgt, ist Erleuchtung.[273] Was genau unter diesem Zustand verstanden wird, wird in unterschiedlichen Ausrichtungen des Buddhismus auf verschiedene Weise beschrieben. Der bekannteste und in vielen buddhistischen Schulen verbreitete Begriff, mit dem die Erleuchtung verbunden wird, ist »Nirvana«. Zugleich steht dieser Begriff im Rahmen der buddhistischen Weltsicht, die einen Kreislauf immer neuer

---

[271] Von Brück: Einführung in den Buddhismus, 128.

[272] Ceming: Buddhismus, 13. Vgl. auch Von Brück: Einführung in den Buddhismus, 127f.: »6. [...] ›gleichgewichtige Anstrengung‹, die sich in Geduld übt und im Gleichgewicht von Anspannung und Entspannung den Bewusstseinsstrom ausgeglichen lenkt, um in der Meditation sowie bei allen alltäglichen Verrichtungen heitere Gelassenheit zu erreichen; 7. [...] ›unablässige Achtsamkeit‹, durch die alle physischen, psychischen und geistigen Vorgänge bewusst und somit kontrollierbar werden; 8. [...] ›ganzheitliche Einswerdung‹ aller Bewusstseinsvorgänge im Geistgrund, aus welcher die unbeschreibliche Seligkeit der Einheit im Ganzen erwächst, in der das Ich sich völlig losgelassen hat.«

[273] Vgl. dazu auch Nydahl: Wie die Dinge sind, 79-83.

Wiedergeburten postuliert, für den Austritt aus eben diesem. Der Begriff Nirvana entzieht sich allerdings einer klaren Definition: »Das *nirvāna* ist unbeschreiblich, unvorstellbar, undenkbar, ein Grenzbegriff.«[274] Es lohnt jedoch, einen Versuch zu unternehmen, sich diesem Grenzbegriff zu nähern.

»Nirvana« meint zunächst einmal die »Beendigung des Wiedergeburtskreislaufs, das Heilsziel des Buddhismus«.[275] In der Auslegung der buddhistischen Lehre wird um eine korrekte Definition und Beschreibung des Nirvana gerungen. Die Bandbreite der Interpretationen, die sich dem Begriff in positiven wie auch negativen Beschreibungen zu nähern suchen, umfasst auch eine nihilistische Interpretation, die Nirvana als »Nichts« charakterisiert. Nach Katharina Ceming sollte eine solche nihilistische Auslegung allerdings verworfen werden: »Aufgrund der negativen Umschreibungen dessen, was Nirvana meint, wurde dem Buddhismus oftmals unterstellt, er vertrete einen Nihilismus. Nirvana ist jedoch kein Nichts. [...] Nirvana beschreibt [...] nicht den Zustand einer Vernichtung im nihilistischen Sinne.«[276] Vielmehr kann Nirvana als das »Ungeborene, Ungewordene, Unbedingte«[277] interpretiert werden. Im ontologischen Sinne ist Nirvana demnach weder ein Sein noch ein Nichts: »So musste Buddha seine Lehre gegen zwei wesentliche Fehlvorstellungen verteidigen: den Seinsglauben und den Nichtsglauben.

Während die Seinsgläubigen Nirvana als eine ontische[278] Gegebenheit missverstanden, verstanden die Nichtsgläubigen dieses als radikale Vernichtung, als ein Nicht-mehr-Sein nach dem Tod.«[279] Als Lösung zwischen den beiden skizzierten Extrempositionen bot sich eine Lösung des »goldenen Mittelwegs« zwischen den beiden genannten Polen an: »Zu zeigen, weswegen diese beiden Positionen falsch sind, war eine Aufgabe, der sich besonders der Mittelwegbuddhismus verschrieb. So verdeutlicht der bedeutendste Philosoph dieser Schule [...], warum Nirvana weder

---

[274] Sandvoss: Geschichte der Philosophie, 51.

[275] Ceming: Buddhismus, 122. Vgl. dazu auch Sandvoss: Geschichte der Philosophie, 89-91.

[276] Ceming: Buddhismus, 17.

[277] Ebd.

[278] Ontisch: als seiend, unabhängig vom Bewusstsein existierend verstanden.

[279] Ebd., 17f.

ein Sein noch ein Nichtsein sein kann. Beide sind aufeinander bezogen und bedingen sich. Man kann nicht von einem Sein sprechen, ohne sein Gegenteil mitzudenken, genauso wenig, wie man von einem Nichtsein ohne Sein sprechen kann. Was aber bedingt ist, ist relational und deswegen nicht das ›Absolute‹. Da Nirvana aber gerade das Unbedingte ist, kann es weder Sein noch Nichtsein sein [...]. Wer Nirvana als eine ontische Gegebenheit versteht, der muss akzeptieren, dass es entsteht und vergeht, denn alles, was ist, ist einmal entstanden und wird wieder vergehen. Da Nirvana aber gerade etwas Unwandelbares sein soll, kann es keine ontische Gegebenheit sein.«[280]

Die Unbedingtheit des Nirvana bringt als notwendige Folge mit sich, dass es grundsätzlich nicht begrifflich umrissen werden kann: »Weil Nirvana nichts ist, kann es auch nicht beschrieben werden. Es ist, modern gesprochen, die Bedingung der Möglichkeit für Erlösung. Nirvana ist kein Objekt, kein Ort, kein Bereich, keine Eigenschaft etc., denn als solches wäre es bedingt.«[281] Aus diesem Grund hat sich Buddha auch dafür entschieden, Nirvana in der Regel ex negativo[282] zu beschreiben, wenngleich in der späteren buddhistischen Überlieferung auch positive Umschreibungen formuliert wurden.[283] In Anlehnung an Buddhas Lehre der vier edlen Wahrheiten und des edlen achtfachen Pfades fand die Definition von »Nirvana als d[em] Ende des Leidens, da es die gänzliche Vernichtung der ›(Lebens)Dürste‹ bedeutet«,[284] breite Akzeptanz. Demnach ist Nirvana, positiv ausgelegt, »der Bereich, wo die Leidhaftigkeit beendet ist, weil der Drang zum Sein zur Ruhe gekommen ist, nachdem dieser als Wahn erkannt wurde.«[285]

Pointiert kann man sagen: »Nirvana meint das Zurruhekommen eines alles vergegenständlichenden Denkens [...].«[286] Dieses Zurruhekommen bedeutet Erlösung, bedeutet, einen »Zustand der Selbstbefreiung, des ei-

[280] Ebd., 18.
[281] Ebd., 19.
[282] Definition durch Ausschluss, das heißt, ein Begriff wird dadurch definiert, was er nicht ist.
[283] Vgl. ebd., 20.
[284] Ebd.
[285] Ebd.
[286] Ebd.

gentlichen Seins der Seele, das sie in der Selbsterkenntnis als Aufhebung ihrer Entfremdung erschaut, erfährt, verwirklicht.«[287]

Natürlich ist mit dem Begriff des Nirvana etwas Absolutes gemeint, das den Begriff »Erleuchtung« aus absoluter Perspektive betrachtet und als solches unbedingt und uneingeschränkt ist. Nirvana beschreibt Erleuchtung in vollendeter Form. Es ist jedoch ebenso sinnvoll wie notwendig, auch einen Begriff für zeitweilig erreichte und dann wieder verlorene Erleuchtung, für einen Moment der Erleuchtung, der wieder vergeht, zu haben, da der edle achtfache Pfad ja ein zu beschreitender Weg ist; und auf einem Weg werden Fortschritte gemacht, aber auch Rückschläge erlitten. Das bedeutet: Auf dem Weg des edlen achtfachen Pfades kann Erleuchtung auch einmal punktuell erreicht werden, dann aber sogleich wieder verloren gehen, dem nach Erleuchtung Strebenden sozusagen wieder entgleiten. Für diese punktuelle Erleuchtung hat besonders der Zen-Buddhismus einen wichtigen Begriff geprägt, der bereits in der Interpretation des traditionellen Taekwon-Do durch Kwon Jae-Hwa als zentral hervorgehoben wurde: Satori.

Satori »bezeichnet die Erleuchtung im Zen-Buddhismus«[288]. In gewisser Hinsicht durchaus vergleichbar mit dem Erreichen des Nirvana, stellt Satori als Erleuchtung die Einsicht in die Unbedingtheit, in die Absolutheit des Daseins dar, womit die Überwindung aller Dualität und das Lösen vom Verhaftetsein an die eigenen Gedanken verbunden ist: »Erst wo das in Diskursivität[289] befangene Denken durchbrochen ist, kann Erleuchtung eintreten.«[290] Erleuchtung wird in diesem Kontext durch Meditation, in nach außen eher passiv erscheinender[291] oder auch in nach außen hin eher aktiver Form durch Bewegung erlangt. In der Regel ist sie Ergebnis langen Übens bzw. jahrelangen Trainings.

Ein Beispiel für die nach außen eher passiv wirkende Art der Meditation ist etwa die Meditation im Lotussitz: »Nachdem der Meditand

[287] Sandvoss: Geschichte der Philosophie, 89.

[288] Ceming: Buddhismus, 124.

[289] Diskursivität: Denken, das von Begriff zu Begriff methodisch fortschreitet und so zu Schlussfolgerungen gelangt.

[290] Ebd., 114.

[291] Vgl. zu praktischen Möglichkeiten der Meditation z. B. Kornfield: Frag den Buddha, 38f., 47f., 58f.

in einem ruhigen Raum die Meditationsposition entweder im vollen oder halben Lotussitz auf einem Kissen eingenommen hat und die linke Hand in die rechte gelegt hat, welche auf dem linken Fuß ruht, soll er bei geöffneten Augen beginnen, auf den Atem zu achten. Jeder Wunsch, jedes Bild, das nun im Geist aufscheint, wird, nachdem man den Vorgang des Aufscheinens beobachtet hat, einfach fahren gelassen.«[292] Kern einer jeden Meditation – im Sitzen oder in Bewegung ausgeführt – auf dem Weg zur Erfahrung von Satori ist die Kontrolle über die Gedanken und Gefühle, um von diesen Abstand zu gewinnen, sich nicht von ihnen beeinflussen und leiten zu lassen, sie einfach als solche zu erkennen und ziehen zu lassen und so einen Zustand der Leere zu erreichen.[293] Dabei kann auf diesem Weg der Zustand der Leere, das heißt das Ziel der Erleuchtung plötzlich und punktuell auftreten und dann wieder verschwinden: »Es ist einsichtig, dass hier Erleuchtung als ein plötzliches Ereignis betrachtet wird.«[294]

Neben dem Verständnis, dass Erleuchtung plötzlich und unmittelbar zuteil werden kann, gibt es im Zen-Buddhismus aber auch noch die Meinung, dass »Erleuchtung eher als ein schrittweiser Prozess«[295] angesehen werden

---

[292] Ceming: Buddhismus, 114f.

[293] Vgl. zum Begriff der Leere aus Sicht des Mahāyāna-Buddhismus Von Brück: Einführung in den Buddhismus, 240f.: »Es gibt keine objektive Wirklichkeit, die durch Merkmale gegliedert wäre, die eine dauernde Identität der Dinge schaffen würden. Und in diesem Sinne (aber nur in diesem!) kann man von universaler Nicht-Realität oder Leere sprechen. Diese Wahrheit zu erkennen gilt als die höchste Erleuchtung, denn hier geschehe Befreiung vom Anhaften an den Dingen – es gibt ja nichts, woran man anhaften könnte.« Beim traditionellen Taekwon-Do wird dieses Freisein vom Anhaften an die Dinge bzw. Gedanken durch Fokus auf Bewegung erreicht. Jack Kornfield beschreibt die Erfahrung von Leerheit wie folgt: »In der buddhistischen Lehre bezieht sich der Begriff ›Leerheit‹ auf ein grundlegendes Offensein und Nichtgetrenntsein, das wir erleben, wenn wir alle kleinkarierten und festgelegten Vorstellungen und Meinungen unseres Selbst durchschaut und aufgelöst haben. Wir erleben es, wenn wir erkennen, dass unsere Existenz einen vergänglichen Charakter hat, dass Körper, Herz und Geist Phänomene sind, die das wandelbare Netz des Lebens hervorgebracht hat, in dem es nichts voneinander Getrenntes gibt. Die tiefste Erfahrung in der Meditation führt uns zu einem intimen Gewahrsein der grundlegenden Offenheit und Leerheit des Lebens, das sich ständig verändert, das man nie besitzen kann und das nichts anderes ist als ein unaufhaltsames Fließen.« (Kornfield: Frag den Buddha, 76.)

[294] Ceming: Buddhismus, 114.

[295] Ebd., 115.

muss.[296] Sachlich ist der Unterschied zwischen beiden Perspektiven bei näherer Betrachtung aber recht gering: Es geht hier »letztlich doch nur um die Betonung ein und derselben Sache [...], denn auch dort, wo Erleuchtung als ein stufenweiser Vorgang beschrieben wird, ist der Unterschied zwischen der letzten Stufe des Wegs und dem Ziel so groß wie dort, wo von einem plötzlichen Erreichen gesprochen wird. Zwischen der Erleuchtung und der Nichterleuchtung klafft logisch betrachtet immer der gleich große Abstand.«[297]

Jeder meditative Zustand, der zwar einen Fortschritt bezeichnet, aber das endgültige Ziel noch verfehlt, wird der Überwindung aller Dualität noch nicht gerecht, er bleibt letztlich Stückwerk: »Selbst der erhabenste Meditations-Zustand, der noch nicht die Erleuchtung selbst ist, gehört zum Bereich des Relativen, da er entsteht und vergeht. Für den Meditierenden ist es natürlich ein wesentlicher Unterschied, ob er seine Gedanken keine Sekunde kontrollieren kann oder ob ihm dies für Stunden gelingt. In dem Moment, wo er aber die Kontrolle verliert, ob nach Sekunden oder Stunden, ist er von der endgültigen Erleuchtung wieder entfernt.«[298] Erst diese endgültige Erleuchtung kann im Zen-Buddhimus als Satori angesehen werden: »Die endgültige Überwindung aller Dualität wird in der Zen-Tradition als Satori [...] bezeichnet.«[299]

Die Unterscheidung von Nirvana und Satori stellt eine wesentliche begriffliche Differenzierung innerhalb des Begriffskomplexes »Erleuchtung« aus Sicht des Buddhismus dar: Während unter Nirvana das endgültige Erleuchtetsein, das Übergehen in die Buddhanatur durch das Austreten aus dem Kreislauf der Wiedergeburten verstanden wird, bezieht sich Satori eher auf einen aktuellen Zustand innerhalb des eigenen Lebens; es bezeichnet eine Stufe der Erleuchtung, die durch Meditation vorübergehend oder auch dauerhaft erlangt werden kann. Dabei kontrolliert der Geist die Gedanken, Gefühle, Wünsche und Begierden und befreit sich so davon, vom Begehren, vom Körper und von den Gedanken beherrscht zu werden. Letztlich stellt das Satori somit allgemein eine Befreiung des Geistes von den Umständen, die durch das Sein gegeben sind, dar.

---

[296] Vgl. ebd.
[297] Ebd.
[298] Ebd.
[299] Ebd.

Zusammenfassend kann das Folgende festgehalten werden:

Die Weltsicht Buddhas, des Erleuchteten, die für die Anhänger des Buddhismus leitender Maßstab wurde, lässt sich am besten mit den sogenannten vier edlen Wahrheiten beschreiben. Aus Sicht des Buddhisten ist alles auf der Welt Leid, alles ist voller Begehren, voll von menschlichem Streben und Wollen und endet irgendwann notwendigerweise mit dem Tod. Dies stellt die erste edle Wahrheit dar.

Die Ursache für das Leiden liegt aus buddhistischer Perspektive im Begehren und Streben des Menschen, dessen Gedanken und körperliche Bedürfnisse nie enden und so eine geradezu unkontrollierbar erscheinende Herrschaft über den ganzen Menschen gewinnen. Er will beständig etwas haben, denkt ununterbrochen nach und ist diesen Bedürfnissen und Gedanken dauerhaft ausgeliefert. Dies ist der Inhalt der zweiten edlen Wahrheit.

Jack Kornfield beschreibt diesen Umstand auf folgende Weise: »Wenn wir unsere Gedanken [...] beobachten, stellen wir fest, dass wir sie nicht unter Kontrolle haben; wir schwimmen ständig in einem unwillkürlichen Strom von Erinnerungen, Plänen, Erwartungen, Bewertungen und reuevollem Bedauern. Wir beginnen zu sehen, wie der denkende Geist alle Möglichkeiten enthält – die zudem oft im Widerspruch zueinander stehen: die wundervollen Eigenschaften eines Heiligen und die finsteren Kräfte eines Diktators und Mörders. Aus diesem Boden wachsen unsere Planungen und Vorstellungen, und unser Geist schlägt sich endlos mit Szenarien herum, wie die Welt zu ändern sei. Doch die Wurzel all dieser Geschäftigkeiten des Geistes ist das Gefühl des Unbefriedigtseins. Wir wünschen offenbar sowohl ständige Erregung als auch vollkommenen Frieden. Anstatt dass uns das Denken zu Diensten steht, treibt es uns um – auf unbewusste und unerforschte Weise. Gedanken können ungeheuer nützlich und kreativ sein; doch meistens beherrschen sie unsere Erfahrung mit Vorstellungen von Mögen und Nichtmögen, hoch und niedrig, ich und andere. Sie erzählen uns Geschichten von unseren Erfolgen und von unserem Versagen, machen Pläne zu unserer Absicherung und legen uns ständig darauf fest, wer oder was wir zu sein glauben. Die dualistische Eigenschaft des Denkens ist die Wurzel unseres Leidens.«[300]

[300] Kornfield: Frag den Buddha, 72f.

Will man diesen Zustand und damit das Leiden nun beenden und einen Ausweg daraus finden, so die dritte edle Wahrheit, müssen jegliches Begehren, Streben, Wollen und das Ausgeliefertsein an die immer weiter kreisenden Gedanken ein Ende haben. Um dieses Ziel, einen Zustand ohne Begehren, Streben und Wollen und ohne ständiges Gedankenkreisen, zu erreichen, gibt es nach Buddha verschiedene Möglichkeiten. Diese acht verschiedenen Wege, den Weg aus dem Leiden zu erlangen, sind unter dem Namen »der edle achtfache/achtgliedrige Pfad« bekannt geworden. Ein Weg dieses Pfades, eine Möglichkeit, das Leiden zu beenden, ist der Weg der Meditation, des »rechten« Sich-Versenkens. Die bekannteste Art, Versenkung zu erreichen, ist die Meditation im Lotussitz. Versenkung kann aber auch durch Bewegung und in der Bewegung erreicht werden. Das traditionelle Taekwon-Do bietet einen Weg der Meditation, einen Weg, sich zu versenken, einen Weg sich in die Bewegung hinein zu versenken und auf diese Weise die eigenen Gedanken und Abhängigkeiten zu überwinden und so letzlich das Leid aus buddhistischer Sicht hinter sich zu lassen.

2.2.2.5. Fazit: Das traditionelle Taekwon-Do aus zen-buddhistischer Sicht: Meditation in Bewegung

»Das innerste Wesen der Natur und des Lebens kann nie durch trockene intellektuelle Arbeit und selbstisches Begehren gefunden werden, sondern nur durch die Erfahrung des vollen, unverfälschten Lebens, in der Unmittelbarkeit der Intuition. Das ist der Sinn des Do im Taekwon.«[301]

Beim traditionellen Taekwon-Do geschieht das Sich-Versenken, das aus Sicht der buddhistischen Erlösungslehre ein Teil des edlen achtfachen Pfades ist, durch vollkommene Hingabe an die Bewegung. Der ganze Körper und die ganze Konzentration, mithin der ganze Geist, sollen sich so auf die auszuführenden und zu verbessernden Übungen und Techniken kon-

[301] Kwon: Zen-Kunst, 25.

zentrieren und fokussieren, dass beim Ausführen der Bewegungen alles andere an Gedanken, Wünschen, Streben und Wollen in den Hintergrund rückt, vergessen wird und keine Rolle mehr spielt. Ist der Übende in der Lage, dieses Maß an Konzentration zu erreichen, so ist er, während er seine Übungen ausführt, im Idealfall frei von Leid, frei von der Bindung an alle körperlichen und geistigen Bedingtheiten, denen er sonst ausgeliefert ist.[302] Hat er diese Freiheit gewonnen, hat er den Zustand des Satori erreicht; dies kann für einen Moment gelingen, aber es kann auch zu einem dauerhaften Zustand der Freiheit vom Leiden innerhalb des eigenen Daseins führen.

Der Do des traditionellen Taekwon-Do wird damit ein Weg innerhalb des buddhistischen edlen achtfachen Pfades, ein Weg, der mittels Bewegung aus dem Leiden herausführt. Durch die vollkommene Konzentration auf und Hingabe an die Bewegung gelingt es, die Fixierung des Selbst durch die Gedanken und die eigene Körperlichkeit zu transzendieren und so den Zustand der Freiheit von allen gedanklichen und körperlichen Einflüssen zu erreichen, den Zustand von Satori, und so der Dinge gewahr zu werden, wie sie wirklich sind. Taekwon-Do als Meditation in Bewegung kann auch als spirituelle Praxis mit dem Sinn, in der Bewegung vollkommen aufzugehen und sich damit gänzlich in der Gegenwart zu befinden, angesehen werden: »Wenn wir [...] unser Herz für die Dinge öffnen, wie sie sind, werden wir in die Lage versetzt, uns innerlich im gegenwärtigen Augenblick niederzulassen. Das ist der Anfang und das Ende der spirituellen Praxis.«[303]

Auf dem Weg des Do, den ein jeder Schüler des traditionellen Taekwon-Do mit dem Ziel, Satori zur Entfaltung kommen zu lassen, beschreitet, kommt dem Lehrer und seiner Persönlichkeit eine entscheidende Vorbild-

---

[302] Vgl. hierzu auch die Zielsetzung in der Praxis des Yoga: »Dem *yogin* geht es um Reinigung von Leiblichkeit, Sinnlichkeit, aber auch von Vorstellungen und Gedanken, bis er einen Zustand erreicht, der ihn sowohl frei von der Außenwelt als auch vom Innenleben macht.« (Sandvoss: Geschichte der Philosophie, 75.)

[303] Kornfield: Frag den Buddha, 44f. Vgl. dazu ebd., 89: »Immer wieder wird unsere Aufmerksamkeit von Unruhe, Geschäftigkeit, Plänen und Gefühlen gestört. Mit diesen Ablenkungen zu arbeiten, das Boot geradezuhalten und die Wellen vorbeiziehen zu lassen, immer wieder zu Ruhe und gesammelter Konzentration zurückzukommen – das ist das Herz der Meditation.« Im traditionellen Taekwon-Do wird dies durch Bewegung erreicht.

Buddhas Lehre von den Vier Edlen Wahrheiten:

1. Alles ist Leid.
2. Die Ursache des Leidens liegt im Begehren.
3. Das Leid wird beendet, indem das Begehren beendet wird.
4. Der Weg zum Beenden des Leids ist der Edle Achtfache Pfad.

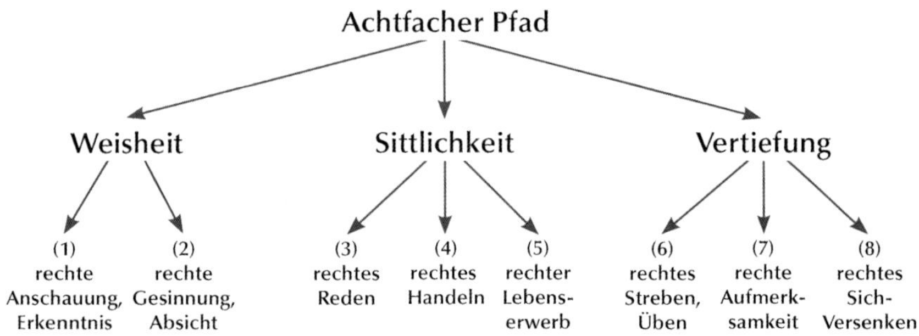

Im Spiegel der Lehre Buddhas ist traditionelles Taekwon-Do ein Weg des »rechten Sich-Versenkens« in die Bewegung und somit ein Weg aus dem Leiden.

Übersicht 4: Das traditionelle Taekwon-Do im Spiegel der Lehre Buddhas. – Darstellung der Übersicht zum Achtfachen Pfad: Nach de.wikipedia.org/wiki/Edler_achtfacher_Pfad

funktion zu. Er entfaltet seine Wirkung dabei nicht allein auf verbaler Ebene, sondern in höherem und wichtigerem Grad durch seine physische Präsenz und durch das eigene Aktivsein. Indem er dem Schüler vorlebt, wie er seine eigenen Grenzen überwindet bzw. bereits überwunden hat, zeigt er diesem einen Weg auf, die eigenen Grenzen zu überschreiten: »Der Lehrer wirkt nicht durch Worte und Erklärungen, sondern durch seine Persönlichkeit. Sein Entwicklungszustand durchbricht die vom Verstand behaupteten Grenzen und ermöglicht eine höhere direkte Kommunikation mit dem Schüler, die bereits der Anfänger deutlich spürt. Nur durch Anwesenheit, durch Mitüben, führt der Lehrer die Schüler, vermag er sie einzuweihen.«[304]

Zusammenfassend kann in Hinblick auf den Zusammenhang von Zen, Buddhismus und Taekwon-Do konstatiert werden: »Der Do beruht auf der Erkenntnis, dass der Körper der Tempel höchster Kräfte und Leistungen ist. Dazu notwendig ist absolute Unvoreingenommenheit, die Bereitschaft, die Dinge zu sehen, wie sie wirklich sind. Das öffnet den Zugang

[304] Kwon: Zen-Kunst, 28.

zu den Geheimnissen des Körpers und der in ihm wirkenden Kräfte. Der Durchbruch der Ichheit zur allumfassenden Wesenheit vollzieht sich im Erlebnis des Satori, dass alle Wirklichkeit ihrer wahren Natur nach ›Leere‹ ist.«[305] Auf dieser Basis wird der Mensch wahre Freiheit erlangen: »[...] Erst Satori führt zu einer Freiheit, der nichts unmöglich ist. «[306] Traditionelles Taekwon-Do ist ein Do, um Satori zu erreichen.

2.3. Traditionelles Taekwon-Do als holistisch ausgelegter Gesundheitssport – Impulse der Interpretation von Son Jong-Ho

»Geist und Körper sind eng miteinander verbunden. Taekwon-Do stellt uns ein System zur Verfügung, das unseren Geist und Körper in ein Gleichgewicht bringt und uns lehrt, unsere geistigen und körperlichen Kräfte sinnvoll einzusetzen. Die korrekten Bewegungen von Händen und Füßen üben einen positiven Einfluss auf unsere Organe aus und unterstützen somit einen harmonischen und gesunden Körper.«[307]

Wie die bisherigen Überlegungen gezeigt haben, kann das traditionelle Taekwon-Do aus zen-buddhistischer Sicht als ein Weg des edlen achtfachen Pfades interpretiert werden, der es ermöglicht, einen Ausweg aus dem Leiden zu finden und zur Freiheit vom Leiden durch die vollkommene Hingabe an die Bewegung zu gelangen.

Auf eine weitere Interpretationsebene des traditionellen Taekwon-Do macht Son Jong-Ho, ein koreanischer Großmeister, der sich besonders um die Verbreitung des traditionellen Taekwon-Do in Österreich verdient gemacht hat, aufmerksam. Tatsächlich unterscheidet sich traditionelles Tae-

[305] Ebd., 35.
[306] Ebd. 36.
[307] Son: Classic Taekwon-Do Alive, Klappentext.

kwon-Do nicht nur durch die Entwicklung eines konkreten Ethos, das sich auf das Verhalten innerhalb und außerhalb des Trainingsraumes bezieht und klare Vorgaben für das Verhalten eines Aktiven des traditionellen Taekwon-Do benennt, sowie die Möglichkeit, Taekwon-Do aus philosophischer Perspektive als Meditation in der Bewegung mit dem Ziel, Satori zu erreichen, anzusehen, sondern auch noch in einem dritten Punkt von eher wettkampforientierten moderneren Formen der Kampfkunst: Traditionelles Taekwon-Do versteht sich explizit als ganzheitliches Bewegungssystem, das der Erhaltung und Förderung der Gesundheit dient.[308]

Ein solches Verständnis, das Großmeister Son Jong-Ho besonders am Herzen liegt und das er in seinen Überlegungen zum traditionellen Taekwon-Do immer wieder betont, legt zum einen bereits die wörtliche Übersetzung des Begriffes »Taekwon-Do« als »Weg des Fußes und der Hand« nahe. Im Gegensatz zu manch anderer Sportart werden im traditionellen Taekwon-Do sowohl die Beine als auch die Arme in einem anspruchsvollen technischen System berücksichtigt und entsprechend stark beansprucht und gefordert, so dass letztlich ein ganzheitliches Bewegungskonzept geboten wird, das versucht, jede Form der Einseitigkeit zu vermeiden: »Klassisches Taekwon-Do stellt eine sehr spezielle, umfassende und wertvolle Form des körperlichen Trainings dar, das besonders zu unserem Wohlbefinden und unserer Gesundheit beitragen kann.«[309]

Dieser Beitrag zur Gesunderhaltung des Körpers scheint gerade angesichts unserer stark technisierten und digitalisierten Welt von großer Bedeutung zu sein, da sich sowohl zu wenig als auch zu monotone Bewegung negativ auf das körperliche Wohlbefinden und damit auf die Gesundheit auswirken können: »Verweilt unser Körper im Alltag zu lange in einer Position, beispielsweise beim Arbeiten am Computer, beeinträchtigt dies die ungehinderte Blut- und Energiezirkulation und führt zu Ermüdung. [...] Auch das zu lange Ausführen von ein und derselben Bewegung [...] ist [...] kontraproduktiv.«[310]

---

[308] Vgl. hierzu etwa Son: Der Weg des Kreises, 27ff. und Son: Der Körper als Spiegel des Herzens, 298ff. sowie Son: Classic Taekwon-Do Alive, 24ff. Vgl. auch Choi: Taekwon-Do, 491f.

[309] Son: Der Körper als Spiegel des Herzens, 298.

[310] Ebd.

Dem Mangel an bzw. der Monotonie von Bewegung im Alltag wirkt traditionelles Taekwon-Do durch sein differenziertes und ganzheitlich angelegtes System der Bewegung entgegen: »Beim Taekwon-Do handelt es sich um ein vielseitiges und abwechslungsreiches Ganzkörpertraining, das unseren Körper nachhaltig stärkt und den [...] Folgen falscher Haltung oder monotoner Bewegung entgegenwirkt. Im Gegensatz zu vielen anderen Sportarten, deren Fokus auf einzelne Körperpartien beschränkt ist, aktiviert Taekwon-Do den gesamten Organismus.«[311] Taekwon-Do integriert eine Reihe nicht-alltäglicher Bewegungen, so etwa »groß angelegte Kreisbewegungen der Arme und Beine«,[312] und legt besonderen Wert auf Bein- und Sprungtechniken, was wiederum »den unteren Extremitäten besondere Stärke«[313] verleiht.[314] Gerade dadurch übt Taekwon-Do einen positiven Einfluss auf die körperliche Gesundheit der Trainierenden aus: »Das regelmäßige Training führt [...] unweigerlich zu einer Stärkung aller Muskelgruppen und des Kreislaufs. Durch das Training entwickelt sich im Körper Wärme, der Körper und die Gelenke werden geschmeidig und es stellt sich eine tiefere Atmung ein. All dies fördert die Energiezirkulation im Körper und wirkt somit dem körperlichen Abbau sowie damit verbundenen Krankheiten entgegen.«[315]

Allein schon durch die Konzentration auf das physische Training bzw. auf die Bewegung gewinnt der Übende Abstand zu den Herausforderungen und Anforderungen des Alltags, zur ständigen Auseinandersetzung mit persönlichen oder beruflichen Problemen, kurz, zum Alltagsstress. Die Bewegung lässt dies alles in den Hintergrund rücken und führt so zu einem höheren Grad an Entspannung: »Mehr denn je sind wir mit Dingen konfrontiert, die sich belastend auf unseren Organismus auswirken können. Sorgen wirken sich belastend auf unseren Geist aus und schwächen den Körper. In der Folge können sich Krankheiten bilden [...]. Deshalb ist es notwendig, sich hin und wieder vollständig zu entspannen. Solche Entspannung bedarf jedoch einer guten Beziehung zwischen Körper und

[311] Ebd.
[312] Ebd., 299.
[313] Ebd.
[314] Vgl. ebd.
[315] Ebd.

Geist, die durch gesunde Bewegung [...] geschaffen wird.«[316] In der Folge der ausgiebigen Bewegung, die zur Entspannung des ganzen Körpers und damit auch des Geistes und seiner Anhaftung an Gedanken führt, entsteht mehr Harmonie für den ganzen Menschen.[317] Damit verbunden ist gleichzeitig, vergleichbar mit der Transformation des Menschen, die nötig ist, um Satori zu erreichen, eine regelrechte Verwandlung der Persönlichkeit in Hinblick auf alte, schlechte Gewohnheiten.

Das regelmäßige Training bewirkt zunächst, dass man körperlich und geistig viel stärker im Gleichgewicht ist und ein Gefühl der Harmonie entwickelt; die Persönlichkeit des Praktizierenden entwickelt sich somit weiter und bekommt Raum, sich zu entfalten. Das hat zwangsläufig zur Folge, dass schlechte Gewohnheiten nach und nach abgelegt werden: »Taekwondo ist jedoch weit mehr als nur eine gesundheitsfördernde Sportart. Durch intensives Training wird es nicht nur möglich, ein besseres Verständnis für unseren Körper zu erlangen, sondern uns auch auf seelischer und geistiger Ebene weiterzuentwickeln und von alten Gewohnheiten abzulassen.«[318]

Wie das Ablassen von schlechten Gewohnheiten und ein konstruktiver Umgang mit Schwierigkeiten auf Basis von Meditation und generell aussehen kann, beschreibt Jack Kornfield mit eindrücklichen Worten: »[W]ir lernen, gelassener mit den Schwierigkeiten des Lebens umzugehen. Doch wie gehen wir üblicherweise mit ihnen um? Wenn in unserem Leben Schwierigkeiten auftauchen, reagieren wir darauf mit Schuldgefühlen oder Schuldzuweisungen, mit Frustration oder mit dem Selbstvorwurf, versagt zu haben, und dann versuchen wir, über diese Gefühle hinwegzugehen, sie so schnell wie möglich loszuwerden und uns wieder etwas Angenehmerem zuzuwenden. Wenn wir uns in der Meditation [*bzw. durch Bewegung im traditionellen Taekwon-Do, d. Verf.*] zur Ruhe bringen, wird unsere gewohnheitsmäßige Art, auf Schwierigkeiten zu reagieren, noch viel offensichtlicher. Doch anstatt automatisch den Schuldigen zu suchen, haben wir nun die Möglichkeit, unsere Schwierigkeiten genau anzuschauen. [...]

[316] Son: Der Weg des Kreises, 27.
[317] Vgl. ebd.
[318] Son: Der Körper als Spiegel des Herzens, 300.

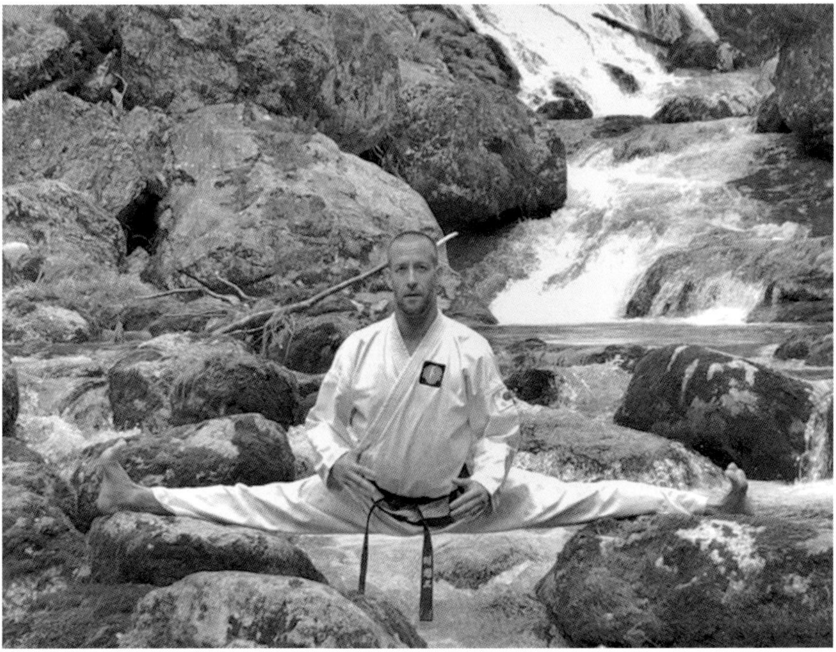

Besondere Bedeutung für die Gesunderhaltung des Körpers hat regelmäßige Gymnastik; hier in Form einer Grätsche, ausgeführt von C. Forster

Probleme schaffen wir uns selbst, indem wir alles daran setzen, das Leben anders hinzubiegen, als es ist, oder indem wir uns so sehr in unserem eigenen Standpunkt verfangen, dass wir den Blick für eine weitere, klarere Perspektive verlieren.«[319] Die Bewegung im traditionellen Taekwon-Do vermag diese klarere Perspektive wiederherzustellen.

Diese Überlegungen auf Basis der Ausführungen von Son Jong-Ho zeigen: Taekwon-Do kann als ganzheitlicher Gesundheitssport bezeichnet werden, der durch intensives körperliches Training zu mehr körperlichem, aber dadurch gleichzeitig auch zu mehr geistigem Wohlbefinden und somit zu einer harmonischen Haltung führt, die den ganzen Menschen betrifft und ihn insgesamt entspannter werden lässt. Dadurch wird zugleich der ganze Mensch verändert; er legt schlechte Gewohnheiten ab, gewinnt also eine neue Haltung, körperlich wie geistig. Son fasst dies wie folgt

[319] Kornfield: Frag den Buddha, 100f.

zusammen: »Somit bietet das klassische Taekwon-Do eine Schulung für Körper, Geist, Seele und Herz und macht diese gesund und stark. Auf diese Weise nimmt das Taekwondo-Training den Stress aus unserem Leben, bringt innere Ruhe und Zufriedenheit und erhöht unsere Chance auf ein langes, gesundes und ausgeglichenes Leben.«[320]

Der Taekwon-Do Übende gelangt durch die beständige Übung zu einer grundsätzlichen, den ganzen Körper und die ganze Seele betreffenden neuen Haltung und Art zu leben: »Taekwon-Do ist nicht nur Sport, sondern auch Lebensweise. Dieser Lebensweise liegt jedoch eine bestimmte Haltung zugrunde. Diese Haltung sollte physisch und psychisch verlässlich und dauerhaft stabil sein, um einem erfüllten gesunden Leben Grundlage sein zu können.«[321]

2.4. Zusammenfassung: Traditionelles Taekwon-Do: Buddhistisch durchdrungene Meditation in Bewegung und ganzheitlich ausgerichteter Gesundheitssport, der den ganzen Menschen betrifft und formt

»[D]ie Ausübung des Taekwon-Do [führt] zu einer beispiellosen körperlichen Gewandtheit und scharfen Gedankenausbildung […].«[322]

Seit der systematisierenden Institutionalisierung durch General Choi Hong Hi ist das traditionelle Taekwon-Do durch ein klar umrissenes Ethos fundiert. Ziel dieses Ethos ist eine eindeutig profilierte Haltung des Taekwon-Do-Übenden. Diese Haltung zeichnet sich durch Streben nach anständigem und moralisch einwandfreiem Verhalten aus sowie durch beharrliches, unermüdliches Arbeiten an sich selbst, das heißt an seinem Körper und an der eigenen Persönlichkeit. Dieses beharrliche An-sich-selbst-Arbeiten muss durch Geduld und Selbstdisziplin geprägt sein. Man

[320] Son: Der Körper als Spiegel des Herzens, 300.
[321] Son: Classic Taekwon-Do Alive, 17.
[322] Kwon: Zen-Kunst, 15.

sollte danach streben, beständig sich selbst und die eigenen körperlichen sowie mentalen Fähigkeiten zu verbessern. Als Leitmotiv und tiefere Zielsetzung des Ethos des traditionellen Taekwon-Do kann das Erreichen eines unbeugsamen Willens angesehen werden. Der Weg zu einem solchen unbeugsamen Willen besteht in einem intensiven körperlichen und mentalen Training, das den Menschen in seiner ganzen Persönlichkeit angeht und ihn tiefgreifend schult.

Die hier anklingende und angestrebte Ganzheitlichkeit findet eine Entsprechung im Zen-Buddhismus und in seiner Sicht auf den Menschen. Auf zen-buddhistische Weise betrachtet, stellt traditionelles Taekwon-Do einen Weg, eine Möglichkeit, dar, den Zustand des Satori zu erreichen. Satori ist ein Zustand der Leere, der Freiheit von den Einflüssen und Zwängen, die einem durch den eigenen Körper und den eigenen Verstand auferlegt werden. Dieser Zustand wird durch die vollkommene Konzentration auf die Bewegung erreicht. Das Satori ist kein Endzustand, sondern ein Ausgangspunkt für die Verwirklichung und Entfaltung der Kräfte, die dem Menschen eigentlich innewohnen, die er aber aufgrund körperlicher und geistiger Barrieren zu entfalten bisher nicht imstande war. Die zu erreichende Leere im Satori entspricht aus buddhistischer Sicht gleichzeitig dem Weg aus dem Leid, dem Ende von Streben, Wollen, Begehren und dem Verhaftetsein an die eigenen Gedanken und kann als Zielpunkt eines Weges des edlen achtfachen Pfades, als Zielpunkt des rechten Sich-Versenkens betrachtet werden. Das rechte Sich-Versenken wird bei der Ausübung des traditionellen Taekwon-Do im Unterschied zum klassischen Zen-Buddhismus nicht durch Meditation im Sitzen, sondern durch vollkommene Konzentration und Fokussierung auf die Bewegung von Armen und Beinen erreicht.

Gleichzeitig kann das traditionelle Taekwon-Do durch die ihm innewohnende ganzheitliche Komponente – es werden Arme und Beine und immer auch beide Seiten in gleicher Weise trainiert – als ganzheitlich wirkender Gesundheitssport betrachtet werden. Es führt den Übenden zu einer bestimmten Haltung und Lebensweise, die dem beständigen Training gewidmet ist und verfolgt so die Intention, den Menschen und seinen Körper als Einheit physisch und psychisch gesund zu erhalten. Der Weg zur Gesunderhaltung von Körper und Geist ist die gänzliche Hingabe an die Bewegung.

Somit kann das traditionelle Taekwon-Do als Meditation in der und durch die Bewegung interpretiert werden, mit dem Ziel, Satori und zugleich Gesundheit und Wohlergehen zu erlangen.

Dritter Teil

Bewegung lieben lehren und lernen – Die Praxis des traditionellen Taekwon-Do aus pädagogischer Perspektive

1. Hinführung

»Denn immer wieder ergibt sich Neues in unbegrenzter Schöpfungsmöglichkeit aus dem Vorhandenen, und nur der Übende ahnt den Gehalt dieses Do.«[323]

In den ersten beiden Teilen des Buchs standen die Geschichte, das technische System und die philosophischen Hintergründe des traditionellen Taekwon-Do im Mittelpunkt. Im dritten Teil liegt das Hauptaugenmerk auf den beiden entscheidenden Komponenten, die das traditionelle Taekwon-Do als Lehrsystem konstituieren: Um traditionelles Taekwon-Do als Kunst der waffenlosen Selbstverteidigung weitergeben zu können, bedarf es sowohl (mindestens) eines Schülers, der diese Bewegungskunst lernen will, als auch eines Lehrers, der das Taekwon-Do weitergeben möchte. Das heißt: Taekwon-Do als zu lehrende bzw. zu erlernende Kunst ist bereits a priori in einen pädagogischen Zusammenhang eingebettet, der sich zum einen als Interaktion zwischen Lehrer und Schüler(n) gestaltet[324] und zum anderen – wie im ersten Teil dargestellt – durch einen ganz bestimmten Lerngegenstand, einen vorgegebenen Inhalt, ein konkretes Lehrsystem und – diese Komponente hat der zweite Teil beleuchtet – die dahinterstehende Philosophie bestimmt wird. Auf der Basis dieses bestimmten philosophisch fundierten Lehrsystems unterrichtet ein Lehrer Schüler, die willens sind, traditionelles Taekwon-Do zu erlernen. Somit sind, wenn Taekwon-Do aus pädagogischer Perspektive betrachtet wird, mehrere Ebenen zu berücksichtigen.

Eine erste Ebene betrifft den Unterricht als Gesamtkonzept. Dabei stehen folgende Fragen im Vordergrund: Wodurch ist der Unterricht im traditionellen Taekwon-Do charakterisiert? Welche Grundsätze und Abläufe sind innerhalb des Unterrichts von Bedeutung? Welches sind die Zielstellungen des Unterrichts? Wie ist der pädagogische Rahmen auszugestalten? Welche Umgangsformen auf zwischenmenschlicher Ebene sollen im

---

[323] Ebd., 66.

[324] Gerade aus Sicht des Zen-Buddhismus erscheint diese Perspektive interessant und bedenkenswert, zumal sich der Zen-Buddhismus »durch eine enge Lehrer-Schüler-Beziehung, durch ein strenges Unterordnungsverhältnis« (Ceming: Buddhismus, 59.) auszeichnet.

Unterricht vermittelt werden, und wie stehen diese im Zusammenhang mit dem Unterrichtsgegenstand, dem zugrunde liegenden sportlichen und philosophischen System? Darüber hinaus wird zu klären sein, welche Rolle den Lehrenden und Lernenden im pädagogischen Setting des Unterrichts zukommt.

Nach dieser Analyse des pädagogischen Rahmens und der Rolle von Lehrer und Schüler innerhalb des Trainings kann der Fokus stärker auf den Inhalt und damit notwendigerweise auf das im ersten Teil skizzierte Ethos des traditionellen Taekwon-Do gelegt werden. Die einzelnen Tugenden dieses Wertesystems, auf deren Basis Taekwon-Do gelehrt und gelernt wird, sollen auf einer zweiten Ebene in Hinblick auf ihre pädagogische Dimension und Bedeutung für die Schüler, aber auch für Lehrer des traditionellen Taekwon-Do untersucht werden.

Damit Taekwon-Do als Kunst gelehrt werden kann, damit Schüler den Weg des Fußes und der Hand beginnen und mit der Zeit Fortschritte in der Ausübung der Kunst der waffenlosen Selbstverteidigung machen und ihre Persönlichkeit im Sinne des traditionellen Taekwon-Do bilden können, ist qualifizierte Unterweisung notwendig, die von einem Lehrer geleistet wird. Aus diesem Grund rückt zunächst der Lehrende ins Zentrum der Betrachtung. Welche Voraussetzungen muss er mitbringen, um Schüler im Sinne des traditionellen Taekwon-Do zu unterrichten und ausbilden zu können? Welche Ziele will der Lehrer in seinem Unterricht und in Hinblick auf die Ausbildung seiner Schüler erreichen? Wie kann das Lehrer-Schüler-Verhältnis im traditionellen Taekwon-Do beschrieben werden? An welche Leitlinien sollte der Lehrer sich halten? Und schließlich: Was bedeutet die Lehrtätigkeit im traditionellen Taekwon-Do für den Alltag und die Persönlichkeit des Lehrers?

Mit Bezug auf den Schüler ist zunächst zu untersuchen, welche Inhalte des traditionellen Taekwon-Do auf welche Weise im pädagogischen Sinn Auswirkungen auf das Lernen und die Persönlichkeitsbildung des Schülers haben. Darüber hinaus muss näher betrachtet werden, was und wie der Schüler in dieser Kampfkunst im Unterricht lernt. Außerdem muss es auch darum gehen, aufzuzeigen, welche Faktoren von Seiten des Schülers bedeutend sind, damit er Fortschritte auf seinem Weg machen kann, damit der Unterricht im traditionellen Taekwon-Do auch auf fruchtbaren Boden fällt und tatsächlich Früchte trägt. Abschließend soll es um die Frage gehen, welche Auswirkungen der Unterricht im traditionellen Taekwon-Do auf die Persönlichkeit des Schülers hat.

2. Pädagogische Implikationen der Praxis des traditionellen Taekwon-Do

»Derart in seiner Entwicklung vorangeschritten, wird der Übende reif für eine weitere Steigerung der Schulung [. . .].«[325]

2.1. Vorbemerkung

»Großer Fleiß, stete Übung und ein guter Lehrer sind die Voraussetzung für die [...] optimale Verwirklichung der Prinzipien korrekter Bewegungsformen.«[326]

Das traditionelle Taekwon-Do wird von einem Meister oder Großmeister der Kunst,[327] einem Lehrer, vermittelt und von einem Schüler, dem Lernenden, gelernt. Das bedeutet, dass dem traditionellen Taekwon-Do als System des Unterrichts, als System des Lehrens und Lernens von vornherein eine pädagogische Struktur zugrunde liegt, die genauer betrachtet werden soll. Bei der Betrachtung dieser pädagogischen Struktur werden zunächst der Unterricht und seine charakteristischen Grundsätze in den Blick kommen. Das Hauptaugenmerk der Analyse betrifft Aufbau, Struktur und Inhalt des Unterrichts im traditionellen Taekwon-Do. Reflektiert werden soll aber auch, welche pädagogischen Ideale und Werte dem Unterricht in dieser Kampfkunst zugrunde liegen, welche Ziele mit dem Unterricht verbunden sind und, daraus resultierend, welche Bedeutung die Werte und Ziele für die interagierenden Personen, Lehrer und Schüler, und ihre Entwicklung im Do haben.

---

325 Kwon: Zen-Kunst, 69.

326 Son: Der Weg des Kreises, 294.

327 Den Rang des Meisters erreicht man mit dem ersten Dan (Dan bedeutet Meistergrad.). Er reicht bis zum Grad des vierten Dans. Ab dem fünften Dan darf der Träger sich Großmeister nennen.

2.2. Traditionelles Taekwon-Do als pädagogisches System: Unterricht (Grundsätze und Ziele), Lehrer und Schüler (Rollen innerhalb des Unterrichts)

»Jeder gute Trainer wird sich im Aufbau seines Trainings nach den Möglichkeiten seines Schülers richten.«[328]

2.2.1. Grundsätze und Ziele des Unterrichts im traditionellen Taekwon-Do

2.2.1.1. Den Alltag ablegen: Vorbereitung und Beginn des Unterrichts im traditionellen Taekwon-Do

»Das Anziehen des tobok versetzt [den Schüler] in die andere Welt des Do und trennt ihn vom Alltagsdasein.«[329]

Der Unterricht im traditionellen Taekwon-Do[330] will einen bewussten Kontrapunkt zum Alltag des Übenden bieten; dieser Kontrapunkt kommt bereits vor dem eigentlichen Beginn des Unterrichts zum Ausdruck: Die Alltagskleidung wird abgelegt und mit ihr symbolisch der Alltag, und der Taekwon-Do-Anzug, Dobok, wird angelegt, was bedeutet, dass man sich bewusst ganz und gar auf den folgenden Unterricht und das eigene Lernen einstellt: »Beim Betreten des *dojang*, der Übungsstätte [...], das dem Schüler nur in der vorgeschriebenen Kleidung gestattet ist, legt dieser seine Sandalen ab und begibt sich barfuß auf die Übungsfläche. Mit dieser Geste wird alles außerhalb des Trainings Liegende abgestreift. Der Schüler soll nun ganz mit seinem Geist und seinem Ich bei der Übung verweilen, seine Konzentration dem Lernen zugewandt.«[331]

Neben dem Anziehen des Dobok gibt es noch eine zweite Handlung von entscheidendem Vorbereitungs- und Symbolcharakter vor dem Beginn des Unterrichts: Wird der Trainingsraum betreten, erfolgt eine Verbeugung vor

---

[328] Ebd., 96.

[329] Kwon: Zen-Kunst, 39.

[330] Zu Aufbau und Grundsätzen des Unterrichts im traditionellen Taekwon-Do vgl. auch Son: Der Weg des Kreises, 93ff.

[331] Kwon: Zen-Kunst, 38. Vgl. auch Son: Der Weg des Kreises, 29.

der südkoreanischen Fahne und der Flagge des jeweiligen Landes, in dem sich die Taekwon-Do-Schule befindet; diese Geste steht für den Respekt vor der Kunst des Taekwon-Do, seinem Ursprungsland, vor dem Lehrer und den Mitübenden: »Im Augenblick des ersten Schrittes auf dem Boden des dojang hält [der Schüler] inne und neigt den Kopf unter leichter Einbeziehung des Oberkörpers, wobei Hände und Füße und die übrigen Körperpartien gespannt bleiben. Diese Verbeugung ist die Unterordnung unter den Do sowie die Anerkennung des Lehrers und die Achtungsbezeugung gegenüber den Trainingspartnern. Die Ein- und Unterordnung der gesamten Persönlichkeit in das Gefüge des dojang, seine Gedankenwelt und Erfordernisse sowie seine Bestimmung wird bezeugt.«[332]

Nach diesen vorbereitenden und die Konzentration auf den Unterricht bündelnden Maßnahmen beginnt der eigentliche Unterricht auf Kommando des Lehrers.[333] Die Schüler stellen sich zunächst ihrem Rang entsprechend in Reihen auf und nehmen die Achtungsstellung, Charyut, ein. Dann wird als Zeichen des Unterrichtsbeginnes ein Begrüßungsritual vollzogen. Der ranghöchste Schüler begrüßt den Lehrer mit seinem Titel: Kyosanim (Meister: erster bis vierter Dan) bzw. Sabumnim (Großmeister: ab dem fünften Dan):[334] »Auf [das] Kommando [des Lehrers] [...] nehmen alle eine gespannte, aufrechte und tadellose Körperhaltung ein, mit geschlossenen Füßen und angelegten Armen, wobei der ganze Körper gespannt [ist] [...].[335] Dies bedeutet, dass man sich jetzt konzentrieren will und im Üben des Taekwon-Do der Geist seine Herrschaft über Gedanken und Körper ausdehnen und vergrößern soll. Mit dem Gruß des Vordersten [...] ist eine Verbeugung verbunden [...].«[336]

Nach der Begrüßung beginnt der Unterricht dem Kommando des unterrichtenden Lehrers entsprechend mit einem Aufwärmtraining, das zum Ziel hat, die Körpertemperatur und den Energiefluss im Körper zu erhö-

[332] Kwon: Zen-Kunst, 39. Vgl. auch, Son: Der Weg des Kreises, 30.

[333] Vgl. zum Folgenden Kwon: Zen-Kunst, 42ff.

[334] Vgl. ebd., 42.

[335] Die Hände werden dabei nicht mehr, wie Kwon das noch in seiner Veröffentlichung beschreibt, zu Fäusten geballt, sondern mit offenen Handflächen direkt auf dem Oberschenkel mit einer kraftvollen Bewegung platziert. So entsteht ein die Spannung erhöhender Ton und eine gerade und gespannte Körperhaltung.

[336] Kwon: Zen-Kunst, 42.

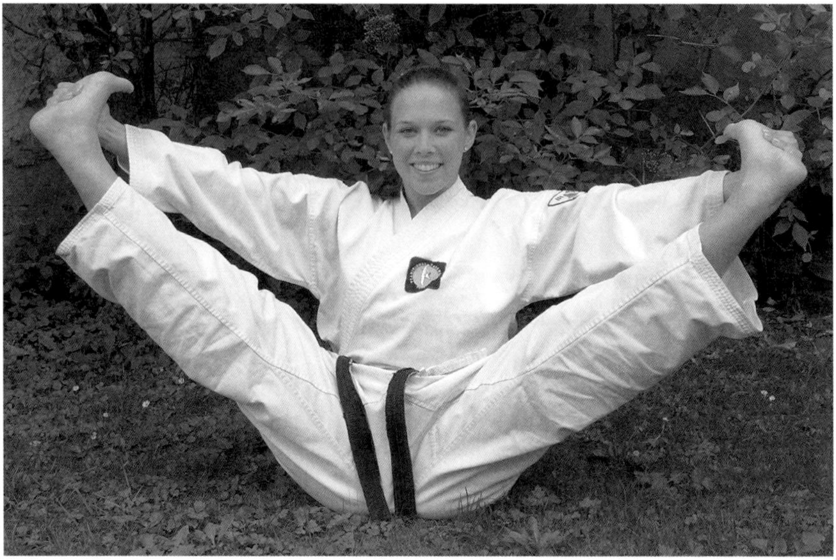

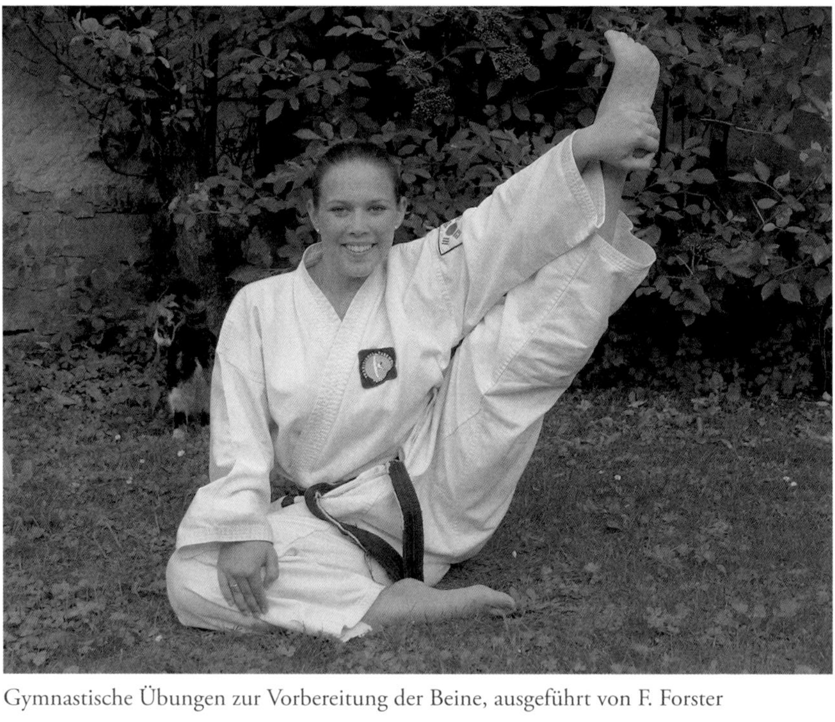

Gymnastische Übungen zur Vorbereitung der Beine, ausgeführt von F. Forster

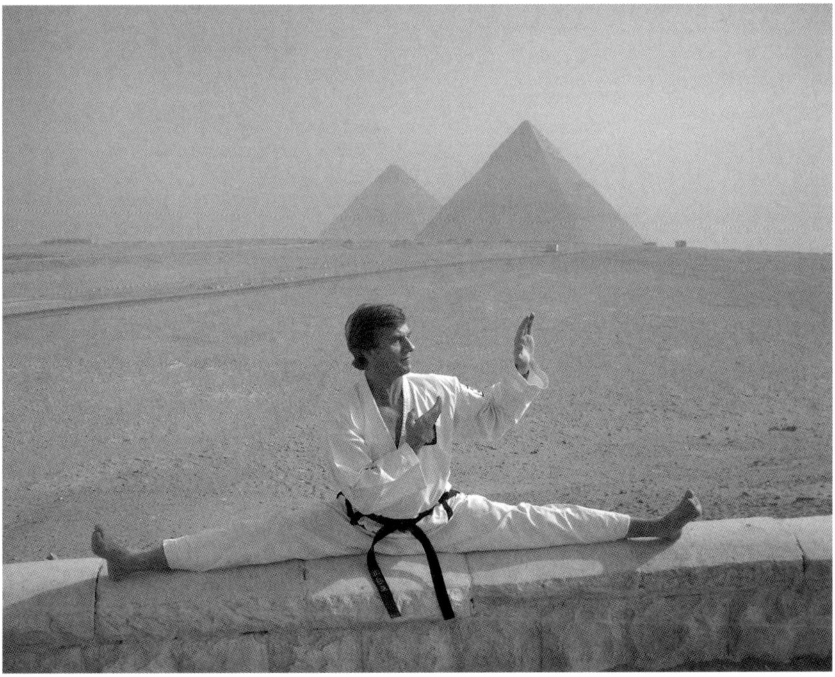

Grätsche und Körperbeherrschung in Perfektion, demonstriert von Großmeister W. Fehrer

hen, damit der ganze Körper für die folgenden Übungen aufgewärmt und entsprechend geschmeidig ist: »Nun beginnt die Auflockerung und die Spezialgymnastik. [...] [Die Aufwärmübungen] dienen der [...] Erhöhung der Blutzufuhr und Vorbereitung der Herz- und Kreislauftätigkeit auf die kommende Anstrengung.«[337] Das Aufwärmtraining verfolgt dabei, wie auch das Taekwon-Do-Training insgesamt, das Ziel, den ganzen Körper zu erreichen und ihn für den eigentlichen Unterricht vorzubereiten. Damit folgt es dem bereits beschriebenen ganzheitlichen bzw. holistischen Grundansatz des Taekwon-Do, der zur Gesunderhaltung des Körpers beitragen will: »Sämtliche Körperteile werden auf vielfältige Art durch Beanspruchung ausgebildet und gegen Abnützung und Krankheit sowie Schäden, die immer durch zu wenig oder falsche Belastung entstehen, gefeit. [...] Der Aufbau des Körpers, seine Haltung, die Muskelbildung und die or-

[337] Ebd.

ganische Gesundheit werden ständig positiv beeinflusst und immer mehr verbessert. Erziehung zu durchgreifender Gewandtheit und Einsatzfähigkeit, Ausdauer, Sprungkraft und Schnellkraft sind die Folge.«[338]

2.2.1.2. Der Kern des Unterrichts im traditionellen Taekwon-Do: Techniktraining im Spiegel der Disziplinen

> *»Nachdem der Schüler in der Grundschulung allmählich und mit immer größerer Perfektion jene Bein- und Armtechniken und die Stellungen und Grundbewegungen des Taekwon-Do erlernt, wird er langsam an die Anwendung des Gelernten herangeführt.«*[339]

Der sich an das Aufwärmtraining anschließende Schwerpunkt des Unterrichts kann insgesamt als Techniktraining bezeichnet werden. Dieses setzt sich aus mehreren Komponenten zusammen. Dem Wortsinn des Taekwon-Do, Weg des Fußes und der Hand, entsprechend, werden Bein- und Armtechniken sowie Blocktechniken einzeln und in Kombination geübt. Mit Bezug auf das Training ist das Taekwon-Do in verschiedene Teildisziplinen untergliedert, die jeweils für sich trainiert werden.

2.2.1.3. Einzeltechniken und Kombinationen

Eine erste wichtige Komponente des Techniktrainings ist das Üben verschiedener Kombinationen von grundlegenden Einzeltechniken. Wurden dem Lernenden die Grundtechniken[340] vermittelt, gilt es, diese immer weiter zu verbessern und zu vervollkommnen, denn nur das, was regelmäßig und beharrlich geübt wird, wird eine solche Qualität erreichen, dass es dem Ideal einer optimal ausgeführten Technik entspricht. Die grundlegenden Einzeltechniken werden in der Regel in festgelegten, vom Lehrenden entwickelten und sich regelmäßig abwechselnden bzw. erweiterten Kom-

[338] Ebd., 42f.
[339] Ebd., 67.
[340] Vgl. dazu S. 35ff.

binationen immer wieder trainiert. Dabei ist zu betonen, dass die Grundtechniken sich zwar stets wiederholen, der Übungsvielfalt grundsätzlich aber keine Grenze gesetzt ist, da sich beliebig lange und unterschiedlich variierte Aneinanderreihungen und Verbindungen der Techniken zu Kombinationen formen lassen, die den Schüler vor immer neue und nie eintönig werdende Herausforderungen stellen. Der Schüler ist stets gezwungen, umzudenken, sich aufs Neue zu konzentrieren und auf die unterschiedlichen Varianten einzustellen. Das Üben der Grundtechniken wird so nie stupide oder langweilig, sondern bleibt auch auf kognitiver Ebene eine beständige Herausforderung.

Die Vielfalt verschiedener Kombinationen sowie der hohe kognitive Anspruch sind Merkmale, die das Lehrsystem meines Großmeisters Winfried Fehrer besonders auszeichnen. Durch ein hochentwickeltes System in allen Bereichen, Kombinationen aus einzelnen Handtechniken und Blocktechniken oder sehr anspruchsvollen Kickkombinationen sowie Selbstverteidigungstechniken, die aus der kreativen Energie meines Meisters heraus entstehen, ist der Unterricht bei ihm nicht nur kognitiv, sondern auch körperlich sehr anspruchsvoll und bedarf des ununterbrochenen und regelmäßigen Trainings. In jeder Stunde werden hier Körper und Geist von neuem und auf das höchste in Anspruch genommen. Nur wer sehr regelmäßig trainiert, vermag es, im Unterricht mitzukommen.

Der Schüler wird bei der Ausführung der Übungen vom Lehrer angehalten, seine Einzeltechniken, das heißt die Grundtechniken, zu verbessern und sie beispielsweise schneller, kraftvoller oder exakter auszuführen. Daraus ergibt sich für den Schüler eine doppelte Aufgabe: Zum einen sollen die Einzeltechniken auf physischer Basis stetig verbessert und auf einem höheren Niveau ausgeführt werden. Zum anderen gilt es, sich mental vollkommen darauf zu konzentrieren, die immer neu zusammengesetzten Kombinationen zu meistern und diese flüssig sowie mit adäquater Geschwindigkeit und mit vollem Krafteinsatz auszuführen. Auf diese Weise werden die Schnelligkeit, die Beweglichkeit und die Reaktionsfähigkeit des Schülers ebenso trainiert wie sein Konzentrationsvermögen und seine geistige Beweglichkeit. »Im Folgenden wird der Schüler eingeweiht in die Kombinationen [...]. Durch das ständige Üben prägt sich jede Bewegung im Unbewussten ein und wird dem Schüler zur Selbstverständlichkeit, Teil seiner selbst. Ohne gedankliche Arbeit stellt sie sich im Bedarfsfalle sofort ein. Das ergibt die blitzschnelle Bewegung und Reaktion des Taekwon-Do-Übenden, sein vom Unterbewussten gesteuertes, augenblickliches Eingehen auf jede verschiedene Situation, die spontane höchste Anpassung an sie.

Dieser Gedanke liegt auch allen weiteren Techniken des Taekwon-Do zugrunde.«[341] Hier zeigt sich in vollem Ausmaß der ganzheitliche Ansatz des traditionellen Taekwon-Do. Körper und Geist müssen zusammenspielen, sich ergänzen und gegenseitig unterstützen, um den Anforderungen der komplexen Übungsformen und Kombinationen zu genügen und diese immer besser und ästhetischer ausführen sowie die Techniken ins Unterbewusstsein, ins eigene Selbst integrieren zu können: »Jenes optimale physische Verhalten im Taekwon-Do wirkt sich also auch besonders fördernd auf die Psyche des Schülers aus. Die Schulung dient daher letzthin der Entwicklung und Beherrschung der Gedanken [...]. Hemmungen und Verklemmtheiten werden beseitigt und das Innenleben des Übenden löst sich, wird freier und reif für höhere Entwicklung im Do.«[342]

2.2.1.4. *Training des Formenlaufes: Hyongtraining*

Neben den wechselnden Kombinationen von Grundtechniken – Schlägen, Kicks und Blocks – sind natürlich auch die einzelnen Disziplinen des traditionellen Taekwon-Do regelmäßig Bestandteil einer jeden Unterrichtseinheit. Den besagten Kombinationen am ähnlichsten sind die Formen, Hyongs.[343] Die insgesamt zwanzig Formen des traditionellen Taekwon-Do werden von den Schülern Schritt für Schritt gelernt, zwei Formen kommen in der Regel nach jeder erfolgreich bestandenen Prüfung neu hinzu.[344] Daraus ergibt sich

[341] Kwon: Zen-Kunst, 47f.
[342] Ebd., 46.
[343] Vgl. hierzu ebd., 72ff. Vgl. auch Son: Der Weg des Kreises, 151ff.
[344] Der Anfänger beginnt mit dem weißen Gurt, der symbolisch für die Unwissenheit im Sinne eines unbeschriebenen Blattes steht. Nach je zwei Prüfungen für jede neue Farbe folgen der gelbe Gurt (symbolisch stehend für die Erde, die als Grundlage des Wissens gilt), der grüne Gurt (symbolisch stehend für das – mit der Entwicklung einer Pflanze vergleichbare – Wachsen des Wissens und Könnens auf der Erde), der blaue Gurt (symbolisch stehend für das in die Atmosphäre emporsteigende Wissen und Können des Schülers)

für den Schüler aus pädagogischer Perspektive eine doppelte Aufgabe: Zum einen darf er die bereits erlernten Übungsformen nicht vergessen, muss diese weiter üben, vor allem wenn er die Kompetenz bewahren möchte, die ihm bereits bekannten Hyongs auch nach längerer Zeit wirklich sauber, kraftvoll und effektiv zu beherrschen. In diesem Zusammenhang ist es wichtig, zu begreifen, dass Perfektion bei der Ausführung eines Formenlaufes zwar eine Zielsetzung des Unterrichts und Trainings darstellt, aber nie ganz vollständig, sondern nur annähernd erreicht werden kann: Es wird immer möglich sein, einzelne Bestandteile einer Hyong immer noch etwas sauberer, kraftvoller und effektiver auszuführen, als man es bisher vollbracht hat. Um hier keine bzw. möglichst geringe Rückschläge und Einbußen zu erleiden, müssen die bereits erlernten Hyongs beständig geübt und auf diese Weise weiter verbessert werden.

Zum anderen ist der Schüler mit der Aufgabe betraut, sich die jeweils neue Form (oder auch mehrere Formen parallel) einzuprägen und sie nach recht kurzer Zeit bereits eigenständig ausführen zu können, zumindest, was den korrekten Ablauf betrifft. Ist der Ablauf klar, beginnt das Training zur Verbesserung der Hyong, um ihn als Darstellung eines Kampfes gegen einen imaginären Gegner immer realistischer und besser präsentieren zu können. Hier offenbart sich wiederum das, was auch für die Grundtechniken, die Kombinationen und die bereits früher gelernten Formen gilt: Nur durch konsequentes und unermüdliches Üben und Feilen an der Technik wird Verbesserung insgesamt, körperlich wie mental, erzielt. Einzig auf diese Weise kann der Schüler auf dem Weg des Do fortschreiten, so dass Fortschritt für ihn selbst wahrnehmbar und für den Lehrer sichtbar wird. Im Unterricht wird mit gezielter Schwerpunktsetzung meist eine begrenzte Zahl von Hyongs trainiert, in der Regel die beiden für das jeweilige Gürtelniveau aktuellen sowie einige der bereits zu beherrschenden Formen.

---

und der rote Gurt (symbolisch als Farbe der Aufmerksamkeit zu verstehen, im Sinne eines »Achtung, mit dem Schüler und seiner Entwicklung geschieht Besonderes«). Nach einer weiteren Prüfung folgt die Meisterprüfung zum schwarzen Gurt, dem ersten Meistergrad, genannt Dan (Schwarz schließt alle anderen Farben ein und überdeckt bzw. übertrifft sie). Nach dem ersten Meistergrad erfolgen weitere Prüfungen zum zweiten, dritten und vierten Meistergrad. Der Träger der Meistergrade eins bis vier wird Kyosanim genannt, Meister. Mit dem fünften Meistergrad erreicht man den Rang des Sabumnim, des Großmeisters.

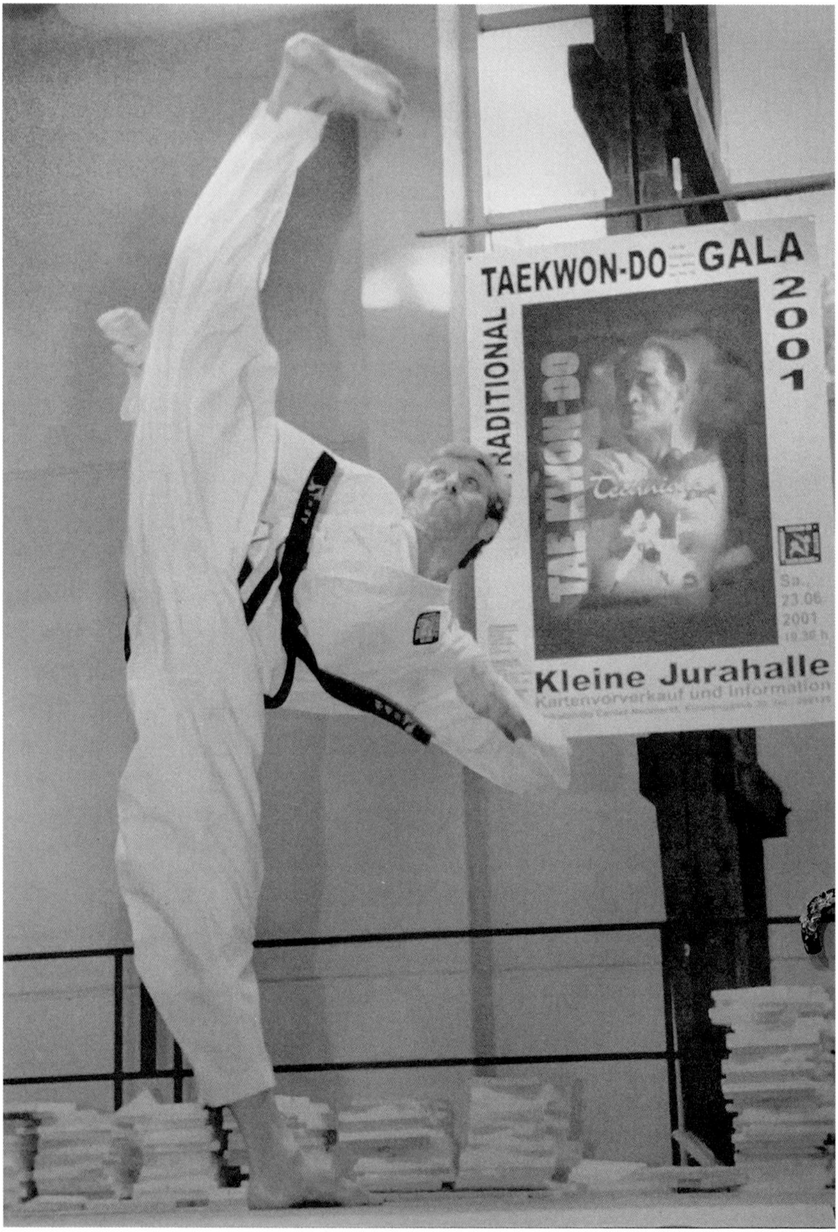

Körperbeherrschung in Vollendung: Eine perfekte Technik aus der 19. Hyong, gelaufen von Großmeister W. Fehrer

Kwon betont mit den nachstehenden Worten die Notwendigkeit des kontinuierlichen Übens und weiteren Feilens an Verbesserungen. Seine Aussage bezieht sich auf die Grundtechniken, trifft aber auch uneingeschränkt auf das Erlernen der Formen zu: »Auf eine solche Weise lernt der Schüler zu Beginn die Grundstellungen des Taekwon-Do, ebenso das Gehen, Springen und Verharren in diesen Stellungen. Immer wieder, auch als Meister, feilt er an dieser Übung weiter, wie überhaupt alles und jedes im Taekwon-Do ständig, vom Neuling bis zum Fortgeschrittenen, von der ersten bis zur höchsten Stufe des Ausbildungsstandes, immer wieder geübt werden muss. Eine gute Grundtechnik ist das tragende Fundament des ganzen Gebäudes des Do.«[345]

2.2.1.5. Vorbereitung zum Bruchtest: Das Trainieren einzelner Techniken

Neben dem Ausführen von Kombinationen und dem beständigen Üben und Wiederholen von Hyongs werden in jeder Unterrichtseinheit auch Einzeltechniken trainiert, die verbessert und in ihrer Effektivität gesteigert werden sollen:

Einzelne Fußtechniken, die prüfungsrelevant sind – am Anfang sind dies die bereits im ersten Teil skizzierten grundlegenden Kicks, später werden die Grundkicks auch im einfachen Sprung sowie im Sprung mit einer halben bis hin zu mehreren Drehungen in der Luft ausgeführt – werden auf Schlagpolster geübt, um die jeweilige Technik zu verbessern, effektiver, kraftvoller und schneller zu machen sowie die Trefferfläche am Fuß für einen möglichen Bruchtest[346] zu präparieren und abzuhärten. Diese Übung auf Schlagpolster kann auch mit Handtechniken erfolgen. Der Schwerpunkt liegt im Unterricht aber zumeist auf dem Trainieren von Fußtechniken. Diese werden dann bei einer Gürtelprüfung oder einer Demonstration als Bruchtest ausgeführt. Im Training selbst wird der Bruchtest auf Bretter nicht geübt. In den Unterricht wird er allenfalls zum Zweck der Demonstration integriert. Das Ziel des Trainings besteht in

---

345 Kwon: Zen-Kunst, 47.

346 Vgl. hierzu ebd., 78ff. Vgl. auch Son: Der Weg des Kreises, 154ff.

Hinblick auf einzelne Techniken vor allem darin, sie sauber, kraftvoll, schnell und gleichzeitig präzise ausführen zu können. Bei Fußtechniken liegt das Hauptaugenmerk zudem in der Höhe des Kicks; angestrebt wird die perfekt kontrollierte Ausführung bis zu einem Winkel der Beine von 180 Grad, und dies sowohl langsam als auch schnell.

2.2.1.6. Vom Individualunterricht zur Partnerübung: Das Training von Kombinationen mit einem Übungspartner

Die bisher vorgestellten wesentlichen Übungsformen für den Unterricht können als Individualübungen bezeichnet werden, da jeder Schüler diese Techniken für sich erlernt, trainiert und zu verbessern sucht. Neben diesen Übungen, die der Einzelne lernen und immer weiter verfeinern soll, gibt es im Unterricht auch mehrere Formen der Partnerübung. Eine erste Methode, mit einem Partner zu üben, ist das Ausführen der im Training zunächst einzeln erlernten und vom Lehrer festgelegten Kombinationstechniken zusammen mit einem Partner, der dem Trainierenden gegenüber steht. Dies ist eine logische Fortführung des individuellen Übens der bisher vorgestellten Trainingsformen. Hierbei werden die Kombinationen – nach dem individuellen Training – vertiefend geübt, optimiert und effektiv memoriert, zumal man sich nicht nur auf sich selbst, sondern auch auf das Gegenüber, den Übungspartner, einstellen muss.

Ziel einer solchen Partnerübung ist es, eine bestimmte Abfolge von Techniken flüssig, kraftvoll und gleichzeitig harmonisch sowie synchron mit dem Partner auszuführen. Hierbei kommt es für den Einzelnen vor allem auf das Zusammenarbeiten und das gegenseitige sich Ergänzen mit dem Mitübenden an. Auch wenn einer der Übenden die Kombination bereits sehr gut beherrscht, ist dadurch noch keine qualitativ hochwertige Partnerübung garantiert. Erst wenn das Zusammenspiel der beiden Übungspartner gelingt, wenn die Kombination gleichzeitig und in einem harmonischen Miteinander ausgeführt wird, liegt eine wirkliche Partnerübung vor, die als Gesamtkonzept beide Übenden auf andere Weise fordert als das Ausführen einer Einzelübung. Bei der Partnerübung ist es immer notwendig, sich auf den Mitübenden einzulassen und gemeinsam mit ihm das zunächst allein Erlernte zu verbessern. Der Sinn der Ausführung einer

Kombination als Partnerübung besteht dabei nicht nur in der grundsätzlichen Schulung des Zusammenspiels von zwei Übenden, sondern auch darin, dass Anfänger und Fortgeschrittene gemeinsam üben und sich dabei – jeder auf seine Weise – verbessern können. Der Fortgeschrittene wird sich, indem er die Übung erläutert und den Partner anleitet, vertiefter des Sinns der Kombination bewusst. Der Anfänger profitiert von dem Wissen und den Fähigkeiten des Fortgeschrittenen und bekommt wertvolle Tipps, um die jeweilige Technikfolge korrekt auszuführen und zu optimieren. Dabei wird allgemein seine Kompetenz in der Ausführung von Techniken und speziell seine Versiertheit im Üben von Kombinationen erweitert. So werden durch die Partnerübung sowohl der Fortgeschrittene als auch der Anfänger gefordert und gefördert, und es wird ihnen ein Schritt nach vorn auf dem Weg des Do ermöglicht.

2.2.1.7. Auf dem Weg zu größerer Freiheit und eigener Kreativität: Der selbst gestaltete Einschrittkampf mit dem Partner: Ilbotaeryon

Wenn Fortgeschrittene zusammen mit ebenfalls Fortgeschrittenen Übungen als Partnerübung ausführen, können sie die Ebene der vom Lehrer festgelegten und vorgegebenen Kombinationen langsam verlassen und selbst kreativ werden. Eine Möglichkeit, eigene Ideen und persönlich hochgeschätzte Techniken einzubringen, zu entwickeln und zu präsentieren, ist der Einschrittkampf, Ilbotaeryon. Bei diesem wechseln sich ein Angriff mit der Faust und eine frei wählbare Art der Verteidigung ab. Dabei wird grundsätzlich das Ziel verfolgt, die erlernten Techniken möglichst präzise aus- und sehr nahe an den Körper des Partners heranzuführen. Ilbotaeryon ist fester Bestandteil des Unterrichts für Fortgeschrittene. Dabei obliegt es den Übenden selbst, Abwehr- und Kontertechniken auszuwählen und diese zu kombinieren. Der Lehrer fungiert beim Training von Ilbotaeryon als Unterstützer und Ratgeber; er verbessert die Art der Ausführung.

Bei der Entwicklung seiner Ilbotaeryon-Kombinationen sollte für den Schüler als Grundsatz gelten, sich eine möglichst abwechslungsreiche und innerhalb der Sequenz im Schwierigkeitsgrad ansteigende Übungsabfolge auszudenken. Bei der Entwicklung der eigenen Ilbotaeryon-Techniken

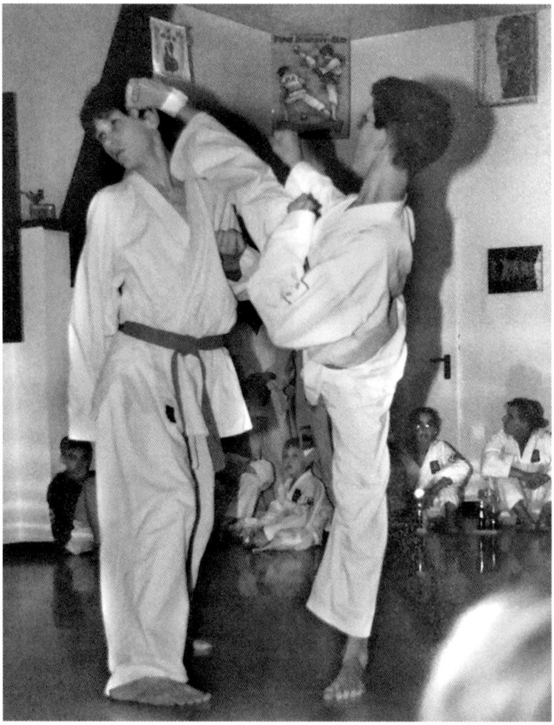

Technik aus einem Ilbotaeryon, Tollyochagi, ausgeführt von C. Forster im Alter von 13 Jahren

kommt eine kognitiv-kreative Komponente ins Spiel. Hand- und Fußtechniken, Kicks im Stand sowie im Sprung und gehaltene bzw. langsam demonstrierte Fußtechniken müssen vom Lernenden selbständig entwickelt, verbunden und kombiniert ausgeführt sowie im Gedächtnis behalten werden, um durch beständiges Üben der immer wieder gleichen eigenständig erdachten Ilbotaeryon-Sequenzen Verbesserungen zu erzielen. Des Weiteren muss das Ziel für den Schüler darin bestehen, die Techniken möglichst nahe an den Kopf des Partners heranzuführen, um so das Maß der über den Körper gewonnenen physischen und mentalen Kontrolle zu demonstrieren. Hier braucht es wiederum sehr viel Zeit und Übung, um die Techniken entsprechend ohne Abstand und zugleich mit hoher Geschwindigkeit und großer Kraft vollführen zu können.

In der Folge sollte der Schüler seine persönlich erarbeiteten Ilbotaeryon-Übungen pflegen, kultivieren und immer weiter vervollkommnen. Denn auch hier gilt: Nur das, was lange und geduldig geübt wird, erreicht ein qualitativ hohes Niveau und kann eines Tages entsprechend kompetent präsentiert werden.

2.2.1.8. Kombinationsvielfalt ohne Grenzen: Der freie Kampf mit dem Partner: Chayutaeryon

Die nächste und zugleich in Hinblick auf den Schwierigkeitsgrad der Ausführung am höchsten einzustufende Form der Partnerübung, die fest in den Unterricht integriert ist, ist der freie Kampf, Chayutaeryon.[347] Dieser stellt den Gipfelpunkt der Ausbildung des Schülers und zugleich die sowohl aus sportlicher als auch aus pädagogischer Sicht anspruchsvollste Disziplin des traditionellen Taekwon-Do dar: »Im *chayu taeryon* finden alle Erfahrungen und Kenntnisse, alle Techniken, alles erlernte Können körperlicher, gedanklicher und geistiger Natur aus dem Üben der vorhergehenden *taeryons* ihre Anwendung, Fortsetzung und Verfeinerung, ihre letzte Perfektion. Waren alle vorhergehenden *taeryons* im Prinzip starren Regeln mit graduellen Unterschieden im Sinne einer immer größer werdenden Freiheit des Übens unterworfen, so stellt der *chayu taeryon* die freie Ausübung des innerhalb dieser Regeln Gelernten dar.«[348]

Bei diesem freien Kampf werden grundsätzlich zwei Spielarten unterschieden. Die erste ist eine Form des Freikampfes, die sich direkt aus dem Ilbotaeryon ergibt. Sie erfolgt ausschließlich zu Demonstrationszwecken. Anders als im Einschrittkampf wechseln sich die Übenden nicht ab, sondern kicken gemeinsam nach Art eines freien Kampfes so schnell wie möglich. Die Kicks sollen dabei variantenreich, kraftvoll, schnell und mit sehr geringem Abstand zum Partner erfolgen. Im Idealfall werden die beiden Kämpfenden zu einer Einheit, ihre Fußtechniken gehen fließend ineinander über, ergänzen und befeuern sich gegenseitig. Der Kampf wird ohne Kontakt ausgeführt und kann in der Auswahl der Kicktechniken vollkommen frei gestaltet werden. Zu beachten ist für die Ausführenden aber, dass die Richtung der Kicks, Sprünge und Drehungen dieselbe sein sollte,

---

[347] Vgl. hierzu ebd., 33ff., Choi: Taekwon-Do, 411ff. und Kwon: Zen-Kunst, 82ff.
[348] Ebd., 82.

damit sich die Bewegungen der beiden Übenden harmonisch ineinander fügen und ein entsprechend schnelles und spektakuläres Gesamtergebnis ermöglicht wird. Die Übenden lassen die Kicks aus sich heraus fließen und spüren intuitiv den richtigen Abstand. Ein auf höchstem Niveau präsentierter Freikampf zu Demonstrationszwecken erfordert zum einen zwei Akteure, die bereits jeder für sich sehr lange trainieren und deren Einzeltechniken absolut ausgereift und kontrolliert sein müssen, damit auch der schwierigere Freikampf mit dem Partner sehr präzise und kontrolliert ausgeführt werden kann. Daneben ist es auch unerlässlich, dass die zwei Übenden regelmäßig und über einen längeren Zeitraum hinweg gemeinsam trainieren und an der Ausführung des Freikampfes feilen, damit sich optimale Harmonie und gegenseitige Ergänzung auf hohem Niveau einstellen können.

Die zweite Variante des freien Kampfes erfolgt als Kampf zwischen zwei konkurrierenden Akteuren zu Turnierzwecken. Dabei wird auch hier die Auswahl der Techniken vollkommen frei von den beiden Kämpfenden vorgenommen. Allerdings ist die Zielsetzung des Kampfes anders gelagert als bei einem Taeryon zu Vorführungszwecken. Es geht hier nicht darum, möglichst schnell und gemeinsam zu kicken, um ein harmonisches Ganzes zu erzeugen. Vielmehr steht bei dieser Art des freien Kampfes die Intention im Vordergrund, Punkte zu erzielen, um den Kampf, der in der Regel ein bis zwei Minuten dauert, für sich zu entscheiden und zu gewinnen.

Dem Gesamtkonzept des traditionellen Taekwon-Do als Kampfkunst, die ohne Kontakt erfolgt, entsprechend, wird auch in dieser Form des freien Kampfes ausschließlich kontaktlos gekämpft, auch wenn es um das Erzielen von Punkten und das Davontragen des Sieges im sportlichen Wettkampf geht. Jedem Chayutaeryon liegt ein festes Regelsystem zugrunde, das gewährleisten soll, dass keine Verletzungen davongetragen werden.[349] Punkte können entweder durch Kicks zum Kopf, die wenige Zentimeter vor dem Ziel abgestoppt werden müssen, oder durch Fauststöße, die mit leichtem Kontakt zum Solarplexus ausgeführt werden, erzielt werden. Beides gilt als Treffer. Treffer durch Kicks werden zumeist mit zwei Punkten, Treffer durch Fauststöße mit einem Punkt bewertet. Die Wertung nehmen

349 Vgl. ebd., 83f.

ein Hauptkampfrichter, der den Kampf leitet, und vier Kampfrichter, die sich in den Ecken einer ausgewiesenen Kampffläche befinden, vor.

Zum Erringen des Sieges im Kampf gibt es mehrere Möglichkeiten: Einerseits kann man einen Kampf durch technischen K.o. für sich entscheiden. Dieser tritt ein, wenn einer der beiden Kämpfer sechs Punkte erreicht hat und der andere noch keinen Punkt erzielen konnte. Andererseits besteht auch die Möglichkeit, durch Punktevorsprung nach Ablauf der Kampfzeit zu gewinnen. Hat keiner der beiden Gegner am Ende der Kampfzeit einen Punktevorsprung für sich verbuchen können, wird die Kampfzeit noch einmal um eine Minute verlängert. Wenn es auch dann noch unentschieden steht, wird die Entscheidung auf die Kampfrichter übertragen. Wer mehr Stimmen der Kampfrichter erhält, gewinnt.

Besonders zu betonen ist, dass auch bei dieser Variante des Kampfes der Respekt und die Achtung vor dem Partner und die absolute Kontrolle der eigenen Technik im Vordergrund stehen. Der Gegner muss lediglich ausgekontert und durch Schnelligkeit und Variantenreichtum überlistet, darf aber niemals getroffen oder gar ernsthaft verletzt werden. Treffer, die mit Kontakt erfolgen (mit Ausnahme des leichten Kontakts bei Fauststößen zum Bauch, der ja durch Muskulatur gut geschützt ist), werden mit Minuspunkten oder sofortiger Disqualifikation geahndet.

Die Anforderung an die Kämpfenden, Punkte zu erzielen und gleichzeitig sich selbst und die Situation zu kontrollieren, stellt für die Taekwon-Do-Übenden eine große Herausforderung dar, in Hinblick auf ihre Persönlichkeit und in Hinblick auf den sportlichen Aspekt: »Abgesehen von [...] der reinen Verteidigung, die natürlich alleine nicht ausschöpfend wäre, muss ein System möglichen Angriffs entwickelt werden. Ist der Gegner auf meine Attacke vorbereitet, so erschwert er meine Aufgabe natürlich wesentlich. Meiner Technik, meiner Bewegung muss zuerst eine genaue Übersicht der Situation und ein Kennenlernen des Gegners vorausgehen. Es muss versucht werden, an ihm Schwächen zu entdecken, die ich zu meinem Vorteil verwenden, zur Grundlage meines Planes machen kann. Der Angriff soll ja nicht blind erfolgen und seine Wirkung ein Zufallsprodukt sein, sondern ich muss in optimaler Ausnützung der jeweiligen Gegebenheiten handeln.«[350]

[350] Ebd., 84f.

In diesem Kontext muss betont werden, dass traditionelles Taekwon-Do besonders in dieser Disziplin das Arbeiten an der eigenen Persönlichkeit und Haltung maßgeblich fördert. Natürlich geht es beim freien Kampf innerhalb eines Wettkampfes darum, einen gesunden Ehrgeiz, verbunden mit einem klar ausgedrückten Willen zum Sieg, zu entwickeln. Dazu sind unermüdliches Training und Fokussierung auf den Wettkampf und die entscheidende Situation, in der Höchstleistung sozusagen auf Knopfdruck abgerufen werden muss, notwendig. Nur wer entsprechend ausdauernd trainiert hat, kann die für den Wettkampf benötigten Kompetenzen aufbringen und im Wettkampf selbst unter Beweis stellen. Und nur, wer auch seine Psyche gut geschult hat und sich durch mentale Stärke auszeichnet, vermag es in der Wettkampfsituation, an die eigene Leistungsgrenze zu gehen und die persönlich mögliche Höchstleistung zu erbringen. Gerade im Wettkampf kommt es für den Trainierenden darauf an, sich selbst und seine Emotionen und damit verbunden seinen Körper unter Kontrolle zu halten.

Dies ist vor allem dann eine Herausforderung, wenn man nach Punkten hinten liegt, der Gegner übermächtig erscheint oder man selbst Fehler gemacht hat, die man eigentlich hätte vermeiden können. Hier gilt es, Konzentration, Haltung und Selbstbeherrschung an den Tag zu legen und zu zeigen, dass man einen solchen Reifegrad im Do erreicht hat, dass man sich auch von solch widrigen Umständen nicht aus dem Gleichgewicht bringen lässt. Nur wer tatsächlich in der Lage ist, seinen Körper und seinen Geist zu beherrschen, wird dies auch in jeder Situation eines Wettkampfes, unabhängig von den Gegebenheiten, unter Beweis stellen können. Daneben gilt es, sich im Kampf auf das Gegenüber einzustellen, dessen Stärken und Schwächen zu erkennen, zu respektieren und damit konstruktiv umzugehen. Nur wer sich wirklich effektiv auf den Gegner einlassen und von sich selbst Abstand gewinnen kann, dem ist es auch möglich, Kontrolle über den Kampf insgesamt zu erlangen.

Der freie Kampf hat also neben der körperlichen eine mentale Komponente, die den Menschen als Ganzes in Anspruch nimmt und bildet: »[Der Freikampf] setzt aber außer Körperbeherrschung auch eine enorme geistige Wendigkeit voraus, die sich der Schüler in den vorhergehenden

Übungen aneignen muss.«[351] In diesem Kontext betont Kwon ausführlich: »Freilich muss ich mich auf die Qualität meiner Techniken, meine Schnelligkeit und Beweglichkeit – die übrigens ebenfalls nur durch die immer wieder gezeigte geistige Anstrengung und Steigerung erlernt werden können – verlassen können. Sie bilden mein Fundament. Doch sie allein sind nutzlos; nur die Idee, der Gedanke, der sie optimal lenkt, macht sie zum vollkommenen Instrument. Sie sind nur das Handwerkszeug des Menschen, der gelernt hat, den anderen aufgrund seines Äußeren zu durchschauen, eine Situation zu erfassen, die Übersicht nicht zu verlieren, sich nicht von Angst oder störenden Gedanken ablenken zu lassen, kurz eines Menschen, der sich selbst in der Hand hat und sich gegenüber jeder Konfrontation mit der Umwelt behaupten kann.«[352]

Zusammenfassend kann in Hinblick auf den Unterricht im freien Kampf festgehalten werden: Der Sinn des Freikampfes liegt »[...] in der Achtung vor dem Gegner. Das beginnt mit der Befolgung des disziplinierten Rahmens (Verbeugung, Kontrolle und Abstoppen der Schläge und Stöße) und setzt sich fort mit der notwendigen Beachtung des Gegners und dem Zwang, ihn kennenzulernen und zu durchschauen. Diese Beschäftigung mit ihm zeigt mir sein Wesen, seine Eigenständigkeit, sein Können. Ich muss auf ihn eingehen und mich ihm anpassen. Ich verliere meine eigene Zentriertheit und erfahre die Polarität des anderen. All das fördert mein Verständnis für den anderen, ich werde derart mit ihm vertraut, dass der Kampf mit ihm [...] menschliche ›Diskussion‹ [wird], die beide bereichert und zur gegenseitigen Annäherung führt.«[353]

2.2.1.9. Trainieren für den Ernstfall: Selbstverteidigung im traditionellen Taekwon-Do

Der Unterricht im traditionellen Taekwon-Do beinhaltet über die skizzierten Facetten hinaus noch eine weitere, in höchstem Maße praxisbezogene Komponente. Gewöhnlich wird das traditionelle Taekwon-Do

351 Son: Der Weg des Kreises, 33.
352 Kwon: Zen-Kunst, 86f.
353 Ebd., 87f.

als Kunst der waffenlosen Selbstverteidigung angesehen. Der Aspekt, Fähigkeiten zur effektiven Verteidigung der eigenen Person zu entwickeln, stößt dabei vor allem bei Laien und Einsteigern auf großes Interesse. Eine im realen Leben konkret einsetzbare Fähigkeit, sich oder auch andere zu schützen, erscheint vielen nützlich und wird deshalb ganz allgemein häufig als wichtiger Bereich des Trainings interpretiert. Das Üben von Selbstverteidigung gegen einen oder auch mehrere Gegner, gegen Angriffe durch Schläge, Klammern oder auch mit Messern und Schusswaffen ist dementsprechend natürlich ein fester Bestandteil des Unterrichts im traditionellen Taekwon-Do.

Der Trainierende wird schrittweise an die Techniken der Selbstverteidigung herangeführt. Das Ziel besteht darin, den Schüler des Do langsam und kontinuierlich auf reale Situationen, in denen Selbstverteidigung notwendig wird, vorzubereiten. Zunächst werden festgelegte Angriffe mit vorgegebenen Verteidigungsmethoden in einer sich immer wiederholenden Reihenfolge geübt. Die definierten Angriffstechniken stellen dabei solche Attacken dar, derer sich Täter mit statistisch hoher Wahrscheinlichkeit bedienen. So werden beim Übenden effektive Reaktionsmuster auf häufig vorkommende Angriffsarten ausgebildet.

Soll die Verteidigung der eigenen Person in einer realen Bedrohungssituation tatsächlich und effektiv möglich sein, muss die anzuwendende Technik zum Selbstschutz so verinnerlicht sein, dass eine Reaktion in einer Angriffssituation automatisch und ohne Nachdenken oder Zögern erfolgen kann. Nur wenn eine automatisierte Reaktion auf einen Angriff möglich ist, kann Selbstverteidigung auch dann, wenn man unter Stress steht, Angst hat und überrascht wird, mit hoher Wahrscheinlichkeit gelingen. Oberflächlich Gelerntes und nicht Verinnerlichtes wird in einer tatsächlichen Bedrohungs- und Kampfsituation nicht abrufbar sein. Um souverän, besonnen und auf angemessene Weise dem Angriff entsprechend reagieren zu können, sind stetiges Wiederholen von Selbstverteidigungstechniken und langes Training nötig.

Von Crashkursen in Selbstverteidigung ist daher, wenn man sich allein darauf verlassen will, unbedingt abzuraten. Solche Kurse können lediglich als Einstieg für ein weiteres vertiefendes Training hilfreich sein. Für sich allein betrachtet sind sie nicht effektiv, ja sie können sogar gefährlich sein, wenn der Teilnehmer etwa nach einem Kurs sich selbst und seine Fähigkeiten überschätzt.

Im traditionellen Taekwon-Do werden die festen Selbstverteidigungskombinationen daher immer wieder in das Training integriert und wiederholt, um dem Übenden ein tatsächliches Verinnerlichen der Techniken zu ermöglichen. Dabei wird des Weiteren auf Folgendes geachtet: Um eine möglichst realistische Abbildung eines Angriffsszenarios zu gewährleisten, werden die Selbstverteidigungstechniken immer, wenn es die Gruppenkonstellation zulässt, mit größeren oder stärker wirkenden Gegnern eingeübt. Dadurch soll es ermöglicht werden, die eigene Kraft und die eigenen Möglichkeiten realistisch einschätzen zu können. Daneben soll auf diese Weise ein Gewöhnungseffekt an Angriffe eines stärkeren, größeren und bedrohlich wirkenden Gegenübers erzeugt werden, um sich so besser gegen reale Angriffe zu wappnen.

Wenn der Schüler auf dem Weg des Do bereits weiter fortgeschritten ist, sich folglich einen recht großen Fundus an festgelegten Selbstverteidigungskombinationen angeeignet und diesen bereits gut austrainiert hat, kann und sollte sich das Trainieren von freieren Formen der Selbstverteidigung anschließen, ähnlich, wie beim freien Kampf der Weg vom abgesprochenen Showkampf hin zum gänzlich freien und wettkampforientierten Taeryon erfolgt. Dabei wählt der Angreifende eine von ihm selbst bestimmte Angriffsvariante aus, und der Angegriffene muss intuitiv und unmittelbar seine selbst gewählte Form der Selbstverteidigung anwenden. Bei dieser Art der Übung wird ein realer Angriff am realistischsten simuliert, da man sich vollkommen von festgelegten und abgesprochenen Attacken löst. Um sich hier schnell und effektiv verteidigen zu können, sind langes Üben, sehr viel Erfahrung und ein kompetenter Überblick über verschiedene Möglichkeiten, auf einen Angriff zu reagieren, unerlässlich. Diese Kompetenz, die sowohl eine entsprechende körperliche Stärke als auch eine mentale Konzentrations- und Fokussierungsfähigkeit umfasst, die es ermöglicht, ohne Zögern das entsprechend für die jeweilige Situation Passende und Richtige auszuwählen, bedarf intensiven und jahrelangen Trainings.

Beim Üben von Selbstverteidigung mit dem Partner gelten ähnliche Regeln wie beim freien Kampf. Achtung und Respekt vor dem Übungs-

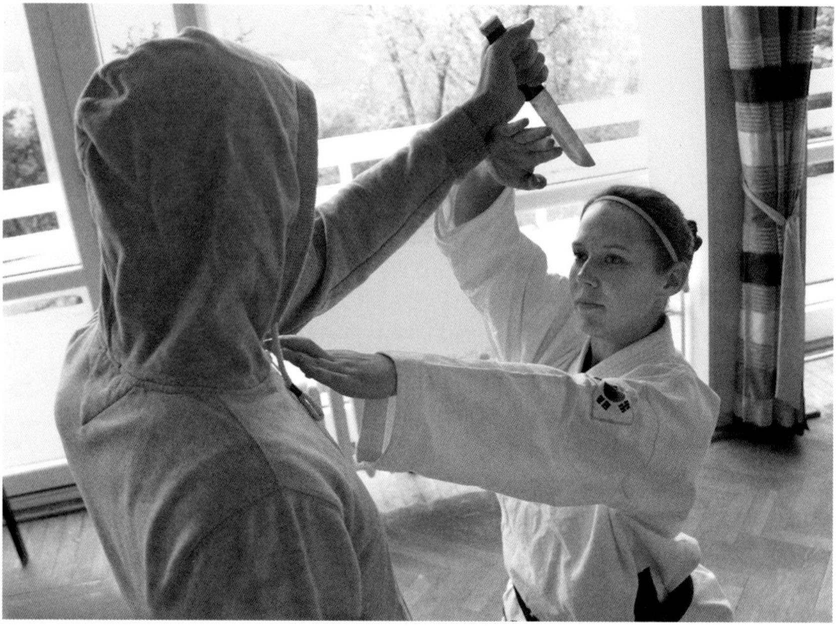

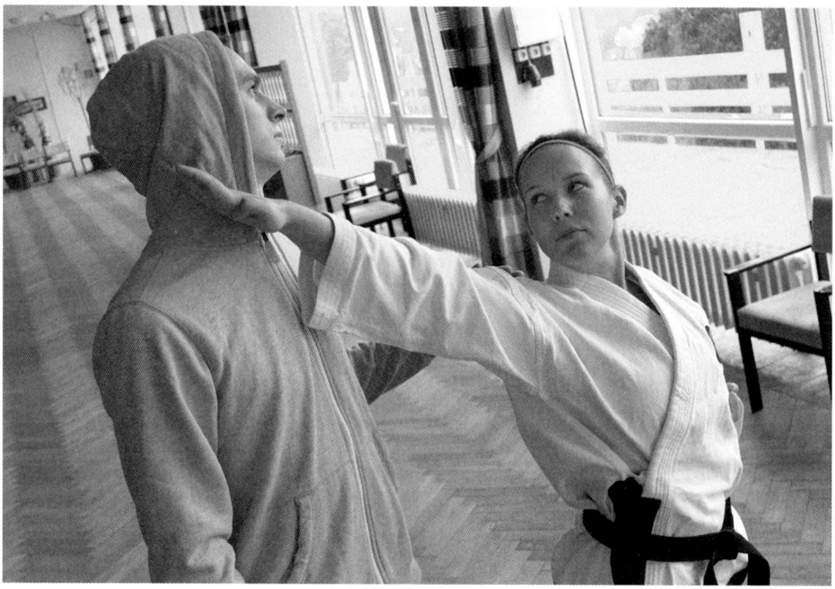

Training von Selbstverteidigungstechniken im Unterricht, Ausführende: F. Forster und A. Obermeier

partner sind in dieser Disziplin ebenso Grundsatz wie im Gesamtunterricht. Der Lehrende übernimmt das Kommando und unterbricht das Geschehen, wenn nötig. Die beiden Übenden sind gehalten, aufeinander zu achten, um sich nicht gegenseitig zu verletzen. Alle Kontertechniken sind ohne Kontakt auszuführen und müssen vor dem Körper des Partners abgestoppt werden. Dennoch steht auch hier das Ziel im Vordergrund, möglichst präzise zu agieren und den Abstand zwischen der Kontertechnik und dem zu erreichenden Ziel am Körper des Übungspartners so gering wie möglich werden zu lassen.

2.2.1.10. Rückschau: Der Unterricht im traditionellen Taekwon-Do: Aufbau, Struktur, Inhalt und Zielsetzung

Die bisherige Darstellung des Unterrichts im traditionellen Taekwon-Do hat diese Kampfkunst als genuin pädagogisches System gewürdigt und die Grundsätze des Unterrichts, seinen Aufbau sowie die einzelnen Disziplinen und die Notwendigkeit von deren Integration in das Gesamtkonzept der Lehrmethodik herausgearbeitet. Als bewusster Gegenpol zum Alltag bietet traditionelles Taekwon-Do einen besonderen Rahmen, der eine vollkommene Konzentration auf das Lernen und das Weiterentwickeln der eigenen Fähigkeiten ermöglichen soll. Als oberster Grundsatz sowie Zielsetzung dieses Rahmens ist vor allem der Respekt aller Akteure des Unterrichts voreinander hervorgehoben worden. Auf Basis gegenseitigen Respekts entfaltet sich der Unterricht im traditionellen Taekwon-Do nach Begrüßung und Aufwärmtraining, indem die unterschiedlichen Übungsformen und Disziplinen des traditionellen Taekwon-Do auf immer neue Weise kombiniert werden, so dass auch die jeweiligen Schwerpunkte im Training sich ständig wandeln. Das Training umfasst nicht nur das Feilen an Einzeltechniken und deren immer wieder variierende Kombination, sondern auch das Üben der Disziplinen Formenlauf, Freikampf und Selbstverteidigung. Das Ziel besteht darin, auf all diesen Gebieten hohe technische Kompetenz zu erlangen. Die genannten Elemente werden vom Lehrer ausgewählt und kombiniert.

Natürlich wird der Unterricht auch durch gezielte Gymnastik und umfassende Kräftigungsübungen ergänzt, um es den Übenden zu ermöglichen, geschmeidiger und stärker zu werden. Damit im Zusammenhang steht ein weiterer Grundsatz des Unterrichts im traditionellen Taekwon-Do: die Gesunderhaltung des ganzen Körpers. Das entspricht einem ganzheitlichen Grundansatz, nach dem der Schüler zunächst auf physischer Ebene umfassend gefordert und gefördert wird. Hinzu kommt eine entsprechende mentale Schulung, die Konzentration, Willenskraft, aber auch die Beherrschung der eigenen Gedanken umfasst. Traditionelles Taekwon-Do nimmt als pädagogisches System mithin den ganzen Menschen als Summe von Geist und Körper in den Blick und stellt diesen in das Zentrum des Unterrichts.

2.2.2. Die Rolle des Lehrers innerhalb des Unterrichts im traditionellen Taekwon-Do: Voraussetzungen und Ziele

»Aufgabe des Lehrers ist es […], den Unterricht dem Fortschritt des Schülers entsprechend zu gestalten.«[354]

Die bisher angestellten Überlegungen konzentrierten sich zunächst auf das traditionelle Taekwon-Do als pädagogisches System, die Rollen der Lehrperson und des bzw. der Lernenden innerhalb dieses pädagogischen Zusammenhanges wurden dabei allenfalls am Rande berührt. Diese sollen im Folgenden etwas eingehender betrachtet werden. Der Hierarchie entsprechend, die nicht anders als im Zen-Buddhismus streng eingehalten wird, wird zunächst die Rolle des Lehrers beleuchtet.

Der Unterricht ist grundsätzlich dem Techniksystem und den Disziplinen sowie der Philosophie des traditionellen Taekwon-Do verpflichtet. Er wird vom Meister bzw. Großmeister geplant und durchgeführt. Die Auswahl der Übungen, die Reihenfolge innerhalb des Unterrichts sowie die Dauer der einzelnen Sequenzen liegen in seiner Verantwortung.

Der Lehrende[355] verfolgt mit seinem Unterricht eine Fülle an Zielen. Zum einen will er den Schüler zunächst dabei unterstützen, dass er die Techniken auf bestmögliche Weise ausführt, dass er großen persönli-

---

[354] Ebd., 90.

[355] Vgl. zur Rolle des Lehrers aus buddhistischer Sicht Nydahl: Wie die Dinge sind, 91-95.

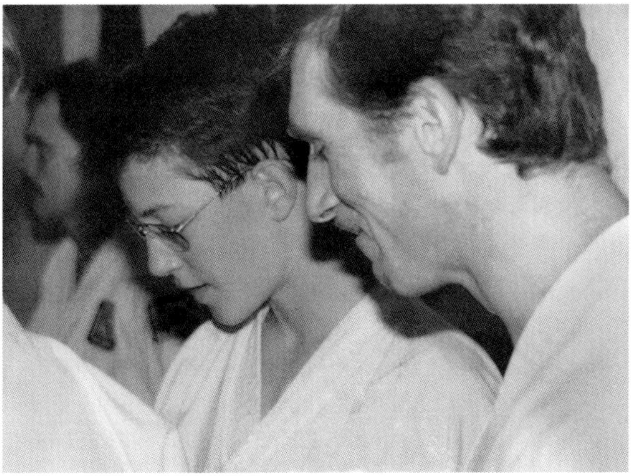

Der Autor mit seinem Lehrer, dem Großmeister W. Fehrer, im Jahr 1995

chen Einsatz und Lerneifer entwickelt. Er will ihm darüber hinaus ein Bewusstsein für das eigene Niveau vermitteln und die Erkenntnis, dass Verbesserung stetiger Auseinandersetzung mit den Techniken und geduldiger Übung bedarf. Des Weiteren verfolgt er das Ziel, dass der Schüler sich innerhalb der einzelnen Disziplinen beständig auf dem Weg des Do weiterentwickelt. Dies bedeutet beispielsweise, dass er Einzeltechniken mit größerer Kraft, mit mehr Präzision, kontrollierter bzw. Fußtechniken auch höher auszuführen vermag. Es bedeutet aber auch, dass der Schüler das Ausführen von immer komplexer werdenden Kombinationstechniken flüssiger, kraftvoller und energiegeladener bewerkstelligen kann und dass er auch ein höheres Maß an Ästhetik beim Vorführen von Hyongs erreicht. Hinzu kommt, dass der Schüler seine Kompetenz in den verschiedenen Spielarten des Taeryon und Selbstverteidigung und damit verbunden sein Technikrepertoire erweitern und seine Reaktionsschnelligkeit steigern soll. Der Lehrer trägt Sorge dafür, dass dem Schüler die Möglichkeit eröffnet wird, diese Fähigkeiten im Unterricht zu üben und zu verbessern.

Die Betrachtung der philosophischen Komponente des traditionellen Taekwon-Do lehrt außerdem: Ein Lehrer sollte auch das philosophisch motivierte Ziel verfolgen, dem Schüler das Erreichen von Satori, den Zustand geistiger Leere durch die Hingabe an die Bewegung, zu ermöglichen. Dazu muss er den Schüler beständig ermuntern, Übungen stärker, schneller und präziser auszuführen und auf Fehler bzw. Defizite des Schülers

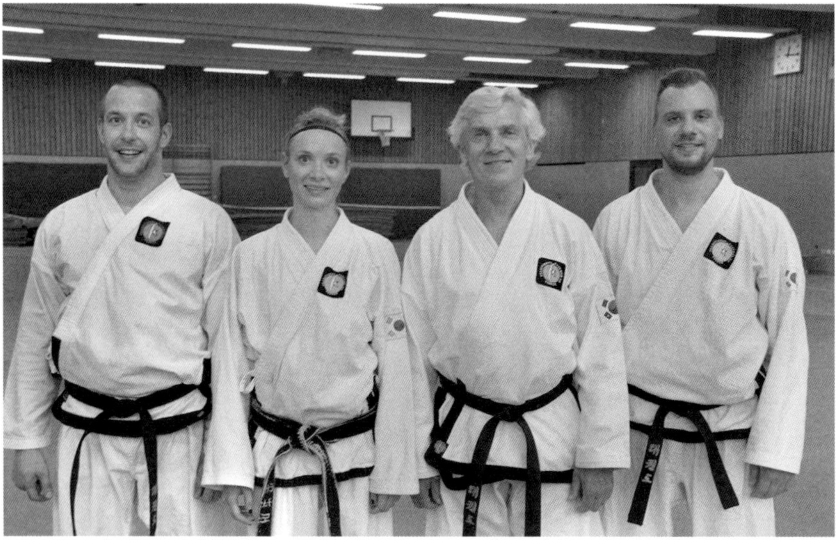

Bei der Großmeisterprüfung von J. Fehrer, M. Fehrer und dem Autor im Jahr 2018. Von links nach rechts: Christian Forster, Julia Fehrer, Großmeister Winfried Fehrer, Michael Fehrer

hinweisen, damit dieser sich rückhaltlos der unermüdlichen Übung hingeben kann, die sich letztendlich in die angestrebte Meditation in Bewegung verwandelt.

Tatsächlich muss der Lehrer nicht nur in der Lage sein, dies für einen Schüler zu erreichen, sondern er muss dies für eine ganze Gruppe von Lernenden auf dem Weg des Do vollbringen. Er hat die Aufgabe, sie alle auf dem Weg hin zu Satori, dem Zustand des vollkommenen Aufgehens in der Bewegung, zu leiten und zu begleiten. Dabei ist es unerlässlich, dass der Lehrer auch durch sein Vorbild wirkt. Dazu gehört nicht nur, dass er die Techniken in entsprechender Qualität demonstriert, sondern auch, dass er durch seinen gesamten Lebensweg die im traditionellen Taekwon-Do vermittelten Ideale, etwa des Respekts oder der gesunden Lebensführung auf Basis intensiven Trainings, zu verkörpern sucht. Nur ein Lehrer, der selbst die Techniken in an Perfektion grenzender Kompetenz beherrscht und nie müde wird, immer weiter beständig zu trainieren, kann erfolgreich den Weg des Do seiner Schüler inspirieren und auf diesem Weg als Vorbild voranschreiten. Seine Motivation, sein Trainingseifer, seine Kompetenz und Haltung wirken auf den bisweilen noch schwachen Geist des Schülers und verhelfen diesem so zu einer Selbsttransformation: »[...] Gedankenkraft geht [...] von dem Lehrer aus, der bei entsprechender Qualifikation aufgrund der geistigen Atmosphäre seine Schüler vom ersten bis zum letzten Augenblick unter Kontrolle hält. Nur dadurch, dass er sie derart ›besitzt‹ und zu Höchstleistungen antreibt, haben sie Aussicht auf schnellen Erfolg. [...] Mit seiner geistigen Kraft stützt der qualifizierte Lehrer die noch vorhandene Schwäche des Schülers und ermöglicht ihm den Fortschritt.«[356] So ebnet der Lehrer durch seine Kompetenz und Kraft dem Schüler den Weg, die eigenen Schwächen zu transformieren und sie Schritt für Schritt zu Stärke werden zu lassen. Dazu benötigt der Unterrichtende nicht nur Selbst- und Fachkompetenz, sondern auch ein gutes pädagogisches Gespür für den jeweiligen Schüler, da er den Leistungsstand diagnostizieren und passende Ratschläge und Anweisungen zur individuellen Verbesserung liefern muss.[357] Nur so wird der Schüler auch an seinen individuellen Schwächen arbeiten und sie beheben können.

2.2.3. Die Rolle des Schülers innerhalb des Unterrichts im traditionellen Taekwon-Do: Voraussetzungen und Ziele

»Der Schüler kann mit der Zeit auch eigenem Training überlassen werden [. . .].«[358]

Damit die Bemühungen des Lehrers auf fruchtbaren Boden fallen können, damit der Lernprozess des Schülers im traditionellen Taekwon-Do gelingen kann, muss auch der Schüler selbst einen Beitrag leisten: »Man darf nie des Lernens müde werden. Ein guter Schüler kann jederzeit und überall etwas lernen. Dies ist der Schlüssel zum Wissen.«[359]

Dazu gehört zunächst, dass sich der Schüler während des Unterrichts aufmerksam mit dem Lerngegenstand auseinandersetzt und den Ausführungen des Lehrers zu den Übungen sowie den Vorschlägen zur Verbesserung konzentriert folgt. Der Schüler muss sich bemühen, das vom Lehrer zur Verfügung gestellte theoretische Wissen zu durchdringen und zu

356 Kwon: Zen-Kunst, 38.
357 Vgl. ebd., 90.
358 Ebd.
359 Choi: Taekwon-Do, 239.

begreifen. Er muss motiviert sein, etwas zu lernen und bereit, sich dem Lehrer und dessen Unterricht zu öffnen und konzentriert zu widmen, das heißt, er muss lernen und verstehen *wollen*.

Damit ist allerdings nur der erste Schritt auf dem Weg des Do vollbracht. Weitaus bedeutender ist, dass der Schüler in der Folge das theoretisch Aufgenommene und Durchdrungene in die Praxis überführt und versucht, die Übungen so genau wie möglich nach den vom Lehrer vorgestellten Prinzipien auszuführen. Er muss bereit sein, konsequent daran zu arbeiten, dass die vom Lehrer angeregten Verbesserungen bei der Ausführung der eigenen Techniken auch sichtbar werden. Dies mag am Anfang nur ab und an gelingen, aber der Lehrer wird dabei die Stärken und Schwächen des zu Unterrichtenden genau im Blick haben und ihn entsprechend ermuntern und korrigieren.

Die längerfristige Zielsetzung für den Schüler besteht darin, die Korrekturen des Lehrers so zu verinnerlichen, dass die korrekte Ausführung der Techniken zur fest verankerten Gewohnheit wird. Dazu benötigt der Schüler, vor allem in Hinblick auf die eigenen Schwächen und Defizite, einen starken Willen. Nur damit kann er die vom Lehrer als Ziel angegebene Veränderung auch tatsächlich erreichen und allen Schwierigkeiten, die ihn an der optimalen Ausübung der Technik hindern, aktiv begegnen. Allgemein gilt auf Dauer: Der Schüler muss dazu bereit, willens und fähig sein, sich selbst und seinen Lernprozess zu überwachen und dabei kritisch zu analysieren, ob er sich auf dem richtigen Weg befindet, das vom Lehrer angeregte Ziel tatsächlich in der Praxis zu erreichen, das Erreichte zu sichern und in seinem Technikrepertoire dauerhaft zu bewahren.

Um die jeweilige Technik verbessern und optimieren und sie dauerhaft auf die gewünschte Weise ausführen zu können, muss der Schüler in der Lage sein, diszipliniert, ausdauernd, fleißig, geduldig und unermüdlich an sich, seiner Technik und seinen sportlichen Fähigkeiten arbeiten können. In diesem Zusammenhang wird offenbar, dass sich das bereits skizzierte überlieferte Ethos des traditionellen Taekwon-Do, das Erreichen von Anstand, Moralität, Geduld, Selbstdisziplin und Unbeugsamkeit, natürlich auch auf die pädagogische Ebene erstreckt und das Fundament dafür bildet, dass der Schüler Fortschritte im Do machen kann.

An dieser Stelle muss allerdings ein weiterer Aspekt hinzugefügt werden. Theorie und Praxis, theoretische Durchdringung des Ethos des Taekwon-Do und dessen praktische Umsetzung im Training finden nicht getrennt und isoliert statt. Theorie und Praxis ergänzen und durchdringen sich vielmehr gegenseitig und bilden so zwei Pole der Entwicklung im Do. Zu Beginn der Übung braucht es theoretische Grundlagen, um Prinzipien, Tugenden und Trainingsziele auf theoretischer Ebene kennenzulernen. Auf Basis dieses Ethos, das heißt, auf Grundlage der besagten Tugenden Anstand, Geduld, Selbstdisziplin und Unbeugsamkeit, beginnt der Schüler damit, den Weg des Do zu beschreiten. Mit anhaltendem Training, erreichten Fortschritten und der entsprechenden Weiterentwicklung der körperlichen und mentalen Leistungsfähigkeit wird der Schüler einen schärferen Blick auf die Tugenden des Ethos des Taekwon-Do erhalten. Durch das kontinuierliche Training, durch die geduldige und disziplinierte Übung an sich und seiner Technik werden sie sich ihm tiefer erschließen.

Als Folge dieser gegenseitigen Durchdringung und Wechselwirkung von Theorie und Praxis werden weitere Theoretisierung und akademische Analyse mit der Zeit in den Hintergrund rücken. Vielmehr gewinnt die Praxis an Bedeutung, deren Ausübung das theoretische Wissen mit Leben erfüllt und erweitert. Der Schüler wird sich auf dem Weg des Do mit Hindernissen konfrontiert sehen, so zum Beispiel mit alltäglichen Pflichten, Stress, Müdigkeit oder auch mit dem sogenannten »innere Schweinehund«, der ihm suggeriert, dass Untätigkeit und Müßiggang der Anstrengung vorzuziehen sind. Seine Aufgabe besteht nun darin, sich diesen Hindernissen zu stellen und sich von ihnen nicht davon abbringen zu lassen, weiterzutrainieren und weiter daran zu arbeiten, beständig die Vorschläge und Hinweise des Lehrers beim Training umzusetzen. Das heißt, er wird sich allen Schwierigkeiten zum Trotz nicht von der Weiterentwicklung im Do abhalten lassen. Dies ist freilich eine dauerhafte, lebenslange Aufgabe.

In diesem Sinne bleibt jeder Schüler des traditionellen Taekwon-Do ein lebenslang Lernender, gleichgültig, welches Niveau er bereits erreicht hat. Auch das Erreichen der vom Lehrer oder auch vom Lernenden selbst anvisierten Ziele ist nämlich nur ein Schritt auf dem Weg des Do. Ist ein Erfolg verbucht oder eine Zielsetzung praktisch umgesetzt, gilt es in der Folge, diese erreichten Fortschritte zu bewahren und die technischen und mentalen Fähigkeiten noch weiter zu verbessern bzw. das Hauptaugenmerk des eigenen Trainings nun auf andere Bereiche des Taekwon-Do zu legen.

2.2.4. Zusammenfassung

Die bisherigen Überlegungen haben gezeigt: Der Unterricht im traditionellen Taekwon-Do bietet durch Lehrer und Schüler sowie ein festgelegtes und philosophisch fundiertes Lehrsystem einen klaren pädagogischen Rahmen, bei dem sowohl Lehrer als auch Schüler bestimmte Voraussetzungen mitbringen müssen und klar definierte Ziele erreichen wollen. Zusammenfassend und resümierend kann in Hinblick auf das traditionelle Taekwon-Do als pädagogisches System und seine Zielsetzung sowie die Rollen von Lehrer und Schülern innerhalb dieses Unterrichts Folgendes festgehalten werden:

1. Der Unterricht im traditionellen Taekwon-Do will ganz bewusst einen Kontrapunkt zum alltäglichen Leben des Menschen bieten. Das spiegelt sich zunächst im Anlegen der Kleidung, des Doboks, wider. Der weiße Anzug stellt jeden Schüler des traditionellen Taekwon-Do in umfassender Weise und nach außen klar sichtbar unter die Idee des Do, lässt jeden Schüler seine ganze Energie und Konzentration auf den Unterricht fokussieren; alles andere ist von nun an ohne Bedeutung. Weder Kleidung als Ausdruck der eigenen Individualität noch irgendwelche Statussymbole oder anderweitige Facetten der Selbstdarstellung spielen noch eine Rolle. Sobald der Taekwon-Do-Anzug angelegt ist, sind allein der Unterricht, das Lernen und die Arbeit an der eigenen Leistung im Taekwon-Do die zentrale Intention und Aufgabe des Schülers.
2. Der Unterricht im traditionellen Taekwon-Do ist als Gesamtkonzept durch eine klare und feste Struktur sowie einen definierten Ordnungsrahmen gekennzeichnet und von einer klaren Zielsetzung bestimmt. Er beginnt mit einem Aufwärmprogramm, welches das Ziel verfolgt, den Körper auf das folgende intensive Techniktraining vorzubereiten und ihn für anspruchsvolle Übungen geschmeidig zu machen.

Der sich an das Aufwärmtraining anschließende Unterricht beinhaltet das Üben von Einzeltechniken und von Kombinationen dieser Einzeltechniken. Das Ziel des Unterrichts besteht hierbei darin, die Kompetenz bei der Ausführung der Techniken zu vermitteln, zu festigen und stetig zu verbessern. Pädagogisch bedeutsam ist dabei, dass der Schüler sich während des Unterrichts vor allem sehr stark konzentrieren muss, um sich einerseits die Abfolge der Kombinationen zu merken und um sich andererseits auf die vom Lehrer geforderten Verbesserungsvorschläge zu fokussieren. Darüber hinaus wird aus pädagogischer Sicht auch die Merkfähigkeit des Schülers stimuliert, er muss sowohl die jeweiligen Kombinationen als auch die Hinweise des Lehrers im Gedächtnis behalten und in der Praxis entsprechend umsetzen.

Der Struktur des Unterrichts im Taekwon-Do liegt damit eine klare Dualität zugrunde. Der Unterricht im traditionellen Taekwon-Do schult Körper und Geist, er trainiert zunächst den Körper und gerade dadurch auch die mentalen Fähigkeiten. Gefördert und gefordert werden nicht nur Konzentration und Merkfähigkeit, die gerade besonders hervorgehoben wurden, sondern auch die Bereitschaft, nicht oder noch nicht gut Beherrschtes so lange zu wiederholen, bis es schließlich dem angestrebten Ideal des Könnens entspricht. Dazu bedarf es beständiger Motiviertheit und anhaltenden Trainingseifers sowie der Eigenschaft der Unermüdlichkeit, das heißt, der Bereitschaft, unermüdlich an sich, seinen Fähigkeiten und Kompetenzen, seinem Wissen und Können zu arbeiten und diese und damit sich selbst zu verbessern. All diese Tugenden, auf denen der erfolgreiche Unterricht beruht, werden beim Trainieren von Einzeltechniken, Kombinationen sowie den festgelegten Formen des traditionellen Taekwon-Do unter der Anleitung des qualifizierten Lehrers beständig gefördert und auch immer wieder eingefordert.

3. Zur festen Struktur des Unterrichts im traditionellen Taekwon-Do gehören neben den Individualübungen Partnerübungen, die zunächst mit dem gemeinsamen Trainieren der Individualübungen beginnen und im nächsten Schritt durch den Einschrittkampf und die verschiedenen Formen des freien Kampfes fortgesetzt werden. Durch Üben mit Partnern

werden im Unterricht vor allem das Einstellen der eigenen Persönlichkeit auf ein anderes Individuum sowie das optimale Zusammenspiel der beiden Übenden trainiert.

Um dieses Zusammenwirken der beiden als Partner Trainierenden optimal zu gestalten, bedarf es der Ausprägung der Tugenden der gegenseitigen Rücksichtnahme und Achtung. Werden diese Tugenden beherzigt und von Training zu Training vom Schüler immer weiter verinnerlicht, werden Rücksicht auf, Achtung vor und auch Toleranz gegenüber dem Anderen und dessen Anderssein dem Schüler in Fleisch und Blut übergehen. Dabei ist auch zu bedenken, dass bei den Partnerübungen nicht nur Schüler gleichen Ranges, sondern auch Anfänger gemeinsam mit Fortgeschrittenen üben können und sollen. Denn auf diese Weise macht der Anfänger, auf Basis der Ratschläge des Ranghöheren, schneller Fortschritte und der auf dem Weg des Do bereits weiter Vorangeschrittene reflektiert die Ausführung der Technik durch die eigene Erklärung noch tiefer und kann sich dadurch sowohl körperlich als auch persönlich ebenfalls weiterentwickeln.

Die verschiedenen Formen der Partnerübung bieten darüber hinaus auch ihre jeweils eigenen Vorteile aus pädagogischer Sicht: Der Einschrittkampf etwa schult besonders die Kreativität des Schülers, da er die Abwehrtechniken und ihre Abfolge selbst auswählen und kombinieren muss. Daneben erfordert das Verbessern im Ilbotaeryon Geduld und Ausdauer, um den Abstand der eigenen Techniken vom Kopf des Partners zu verringern und so immer präziser in der Ausübung des Einschrittkampfes zu werden.

Der freie Kampf zu Zwecken des Wettkampfes verlangt neben der Kontrolle des eigenen Körpers, neben entsprechend guter Kondition und Ausdauer auch das Einhalten klarer Regeln und des Respekts vor dem Wettkampfgegner. Die Kontrolle der eigenen Emotionen ist dabei genauso notwendig wie die Kontrolle des Körpers. Um diese Form der körperlichen und mentalen Beherrschung des eigenen Selbst zu erreichen, muss der Schüler im Unterricht stets bereit sein, an sich selbst, seiner Persönlichkeit, seiner körperlichen Leistungsfähigkeit sowie seiner mentalen Einstellung zu arbeiten und diese entsprechend den Idealen des Do zu schulen und zu verbessern. Auch hier sind wiederum

Konzentration, Geduld, Motivation und Selbstbeherrschung notwendig, um Körper und Geist beherrschen und kontrollieren zu lernen. In diesem Kontext offenbart sich der ganzheitliche Grundansatz des Unterrichts im traditionellen Taekwon-Do sehr deutlich: Nicht nur der Körper wird geschult, sondern mittels des Trainings des Körpers wird vor allem auch der Geist geübt: in Motivation, Konzentration, Geduld, Ausdauer und Unermüdlichkeit.

Darüber hinaus ist aus pädagogischer Sicht auch das Trainieren von Selbstverteidigungstechniken nicht nur für den Körper, sondern ebenso für den Geist von besonderer Bedeutsamkeit: Die Zusammenarbeit mit versierten Partnern macht dem Schüler Fehler und Schwächen deutlich und verhilft ihm damit zu einer realistischen Einschätzung der eigenen Fähigkeiten und Möglichkeiten, jenseits von Ängstlichkeit und trügerischer, im Ernstfall gefährlicher Selbstsicherheit.

4. Dem Lehrer des traditionellen Taekwon-Do kommt im Unterricht zum einen die Rolle des Vorbildes zu. Er muss dafür Sorge tragen, dass er das Lehrsystem des traditionellen Taekwon-Do authentisch repräsentiert. Dazu sollte er aus sportlicher Sicht eine seinem Rang entsprechende Leistung bringen und diese innerhalb des Unterrichts auch demonstrieren können, um durch seine Technik und durch seine sportliche Kompetenz motivierend und inspirierend auf den Schüler einzuwirken und um dem Schüler die korrekte, kraftvolle und effektive Ausführung der Techniken auch ganz konkret vor Augen zu führen.

5. Zum anderen sollte der Lehrer aber über die sportliche Komponente hinaus auch in Hinblick auf die Philosophie und das Wertesystem des traditionellen Taekwon-Do modellhaft und als Vorbild inspirierend wirken. Dabei sollte er die im Do entscheidenden Werte von Anstand, Geduld und Selbstdisziplin sowie Unbeugsamkeit selbst verkörpern und innerhalb des Unterrichts auch immer wieder auf diese Werte verweisen sowie den Schüler ermuntern, sie auch in seinem Leben zu berücksichtigen und in die eigene Lebenspraxis zu integrieren. Es gibt keine bessere Möglichkeit, den Schüler dazu zu motivieren, als ihm das Erstrebenswerte auf authentische Weise vorzuleben.

6. Neben dem skizzierten Vorbildcharakter des Lehrenden für Technik und Haltung wurde aus den oben dargelegten Ausführungen noch eine weitere Aufgabe des Lehrers innerhalb des Unterrichts deutlich. Der Lehrer fungiert auch als Begleiter des Schülers auf dessen Weg des Do. Die Begleitung des Schülers vollzieht sich auf mehreren Ebenen.

   Eine erste Ebene betrifft die konkrete einzelne Unterrichtsstunde, in der der Lehrer den Schüler verbessert, korrigiert, ihm Ideen und Inspirationen gibt, um seine Technik, seine mentale Einstellung und seine charakterliche Haltung nachhaltig zu verbessern. In diesem Kontext ist es Aufgabe des Lehrers, die Techniken zu demonstrieren, den Schüler zu korrigieren, zu motivieren und ihm eine elementare Erfahrung des Do bis hin zur Erfahrung des Satori, der vollkommenen Versenkung in die Bewegung, zu ermöglichen.

   Daneben wird – dies kann als weitere Ebene des Wirkens des Lehrers interpretiert werden – das Leben des Schülers insgesamt durch das vom Lehrer Weitergegebene und exemplarisch Vorgelebte beeinflusst, zumal der Lehrer seine Schüler, wenn sie denn lange und fleißig trainieren, über einen sehr langen Zeitraum unterrichtet und begleitet. Die Umgangsformen des Lehrers, seine Motivation, sein Eifer, seine Einstellung zum Training, zu einer gesunden Lebensführung und zum sittlichen und vom Wertesystem des traditionellen Taekwon-Do geprägten Lebenswandel bilden dabei gleichsam das Vorbild für das Leben des Schülers.

   Auf diese Weise kann der Lehrer den Schüler zur Transformation des eigenen Selbst anregen und ihm auf dem Weg zu dieser Veränderung, die durch die Techniken und das Wertesystem des traditionellen Taekwon-Do inhaltlich umrissen ist, mit seinem Wissen, seinen Fähigkeiten und seinen Ratschlägen zur Seite stehen. Dazu bedarf es seitens des Lehrers aber nicht nur einer herausragenden Kompetenz in Hinblick auf die sportlichen Fertigkeiten und auf das Verinnerlichen und Umsetzen der Werte im eigenen Leben, sondern auch eines besonderen pädagogischen Gespürs, einer besonderen Sensibilität für den einzelnen Schüler, um diesen auf seinem ganz individuellen Weg der Ausbildung im Do optimal und seiner Persönlichkeit entsprechend fördern und unterrichten zu können.

7. Natürlich ist es dabei auch unerlässlich, dass der Schüler selbst seinen Beitrag leistet, damit die Bemühungen des Lehrers auf fruchtbaren Boden fallen und auch tatsächlich ihre Wirkung entfalten können. In jeder einzelnen Unterrichtsstunde obliegt es der Verantwortung des Schülers, aufmerksam und konzentriert dem Unterricht und den Ausführungen des Lehrers zu folgen, damit er die entscheidenden Hinweise zunächst einmal zumindest theoretisch nachvollziehen kann und zumindest eine Ahnung davon bekommt, wie eine Technik konkret ausgeführt werden bzw. wie eine Kombination aussehen sollte. Der Schüler muss sich vollkommen auf das vom Lehrer vermittelte theoretische Wissen in Hinblick auf das Ausführen bzw. Verbessern einer Technik oder auch einer mentalen bzw. charakterlichen Haltung konzentrieren, um es zu begreifen und geistig zu durchdringen.

   In einem zweiten Schritt muss es dem Schüler dann darum gehen, das theoretisch aufgenommene und geistig durchdrungene Wissen in die Praxis zu überführen. Das bezieht sich nicht nur auf die Techniken, sondern auch auf die allgemeine innere Einstellung und somit letztendlich auf die Charaktereigenschaften. Der Schüler benötigt Ausdauer und Beharrlichkeit, um die Anregungen des Lehrers umzusetzen und sie über einen längeren Zeitraum der steten Übung fest und dauerhaft zu verinnerlichen. So kann ihm, über eine lange Zeit des beständigen Trainings hinweg, schließlich die bereits angesprochene Transformation seiner Technik, seiner körperlichen Leistungsfähigkeit, seiner mentalen Fähigkeiten und seiner charakterlichen Einstellung gelingen.

8. Um die gewünschte, den technischen und ethischen Ansprüchen des Lehrsystems des traditionellen Taekwon-Do gerecht werdende Veränderung des eigenen Selbst zu erreichen, sollte der Schüler darüber hinaus Tugenden wie Kritikfähigkeit, Motivation und Ausdauer zeigen und bewahren. Denn nur wer nicht von Vornherein glaubt, etwas bereits zu wissen oder zu können, wer offen ist für Anregungen und Verbesserungen, wer dem Fachwissen und der Kompetenz des Lehrers vertraut und selbst aus sich heraus lernen und sich körperlich und mental verbessern will, vermag es, kontinuierlich auf dem Weg des Do fortzuschreiten. Das setzt auch voraus, nicht gleich aufzugeben, wenn der Lern- und

Philosophisch und praktisch fundiertes Lehrsystem

Lehrer

- Vorbild im Do
- Authentischer Repräsentant des Lehrsystems: sportliche Leistung und philosophisch begründetes Wertesystem (Moral, Anstand, Geduld, Selbstdisziplin, Unbeugsamkeit)
- Begleiter des Schülers auf dem Weg des Do über die Zeit des Unterrichts hinaus

Schüler

- Fokussierung auf den Unterricht
- Merkfähigkeit und Konzentration
- Motivation und Trainingseifer
- Geduld und Ausdauer
- Körperliche und mentale Beherrschung des Selbst
- Beharrlichkeit, die Transformation im Sinne des Do umzusetzen

Anregung zum Training und zur Selbsttransformation im Sinne des Do

Unterricht im traditionellen Taekwon-Do

- Kontrapunkt zum Alltag
- Geleitet durch die Idee des Do: Im Zentrum stehen der Unterricht, das Lernen, die Arbeit an sich selbst
- Klarer Aufbau und definierter Ordnungsrahmen: Aufwärmprogramm, Techniktraining (Einzeltechniken und Kombinationen), Individualübungen, Partnerübungen
- Duale Struktur: Training für Körper und Geist
- Ganzheitlicher Grundansatz: Training des Geistes durch das Training des Körpers in Motivation, Konzentration, Geduld, Ausdauer, Unermüdlichkeit

Übersicht 5: Das pädagogische System des traditionellen Taekwon-Do

Trainingsprozess einmal stagniert oder gar Rückschläge hingenommen werden müssen. Dies bedeutet auch, dass der Schüler bereit sein muss, sein ganzes Leben lang an sich, seiner Technik, seiner Haltung und Einstellung zu arbeiten, auch wenn diese Arbeit vielleicht »nur« bedeutet, dass ein erreichter Leistungsstand gehalten wird.

9. An dieser Stelle dürfte bereits deutlich geworden sein, dass dem Unterricht im traditionellen Taekwon-Do aus pädagogischer Sicht nicht nur eine klare, durch eine eindeutige Zielsetzung bestimmte Struktur mit festen Inhalten bezüglich der Technik und der Disziplinen zugrunde

liegt, sondern dass der Unterricht auch eine Art der mentalen Schulung, eine Art der Charakterbildung bieten muss, die wiederum – dem ganzheitlichen Grundansatz des traditionellen Taekwon-Do entsprechend – eng mit dem physischen Training in Verbindung steht. Mit der Entwicklung der körperlichen Leistungsfähigkeit sollte auch eine Reifung des Geistes und damit eine charakterliche Transformation bzw. Festigung einhergehen: »Taekwondo ermöglicht dem Schüler, seiner eigenen Möglichkeit entsprechend zu reifen.«[360] Aus diesem Grund ist die mentale und charakterliche Schulung und Unterweisung auch essentiell für den Unterricht im traditionellen Taekwon-Do.

Gegenstand und Inhalt der Schulung des Charakters des Schülers ist das Ethos des traditionellen Taekwon-Do, das im Folgenden aus pädagogischer Perspektive reflektiert werden soll.

2.3. Der Lerninhalt aus ethisch-pädagogischer Perspektive: Das Ethos des traditionellen Taekwon-Do und seine Bedeutung für jeden Schüler

»Sei geradlinig, stark und elastisch wie ein Bambus.«[361]

2.3.1. Die Tugend des Anstandes

»Das im Taekwon-Do enthaltene hohe Ausmaß an Selbstüberwindung ist die Basis für Charakterbildung und geistige Entfaltung. Die Übungen im Taekwon-Do sollen die Schüler auf den Weg zur Einheit zwischen Körper und Geist führen [...].«[362] Das Trainieren des Körpers durch traditionelles Taekwon-Do ist das Mittel, mit dessen Hilfe Geist und Charakter beim Beschreiten des Do geformt und geschult werden. Durch das anstrengende Training des ganzen Körpers im Unterricht des traditionellen Taekwon-Do wird der Geist einem intensiven Lernprozess unterzogen. Ziel dieses Lernprozesses ist es, dass die mentale Stärke des Schülers mit seiner Verbes-

360 Son: Der Weg des Kreises, 39.
361 Ebd., 113.
362 Ebd., 38.

serung auf sportlich-körperlicher Ebene ebenfalls zunimmt. Das bedeutet auch, dass zwischen dem körperlichen und dem damit einhergehenden Mentaltraining eine wechselseitige Abhängigkeit besteht, eine Wechselwirkung zwischen Körper und Geist.

Wegen dieser Interdependenz zwischen Körper und Geist ist es notwendig, dass neben der körperlichen Unterweisung ergänzend eine ethische Unterweisung erfolgt, so dass der Geist befähigt wird, ein tieferes Verständnis der Technik, der Bedeutung der Technik sowie der hinter dem Sport stehenden Philosophie und Moral zu entwickeln. Dazu sollte dem Schüler das von General Choi formulierte Ethos des traditionellen Taekwon-Do nähergebracht werden. Nur so wird es dem Schüler ermöglicht, die erwünschte Einheit von Körper und Geist zu erreichen. Es darf in diesem Zusammenhang freilich nicht der Fehler gemacht werden, die geistig-moralische Unterweisung isoliert zu betrachten. Das mentale Training steht im traditionellen Taekwon-Do immer in Verbindung mit dem körperlichen. Beide ergänzen und durchdringen sich wechselseitig. Anders formuliert bedeutet das: Das körperliche Training ist stets mentales Training, das mentale Training ist stets körperliches Training. Durch härteres körperliches Training wird zunächst der Geist stärker, mit einem stärkeren Geist wird in der Folge wiederum ein härteres körperliches Training möglich. Geist und Körper ergänzen sich und stärken einander.

Sowohl dem theoretischen Durchdringen des notwendigen Wissens als auch der praktischen Umsetzung kommt entsprechende Bedeutung zu: Für eine fundierte Unterweisung des Schülers ist es notwendig, dass er die einzelnen Komponenten des Ethos des traditionellen Taekwon-Do zunächst zumindest theoretisch kennt, so dass sein mentaler und sein körperlicher Lernprozess auf den Weg gebracht werden können. Natürlich wäre innerhalb dieses ganzheitlich angelegten Lernprozesses ein rein theoretischer Unterricht nicht zielführend, das Lernen der theoretischen Inhalte des Ethos muss vielmehr durch die Praxis des Trainings auch praktisch erlebbar, nachvollziehbar und vertieft werden, um irgendwann den Status eines Meisters erreichen zu können: »In der Meisterklasse des Schwarzgurts muss der Aktive auch die tieferen Grundprinzipien des Taekwon-Do kennen. Es genügt nicht, rein äußerlich eine Technik zu beherrschen, sondern auch das Geistig-Psychische muss Schritt gehalten haben.«[363]

Ein erstes wichtiges Grundprinzip, das jeder Schüler des traditionellen Taekwon-Do verstehen und im Laufe des Trainings verinnerlichen muss, ist die Tugend des Anstandes. Was ist nun – aus Sicht des Schülers und in Hinblick auf das, was er inhaltlich zu lernen hat – genau unter »Anstand« zu verstehen? In diesem Zusammenhang soll noch einmal an wichtige Inhalte des bereits im ersten Teil skizzierten Ethos von General Choi erinnert werden. Mit der Tugend des Anstandes[364] ist aus asiatischer Perspektive ein ganzer Bereich verbunden, der sich auf das Training selbst, aber auch auf das Leben außerhalb des Trainings bezieht. Dazu gehören innerhalb des Trainings vor allem der Respekt vor dem Ordnungsrahmen des Unterrichts, das pünktliche Erscheinen zu Unterrichtsbeginn in sauberer und angemessener Kleidung (Dobok), das Grüßen von und das Verbeugen vor dem Lehrer und den Mitübenden zu Beginn und Ende des Unterrichts sowie bei Partnerübungen, aber auch Respekt und Anstand gegenüber der lehrenden Person und den Trainingspartnern.

Konkret bedeutet das beispielsweise, dass den Anweisungen des Lehrers oder auch von höher graduierten Schülern Folge geleistet wird, ohne diese in Frage zu stellen oder zu diskutieren. Um eine falsche Interpretation zu vermeiden, muss betont werden: Hier geht es nicht um blinden Gehorsam, sondern um ein Vertrauen auf den Wissens- und Kompetenzvorsprung des Lehrers oder höher graduierter Schüler. Dieses Vertrauen erzeugt die Bereitschaft, sich von den lehrenden Personen etwas beibringen zu lassen, weil sie das zu Vermittelnde bzw. das zu Lernende besser beherrschen als man selbst und so den Weg zur Steigerung der eigenen Kompetenz ebnen.

Daneben sollte der Schüler dazu fähig werden, mit seinen Trainern und Lehrern sowie mit seinen Trainingspartnern in respektvoller Weise umzugehen. Dieser Umgang betrifft das Einhalten von Regeln des Unterrichts und auch das höfliche und zugleich zurückhaltende Kommunizieren mit den Anwesenden. Man redet z. B. nur dann, wenn man gefragt wird, und formuliert seine Antwort in angemessener und höflicher Wortwahl.

---

[363] Kwon: Zen-Kunst, 97.

[364] Vgl. zum Folgenden Riegel: Taekwondo, 76.

Die Tugend des Anstandes umfasst innerhalb des Trainings darüber hinaus auch die Einstellung gegenüber dem Lerninhalt: Den Ausführungen des Lehrers ist diszipliniert und konzentriert zu folgen, um Erklärungen nachvollziehen zu können und Praxistipps umsetzen zu lernen. Beim Üben gehört es ebenso zum Anstand, diszipliniert und konzentriert zu trainieren und dabei stets sein Bestmögliches zu geben. Jede Technik sollte auf die für den jeweiligen Schüler optimale Weise ausgeführt werden; dabei ist das Augenmerk immer auf Geschwindigkeit, Kraft und Sauberkeit zu richten, um diese Aspekte zu verbessern. Dies wird freilich gerade dann zur Herausforderung, wenn man schon sehr erschöpft ist und die Leistungsfähigkeit dementsprechend abnimmt. Gerade in einer solchen Trainingssituation wird durch das Bewahren des Anstandes in Hinblick auf den Trainingsgegenstand auch die mentale Stärke geschult: Nur wer mental stark ist, vermag den Anstand gegenüber der Übung, der ja darin besteht, sie mit möglichst großer Präzision, Kraft und Geschwindigkeit auszuführen, zu wahren, vor allem dann, wenn die körperliche Kraft durch das Training nahezu gänzlich aufgebraucht ist oder nur noch wenig Reserven vorhanden sind.

Die Tugend des Anstandes wird in erster Linie zunächst innerhalb des Unterrichts im traditionellen Taekwon-Do geschult und trainiert. Selbstverständlich wird sich das anständige Verhalten bei genauer und vorbildhafter Unterweisung durch einen entsprechend gut qualifizierten Lehrer im Folgenden nicht auf das Training beschränken: »Man bedenke, dass das Verhalten des Schülers außerhalb des Do Jang auf die Kunst selbst und auf den Lehrer zurückfällt.«[365] Im Idealfall wird der Schüler des traditionellen Taekwon-Do sich durch das im Training Gelernte inspirieren und begeistern lassen, sodass er die Kategorie »Anstand« grundsätzlich verinnerlicht, mehr und mehr in die eigenen Verhaltensweisen überführt und schließlich in sein Selbstverständnis integriert. Bezogen auf den Alltag des Schülers kann das bedeuten, dass er mit fortschreitendem Training im traditionellen Taekwon-Do auch sensibler werden wird für ein anständiges Verhalten im Leben außerhalb des Unterrichts im traditionellen Taekwon-Do. Er wird zum einen etwa auf sein Auftreten achten, auf pünktliches Erscheinen, auf angemessene Kleidung, aber auch mehr Wert legen auf eine an-

[365] Choi: Taekwon-Do, 239.

ständige und von Höflichkeit und adäquater Zurückhaltung geprägte Art der Kommunikation. Zum anderen wird er auch im Verhalten gegenüber seinen Mitmenschen die Tugend des Anstandes zunehmend in sein Alltagsleben zu integrieren suchen. Respekt im Umgang mit allen Menschen, ganz gleich welcher Herkunft, welchen Alters oder welchen Ranges sie auch sein mögen, wird leitender Grundsatz der Lebenspraxis des Schülers im traditionellen Taekwon-Do sein.

Anstand als Wert wird darüber hinaus auch für die praktischen Tätigkeiten des Taekwon-Do-Lernenden Leitlinie und Maßstab sein. Er wird sich all seinen alltäglichen, beruflichen und privaten Aufgaben und Pflichten konzentriert, motiviert, engagiert und diszipliniert widmen.

2.3.2. Die Tugend der Moralität

Die zweite von General Choi für den Geist des Taekwon-Do als konstitutiv formulierte Tugend ist die »Moralität«. Unter diesem Begriff, der seine Wurzel im Lateinischen hat, im Wort »mos«, was wörtlich übersetzt »Sitte« oder »Brauch« heißt und im Plural auch die Bedeutung von »Charakter« annehmen kann, versteht man allgemein zunächst eine moralische Haltung, also eine gewisse, einer bestimmten Moral verpflichtete Einstellung, im weiteren Sinne aber auch moralisches Empfinden und Verhalten. Der Begriff umfasst also sowohl eine eher theoretische Komponente, die sich auf die Haltung und Einstellung einer Person bezieht, als auch eine eher praktische Komponente, die Bezug auf das konkrete Verhalten und Handeln von Menschen nimmt.

Im Kontext des von General Choi formulierten Ethos des traditionellen Taekwon-Do geht es in Hinblick auf »Moralität« in erster Linie um »die Festlegung und Differenzierung dessen, was gut und schlecht ist, was gerade und moralisch korrekt ist und was schräg und unkorrekt ist.«[366] Ziel- und Endpunkt von Moralität ist nach Choi eine Haltung, die durch »eine gewisse Reinheit und Unkorrumpiertheit des Denkens und Handelns«[367] gekennzeichnet ist.

---

[366] Riegel: Taekwondo, 76.

[367] Ebd.

Was bedeutet für den Schüler des traditionellen Taekwon-Do Moralität nun aus pädagogischer Sicht? Zum einen sollte der Schüler durch den Unterricht in dieser Kampfkunst und durch das Vorbild des Lehrers eine Ahnung davon bekommen, was moralisch korrektes Verhalten bedeutet und auch davon, wie dieses moralisch korrekte Verhalten im Training und im Alltag umgesetzt werden kann.

An dieser Stelle ist es aus wissenschaftlicher Sicht geboten, auf Chancen und Grenzen des Unterrichts und des Tuns des Lehrers hinzuweisen, wenn es um das Fördern von Moralität des Schülers geht. Festzulegen und zu differenzieren, was gut und schlecht, was moralisch korrekt bzw. moralisch falsch ist, wie es weiter oben durch Choi als das Lernziel beim Schüler definiert wurde, ist natürlich sehr allgemein formuliert und dürfte in dieser Allgemeinheit das Maß dessen, was der Taekwon-Do-Unterricht zu leisten im Stande ist, ja vielleicht sogar das, was Erziehung zu leisten vermag, überschreiten. Um Moralität auf solch umfassende Weise erreichen zu können, bedarf es intensiven Strebens, aktiven, regen Interesses, tiefen Einfühlungsvermögens und besonderer Entschlusskraft.

Um zu einer realistischen Sicht auf die Möglichkeiten, die Entwicklung von Moralität beim Schüler zu fördern, zu gelangen, muss das, was man durch den Unterricht erreichen kann, klar umrissen und eingegrenzt werden. Der Unterricht im traditionellen Taekwon-Do und das Vorbild des Lehrers können meines Erachtens in erster Linie in Hinblick auf die Entwicklung eines klaren Wertebewusstseins in Bezug auf das Training selbst förderlich wirken. Dazu gehört vor allem, gesundes und diszipliniertes Training wertschätzen zu lernen und als Baustein des eigenen Lebens zu erkennen und zu achten. Natürlich sollte die theoretische Erkenntnis des Wertes eines gesunden Trainings auch in eine praktische Umsetzung dieser Erkenntnis und somit die Integration von regelmäßigem Training in den Alltag des eigenen Lebens münden.

Daneben kann auch das Bewusstsein für Wert und Würde des Trainingspartners im Speziellen und daraus folgend für Wert und Würde aller Menschen angeregt und gefördert werden. Indem der Lehrer im Unterricht alle Übenden gleich behandelt, jeden Einzelnen in seiner Individualität wahrnimmt und zu fördern sucht, wird es ermöglicht, dem Schüler einen Horizont zu eröffnen, wie Gleichbehandlung und Achtung vor der Würde jedes anderen Menschen in der Praxis des Lebens aussehen und gestaltet werden können: »Lehrer sollten ihren Schülern helfen, auch außerhalb des Do Jang gute Beziehungen zu pflegen.«[368] Ähnliches gilt für das Ausbilden und Zeigen von Respekt gegenüber den Mitübenden. Indem der Lehrer innerhalb des Unterrichts auf die Notwendigkeit von respektvollem Verhalten und Umgang mit jedem Übungspartner verweist und diese auch exemplarisch vorlebt, wird es möglich, ein solches Verhalten auch beim Schüler anzuregen. Damit wird zugleich auf eine weitere Möglichkeit verwiesen, das Ausprägen der Tugend der Moralität beim Schüler des traditionellen Taekwon-Do zu unterstützen.

Neben dem Ausbilden einer konkreten Vorstellung, eines konkreten Wissens um das, was Moralität in Hinblick auf traditionelles Taekwon-Do bedeuten kann, sollte dem Schüler im Unterricht und durch das Verhalten des Lehrers auch ein Weg geebnet werden, diese Vorstellung bzw. Wissen in das eigene Verhalten zu überführen. Dazu ist es nötig, dass der Schüler durch den Lehrer zu respektvollem und höflichem Gebaren angehalten und dass ein solches Verhalten immer wieder eingefordert wird. Dabei muss es etwa darum gehen, respektvolles und höfliches Begrüßen und Verabschieden einzuüben, auf das respektvolle und höfliche Antworten und die respektvolle und höfliche Erklärung gegenüber dem Übungspartner zu achten. Der Lehrer wirkt hierbei fördernd, korrigierend und anregend. Er gibt den Rahmen dessen, was Respekt und Höflichkeit bedeuten, klar vor.

Darüber hinaus wird durch das festgelegte technische System des traditionellen Taekwon-Do dem Schüler auch ein klarer Maßstab für die Beurteilung von einer guten und einer schlechten Ausführung der jeweiligen Technik an die Hand gegeben. Die gute, saubere und korrekte sowie kraftvolle und schnelle Ausübung eines Kicks, eines Schlages oder eines Blocks wird vom Lehrer selbst demonstriert, auf wichtige Aspekte der Ausführung wird hingewiesen und der Schüler wird vom Lehrer bei der Übung der jeweiligen Technik korrigiert und erhält Tipps und Ratschläge zur individuellen Verbesserung seiner Ausführung der Technik. Gute Ausführung, aber auch Fehler und Mängel werden sofort vom Lehrer angesprochen und verbessert, verbunden mit Hinweisen für das weitere Üben.

[368] Choi: Taekwon-Do, 239.

Auf diese Weise gewinnt der Schüler eine klare Vorstellung davon, was gut und schlecht mit Blick auf das Training und die Ausführung der Taekwon-Do-Techniken bedeutet. So lernt er zum einen, sich selbst und andere in der Leistungsfähigkeit realistisch zu beurteilen. Zum anderen wird ihm bewusst, dass für das Erreichen eines gewissen, objektiv zu beurteilenden Leistungsstandes harte Arbeit, große Motivation und respektvolles Einhalten dessen, was der Lehrer als Hinweis und Ratschlag formuliert, notwendig sind. Auf diese Weise lernt er, Leistung realistisch und ohne egoistische oder selbstverliebte Tendenzen objektiv zu schätzen und einzuschätzen, und so erweitert sich zugleich auch sein Bewusstsein von Moralität, das den Wert des Trainings, das Ausbilden und Schulen von Respekt und Höflichkeit umfasst.

2.3.3. Die Tugend der Geduld

Das von General Choi geprägte und maßgeblich formulierte Ethos des traditionellen Taekwon-Do nennt als dritte Tugend, die der Schüler des traditionellen Taekwon-Do anstreben und verinnerlichen sollte, die Geduld. Damit sind »bildlich das Ertragen, das Erdulden von Verletzung, Schmerz, Anstrengung«[369] sowie »das Aushalten, die Ausdauer«[370] gemeint.

Innerhalb des Trainings muss der Schüler des traditionellen Taekwon-Do dieser Tugend gemäß lernen, Herausforderungen bis hin zu Schmerzen, die die anstrengende körperliche Schulung des traditionellen Taekwon-Do mit sich bringt, geduldig zu ertragen.[371] Auch wenn das intensive körperliche Training den Übenden an die Grenzen dessen, was er glaubt, ertragen zu können, bringt, soll es im Laufe des Trainings, mit zunehmender Erfahrung auf dem Weg des Do, möglich werden, mit Hilfe der Tugend der Geduld die vermeintlichen körperlichen Grenzen zu verschieben und Fortschritte in Hinblick auf das Ertragen von Anstrengung und Schmerzen zu erzielen. Dies verlangt natürlich wiederum wachsende Geduld auf mentaler Ebene. Folglich geht es, der bereits erläuterten dualen Struktur

---

[369] Riegel: Taekwondo, 77.
[370] Ebd.
[371] Vgl. ebd.

des traditionellen Taekwon-Do entsprechend, im Training – neben dem physischen Geduldigerwerden beim Üben und Aushalten von körperlicher Anstrengung – auch darum, den Geist geduldiger werden zu lassen. Das kann beispielsweise konkret bedeuten, dass der Schüler lernen muss, auch »eventuell[e] Schikane«[372] auszuhalten und dieser geduldig zu trotzen, um die eigene mentale Stärke zu verbessern und nicht nur körperlich, sondern auch geistig zu wachsen, zu reifen und widerstandsfähiger zu werden.

Die genannten Aspekte, vor allem das Ertragen von körperlichem Schmerz infolge großer Anstrengung und möglicher als schikanierend empfundener Äußerungen der Lehrperson, können aus westlicher und besonders aus moderner pädagogischer Sicht zunächst etwas sonderbar, vielleicht sogar fragwürdig erscheinen. Für den oberflächlichen Betrachter könnte dies sogar Ausdruck einer sogenannten »schwarzen« Pädagogik sein. Schmerzen beim anstrengenden Training oder gar Schikane geduldig zu ertragen wirkt antiquiert, martialisch und angsteinflößend. Aus moderner pädagogischer Sicht ist auf den ersten Blick nicht recht einzusehen, warum dies erstrebenswert sein sollte, zumal man Lernen und Sport treiben gewöhnlich eher mit Spaß und Freude als mit deren Gegenteil verbindet.

Allerdings wurde bereits bei der Betrachtung zentraler Aspekte der buddhistischen Lehre und des buddhistischen Weges zum Glück[373] darauf hingewiesen, dass innerhalb des asiatischen Denkens gerade das Überwinden von Leid und damit auch von Schmerz und Schikane durch mentale Leistung eine zentrale Kategorie darstellt. Nur wer Leid zu beenden im Stande ist, kann aus buddhistischer Sicht Glück erlangen. In der buddhistischen Lehre ist es möglich, das Leid durch Meditation zu beenden, durch das Ausprägen geistiger Stärke, durch das Erreichen einer Haltung, die allen Widrigkeiten entgegenzustehen und zu trotzen vermag. Eine solche Haltung erreicht man nur durch beständige und geduldige Übung. Es wäre eine Illusion, davon auszugehen, dass ein Training, das einen Weg, Leid zu überwinden, eröffnen und ermöglichen soll, ohne die Erfahrung des Leidens selbst auskommen könnte.

---

[372] Ebd.

[373] Siehe dazu S. 92ff.

Die Erfahrung von Schmerz oder Schikane auf körperlicher und mentaler Ebene dient dazu, den Übenden abzuhärten, ihn zu stärken, ihn widerstandsfähiger gegen leidvolle Erfahrungen zu machen und ihm so letztlich den Weg aus dem Leiden, hin zum Glück und hin zur Erfahrung von Satori, der geistigen Leere hier auf Erden, zu ebnen. Das Ertragen von Leid und Schmerz, körperlich wie mental, wird in dieser Perspektive die Bedingung für die Möglichkeit, Leiden zu überwinden und so zu tieferer Einsicht, größerer mentaler Stärke und Widerstandsfähigkeit gegen Urteile von außen und dadurch letztendlich zum Glück aus buddhistischer Sicht zu gelangen. Dieser Zusammenhang kann mit folgenden Überlegungen Jack Kornfields vertieft werden: »Im tibetischen Buddhismus lernen alle Anfänger eine Praxis, die man ›Schwierigkeiten in den Pfad verwandeln‹ nennt. Das bedeutet, dass wir bewusst all unser Leiden, die schmerzhaften Probleme unseres Lebens, die Kämpfe in uns und um uns als Grundlage verwenden, um unsere Geduld und unser Mitgefühl zu kultivieren, um größere Freiheit zu entwickeln [...]. Sehr oft enthalten gerade diejenigen Situationen, die uns mit unseren größten Schwierigkeiten und Begrenzungen konfrontieren, die beste Inspiration für unseren Mut.«[374]

Neben dieser philosophischen Interpretation der Tugend der Geduld und ihrer geistigen Verortung innerhalb des buddhistischen Denkens hat Geduld aus pädagogischer Sicht sehr konkrete Auswirkungen auf die Entwicklung des Schülers. Dadurch dass von jedem Schüler des traditionellen Taekwon-Do innerhalb des Unterrichts erwartet wird, dass er geduldig und beständig sein Bestes gibt sowie geduldig und beständig an der Verbesserung der Ausführung der Übungen arbeitet, wird der Schüler daran gewöhnt, grundsätzlich bei der Arbeit an einer einzigen Tätigkeit geduldig zu bleiben und seine Aufmerksamkeit beständig darauf zu fokussieren. Vor allem auch durch das Trainieren komplexerer Formen wird sich sein Konzentrationsvermögen erhöhen und durch die unentwegten Wiederholungen der Übungen seine Ausdauer.

Anfangs wird der Schüler möglicherweise noch nicht dazu in der Lage sein, sich geduldig in eine Aufgabe zu »verbeißen« – das gilt für das Training wie auch für den Alltag –, aber er wird es lernen, wenn er die Anwei-

---

[374] Kornfield: Frag den Buddha, 102.

sungen des Lehrers im Unterricht des traditionellen Taekwon-Do befolgt, und dies natürlich auch deswegen, weil er den Lehrer mit seiner Vorbildwirkung und auch erfahrenere und fortgeschrittenere Schüler wahrnimmt, also mit Menschen trainiert, die die Tugend der Geduld bereits verinnerlicht haben und diese beständig im Unterricht unter Beweis stellen. Wird der Schüler auf diese Weise im Unterricht zur Geduld ermuntert und sieht er entsprechende Vorbilder, so steigt die Wahrscheinlichkeit, dass er beim Üben im Unterricht des traditionellen Taekwon-Do auch selbst geduldiger wird und in der Folge ebenso bei alltäglichen schulischen, beruflichen oder privaten Aufgaben eine grundsätzlich geduldigere Haltung einzunehmen vermag.[375] Das gilt natürlich auch, wenn er sich mit schwierigeren Aufgaben konfrontiert sieht. Ein im traditionellen Taekwon-Do geschulter Schüler wird nicht so schnell aufgeben, weil seine Geduld am Ende ist.

Der Schüler des traditionellen Taekwon-Do steht im Unterricht vor der Herausforderung, konsequent an seiner Geduld beim Ausführen der Übungen zu arbeiten, vor allem, was das Umsetzen der Verbesserungsvorschläge des Lehrers angeht. Und dies natürlich am besten in jeder Trainingseinheit. Es obliegt ihm selbst, innere Widerstände gegen das Weiteüben oder etwaigen Unmut, weil etwas nicht so gelingen will, wie er es sich vorgestellt hat, in den Griff zu bekommen und dagegen anzugehen. Auch muss er lernen, konstruktiv und energisch mit Rückschlägen umzugehen, bis hin zu Schmerzen und Schikanen. Geduldiges Verhalten wird so gleichsam durch geduldiges Verhalten gesteigert. Den Weg dazu muss der Schüler selbst in disziplinierter Weise beschreiten.

Der Lehrer ist auf diesem Weg der Begleiter, der natürlich gerade da, wo der Schüler seinem eigenen »inneren Schweinehund« nachzugeben, unwillig zu werden oder gar aufzugeben droht, motivierend und helfend zur Seite stehen wird. Dass die Unterstützung, die der Lehrer dem jeweiligen

[375] Nur durch Geduld kann der Weg des Do langfristig gelingen. Vgl. dazu ebd., 83: »Damit sich unsere Praxis […] vertiefen kann, müssen wir einen methodischen Weg wählen, um unsere Aufmerksamkeit systematisch weiterzuentwickeln und uns ganz auf sie einzulassen. Andernfalls treiben wir dahin wie ein Boot ohne Ruder. Zur Entwicklung der Konzentration brauchen wir eine Praxis, und dann müssen wir uns diesem Pfad innerlich verpflichten und ihm beharrlich folgen, mit der Bereitschaft, Tag für Tag mit unserer Praxis zu arbeiten, was auch immer geschehen möge. Das fällt den meisten Menschen nicht leicht. […] Doch welche Kunst wurde jemals schnell erlernt?«

Schüler angedeihen lässt, speziell an diesen angepasst sein muss, bleibt die große Herausforderung für den qualifizierten Lehrer, dem es wichtig ist, seine Schüler individuell auf ihrem jeweils eigenen Weg des Do zu begleiten und zu fördern.

2.3.4. Die Tugend der Selbstdisziplin

Der Schüler wird auf dem Weg des Do immer geduldiger bei der Verbesserung und Optimierung seiner Techniken und damit seiner körperlichen und mentalen Fähigkeiten. Zugleich wächst seine Kompetenz in Hinblick auf die bereits skizzierten Tugenden Anstand, Moral und Geduld. Dies zeigt sich zunehmend in seinem Verhalten innerhalb und außerhalb des Unterrichts im traditionellen Taekwon-Do. Im Idealfall ist das damit verbunden, dass er zunehmend weniger Anleitung und Begleitung durch den Lehrer benötigt; der fortgeschrittene Schüler vermag es im Laufe der Zeit in immer selbständiger werdender Art und Weise, selbst Verantwortung für sein Training, die Ausführung seiner Techniken und das Verbessern der eigenen Schwächen, aber natürlich vor allem auch für die langfristige Gesunderhaltung des eigenen Körpers zu übernehmen.

Der Schüler wird auf seinem Weg des Do – motiviert und initiiert durch den qualifizierten Lehrer – aufgrund großer Erfahrung im eigenen Training in höherem Maße dazu befähigt, aus sich heraus Disziplin zu zeigen und somit diszipliniert an sich selbst, an der eigenen körperlichen und mentalen Leistungsfähigkeit zu arbeiten. Kurz gesagt, er entwickelt mehr und mehr die Tugend der Selbstdisziplin, die letztlich der Schlüssel für jeden Erfolg im eigenen Training ist. Denn: »Ein Training kann nur erfolgreich sein, wenn jeder Teilnehmer Selbstdisziplin übt.«[376]

Bei der Tugend der Selbstdisziplin geht es im traditionellen Taekwon-Do um »die Kontrolle des Selbst bis hin zur Unterdrückung desselben, um Etikette und Moralität gerecht zu werden. Es bezeichnet die Selbsterziehung, die Erziehung, die nicht von außen kommt, sondern von innen.«[377]

---

[376] Son: Der Weg des Kreises, 30.

[377] Riegel: Taekwondo, 77.

Diese Aussage zeigt zum einen, dass das Ausprägen von Anstand und Moral, mithin der beiden Tugenden, die im Ethos von General Choi als am Anfang vom Schüler zu lernende festgesetzt wurden, nur der erste Schritt auf dem Weg des Do ist, um sozusagen in geordneter Weise in die Welt des traditionellen Taekwon-Do einzutauchen. Indem der Schüler diesen ersten Schritt auf dem Weg des Do in die Praxis umsetzt, beginnt die Entwicklung der körperlichen und mentalen Fähigkeiten und die Transformation des eigenen Selbst.

Der nächste Schritt auf dem Weg des Do, den der Schüler des traditionellen Taekwon-Do als Entwicklungsaufgabe zu bewältigen hat, besteht darin, Geduld zu lernen. Dies bezieht sich zunächst auf das Training, in der Folge aber auch auf die vielfältigen Situationen und Herausforderungen des Alltags. Die Tugend der Geduld versetzt den Schüler in die Lage, immer disziplinierter seine Techniken und Kombinationen zu üben, aber auch seine schulischen, beruflichen oder alltäglichen Aufgaben immer disziplinierter zu erfüllen und die eigene Leistungsfähigkeit und auch Effektivität beim Bewältigen von gestellten Aufgaben zu steigern.

Ist die Geduld beim Schüler in sehr hohem Maße ausgeprägt und ist er im Stande, diese stets kontrolliert zur Anwendung zu bringen und sie in der Praxis des eigenen Lebens durch seine Willenskraft beliebig abzurufen, ist die nächste Ebene der Aneignung von Tugend im traditionellen Taekwon-Do gelungen: Der Schüler zeigt von sich aus Disziplin, ist aus sich selbst heraus motiviert, diszipliniert und bereit zu lernen: »Ein Schüler muss immer lernwillig sein und bereit sein, Fragen zu stellen.«[378]

Der Gipfel dieser Selbstdisziplin ist erreicht, wenn der Schüler in jeder Situation, und mag diese auch körperlich oder mental noch so schwierig, anstrengend oder unangenehm sein, die Kontrolle über das eigene Selbst behalten und bewahren kann. Dazu ist es freilich unerlässlich, dass der Schüler zunächst einmal im Training lernt, Verantwortung für seine Art zu trainieren und gegenüber anderen aufzutreten zu übernehmen. Auf diesem Weg wirkt wiederum das Vorbild des Lehrers motivierend und der Lehrer selbst korrigierend, unterstützend und, wenn Fortschritte ausbleiben, auch ermahnend. Das Ziel ist echte Selbstdisziplin, die aus dem Schüler selbst

[378] Choi: Taekwon-Do, 239.

kommt, aus sich heraus motiviert ist, und im Unterricht des traditionellen Taekwon-Do wie auch im Alltag beständig an den Tag gelegt und aufs Neue unter Beweis gestellt wird.

2.3.5. Die Tugend der Unbeugsamkeit

Hat der Schüler des traditionellen Taekwon-Do den Weg des Do so lange beschritten, dass er erfolgreich die Tugend der Selbstdisziplin verinnerlicht und in die eigenen Verhaltensweisen, in das eigene Selbst, integriert hat, so sind natürlich auch innerhalb der Ausprägung der Tugend der Selbstdisziplin noch weitere Abstufungen denkbar. Selbst wenn man beginnt, im Training und beim Erfüllen der eigenen alltäglichen Aufgaben und Herausforderungen selbstdisziplinierter zu werden und dabei auch stetig Verbesserungen erzielt, wird es auf dem Weg des Do auch Rückschläge geben, es wird bessere Tage und Trainingseinheiten, aber auch schlechtere geben. Ist jedoch die Selbstdisziplin in höchster Vollendung ausgeprägt, so dass keine äußere Einwirkung mehr sie beeinflusst oder gar beeinträchtigt, hat der Schüler des traditionellen Taekwon-Do die letzte Tugend des Ethos von General Choi Hong Hi erlangt, die Unbeugsamkeit.

Unbeugsamkeit kann zunächst metaphorisch verstanden werden: »Es ist eine bildliche Umschreibung für den Wind, der auf schwere Hindernisse trifft, aber nicht eingefangen werden kann. Die Metapher des Windes steht für den unbeugsamen Willen trotz größter Hindernisse, die auch Demütigungen psychisch wie physisch mit einschließen [...]. Hier zeigt Choi, was er selbst von ›seinem‹ Taekwondo erwartet: Effektivität sowie körperliche und geistige Widerstandskraft.«[379] Das bedeutet für den Schüler, dass die Tugend der Unbeugsamkeit gleichsam der Kulminationspunkt all seinen Übens, all seines Trainings und all seiner Mühe ist: Über den Weg, den Do von Anstand, Moral und Geduld, die zu zeigen er in jedem Training des traditionellen Taekwon-Do vom Lehrer angehalten wird, kann er zu Selbstdisziplin und schließlich zur Selbstdisziplin in perfekter und reiner Form – der Unbeugsamkeit –, zu einem unbeugsamen Körper und einem unbeugsamen Geist, gelangen.

---

[379] Riegel: Taekwondo, 77f.

Die fünf Tugenden des Geistes des Taekwon-Do nach General Choi stellen insgesamt eine Art Abbild des Do dar, des Weges des Schülers, den er durch sein Training beschreitet und der sich auch im Alltag in Form grundlegender Verhaltensweisen widerspiegelt. Dieser Weg verläuft in Abschnitten, er wird schrittweise durch beständige Übungs- und Trainingspraxis verwirklicht: »Von oben nach unten gelesen bedeutet der Kodex [*das Ethos von General Choi, d. Verf.*] Folgendes: An oberster Stelle stehen die vier Kardinaltugenden [*Anstand, Moral, Geduld, Selbstdisziplin, d. Verf.*], die auch Außenwirkung besitzen. Voraussetzung für diese ist die strenge Individualerziehung, die Kasteiung des Selbst. Alle zusammen sind Schule und Voraussetzung für das höchste Gut des Taekwon-Do: den unbeugsamen Willen.«[380]

2.3.6. Rückschau und Zusammenfassung: Das Ethos des traditionellen Taekwon-Do aus pädagogisch-praktischer Sicht

»Wenn die innere Kraft des Menschen stark ist, kann jede Arbeit mit überschäumender Energie bewältigt werden.«[381]

Die Unterweisung und Schulung des die Kunst des traditionellen Taekwon-Do Lernenden im Geist, im Ethos des Taekwon-Do, wie es General Choi formuliert hat, erfolgt im Unterricht auf zwei Ebenen. Zum einen werden die Tugenden und ihre Bedeutung theoretisch vermittelt, damit der Schüler des traditionellen Taekwon-Do eine erste Ahnung bekommt, worum es beim Geist des Taekwon-Do geht, was als Ethos, als Kodex der Gegenstand des Lernens ist. Doch theoretische Erörterung allein ist nicht ausreichend; reine Theorie bleibt äußerlich und oberflächlich. Die Tugenden müssen also zum anderen erlebt und in der Praxis des Unterrichts wahrnehmbar werden, so dass im Laufe der Zeit ihre tiefere Bedeutung erfasst wird. Nur so wird der Schüler sie verinnerlichen und sie in die Praxis des eigenen Trainings und Alltags integrieren können.

---

[380] Ebd., 78.

[381] Son: Der Weg des Kreises, 29.

Die Unterweisung im Geist des Taekwon-Do und die damit einhergehende Vertiefung des theoretisch Erlernten in der konkreten Trainingserfahrung schult den Geist des Schülers. So wird es ihm ermöglicht, die weiter oben skizzierte Zielsetzung des traditionellen Taekwon-Do zu erreichen und immer mehr zur Einheit von Körper und Geist zu gelangen. Die Unterweisung im und die Auseinandersetzung des Schülers mit den Tugenden des Ethos des traditionellen Taekwon-Do werden sich insgesamt auf das Verhalten im Unterricht und im alltäglichen Leben auswirken.

Bezogen auf die Tugend des Anstands bedeutet dies, dass der Schüler zunächst ein anständiges Verhalten in Hinblick auf den im Taekwon-Do geforderten Ordnungsrahmen, aber auch gegenüber dem Lehrer und seinen mitübenden Trainingspartnern zeigen wird. Darüber hinaus wird der Schüler Anstand und Respekt auch gegenüber dem Wert des eigenen Trainings entwickeln, das heißt, er wird lernen, die Unterweisung des Körpers und des Geistes wertzuschätzen. Im Alltag wird sich die Tugend des Anstandes etwa in Pünktlichkeit, angemessener Kleidung und Kommunikation sowie dem Erweisen von Respekt gegenüber allen Mitmenschen ausdrücken.

Eng verbunden mit der Tugend des Anstandes ist die Tugend der Moralität. Sie gilt allgemein als Einstellung, die sich durch eine gewisse Reinheit und Unbestechlichkeit des Denkens und Handelns auszeichnet. Aufgrund des allgemeinen und weit gefassten Charakters dieser Tugend ist es notwendig, sie in Hinblick auf das im traditionellen Taekwon-Do Vermittel- und Umsetzbare einzugrenzen. Realistisch betrachtet ist es dem Lehrenden möglich, durch den Unterricht im traditionellen Taekwon-Do ein klares Wertebewusstsein in Bezug auf Training selbst zu vermitteln.

In diesem Zusammenhang geht es darum, dem Schüler den Wert des körperlichen und mentalen Trainings zu vermitteln und ihn dabei anzuleiten, auf gesunde und disziplinierte Weise zu trainieren und sein moralisches Verhalten im Training auch auf sein Verhalten im Alltag zu übertragen. Ebenfalls ist es möglich, dass der Schüler im Rahmen des Unterrichts im traditionellen Taekwon-Do für den Wert und die Würde eines jeden Übungspartners sensibilisiert wird; auf diese Weise wird er dazu angeregt, sich in allen Lebenslagen respektvoll gegenüber anderen zu verhalten. Eine dritte Möglichkeit, die Tugend der Moralität im Unterricht des traditionellen Taekwon-Do zu fördern, besteht darin, dem Schüler einen klaren Maßstab für die Beurteilung gut bzw. schlecht ausgeführter Technik und Übung zu vermitteln und ihm auf diese Weise eine klare Richtlinie für die Einschätzung, Beurteilung und Bewertung der eigenen sowie fremder Leistung an die Hand zu geben.

Die dritte Tugend, die den Geist des traditionellen Taekwon-Do prägt, Geduld, bezieht sich im Taekwon-Do allgemein auf das Ertragen von Anstrengung im Training, aber auch von Verletzungen und von Schmerzen körperlicher oder auch mentaler Natur. Aus philosophischer Sicht steckt hinter dem Begriff »Geduld« die Intention, durch das Training im traditionellen Taekwon-Do insgesamt, körperlich und geistig, geduldiger und widerstandsfähiger zu werden und so durch das Training zu wachsen und zu reifen. Aus buddhistischer Perspektive bedeutet das: Es erfolgt eine ganz konkrete Auseinandersetzung mit Leid allgemein, und auf diese Weise, durch das Training und das damit verbundene geduldige Ertragen von körperlichem und mentalem Leid, wird die Möglichkeit geschaffen, Leid zu überwinden und damit Glück erlangen. Auch soll durch das Trainieren von Geduld im Unterricht des traditionellen Taekwon-Do die Fähigkeit verbessert werden, sich geduldig den Herausforderungen des schulischen, beruflichen und privaten Alltags zu stellen und diese zu meistern, auch wenn es große Anstrengung kostet.

Durch das Schulen von Geduld im Training, in dem immer wieder gefordert wird, sich mit ganzer Aufmerksamkeit und Anstrengung der Übung und Verbesserung der eigenen Technik zu widmen, werden darüber hinaus auch allgemein die Konzentrationsfähigkeit und die Fähigkeit, sich auf eine Aufgabe zu fokussieren, gefördert.

Indem sich der Schüler mit den besagten Tugenden Anstand, Moralität und Geduld auseinandersetzt und sie befolgt und in der Praxis des eigenen Trainings und Lebens daran arbeitet, kann schließlich die vierte Tugend des Ethos von General Choi erreicht werden, die Selbstdisziplin. Allgemein bedeutet Selbstdisziplin, dass der Übende in der Lage ist, sein Selbst, also seine eigene Person mit ihren Gedanken und Handlungen, in disziplinierter Art und Weise unter Kontrolle zu halten und bewusst zu steuern. Die Steuerung des eigenen Handelns und der eigenen Gedanken kommt dabei aus dem Inneren des Schülers, erfolgt mithin aus eigenem

Antrieb, aus intrinsischer Motivation heraus. Diese Tugend ermöglicht es dem Schüler, beständig zunehmend Verantwortung für sein eigenes Lernen und seine eigene Weiterentwicklung zu übernehmen. Disziplin und Motivation zu lernen sowie zu üben muss folglich nicht mehr von außen angetragen und überprüft werden, sondern erwächst nun allein aus dem Willen und der Einsicht des Schülers selbst.

Die Verinnerlichung der Tugenden des Geistes des traditionellen Taekwon-Do mündet folglich in eine Geisteshaltung, die sich durch Motivation, die dem eigenen Selbst entspringt, auszeichnet. Erreicht die Motivation des Schülers eine Prägung, die sich nicht mehr löschen lässt, durch welchen äußeren Einfluss oder Druck auch immer, und übernimmt der Geist des Trainierenden schließlich diese Haltung, tritt die letzte Tugend des Ethos des traditionellen Taekwon-Do im Schüler, die Unbeugsamkeit, ins Spiel. Der Geist des Übenden befindet sich dann auf einer Entwicklungsstufe, die nicht mehr von außen beeinträchtigt werden kann, sondern allein der Kontrolle des Trainierenden selbst unterliegt.

Aus buddhistischer Perspektive wird es durch die Schulung des Charakters mittels des Ethos des traditionellen Taekwon-Do ermöglicht, dass der Schüler sich ganz auf das Training einlassen und fokussieren kann, dass er sich in die Meditation in Bewegung versenken kann; denn nur wenn er sich sittlich einwandfrei verhalten kann, kann er auch beginnen, seinen Geist zu kontrollieren: »Unerlässliche Voraussetzung für jede Meditation, die den Namen verdient, ist ein angemessenes sittliches Verhalten [...], durch das die Gefühle und Gedanken überhaupt erst geordnet und in der Meditation kontrollierbar werden.«[382] Gleichzeitig besteht zwischen der charakterlichen Schulung und der praktischen Übung im Taekwon-Do eine wechselseitige Interdependenz, die sittliche Unterweisung bedarf des praktischen Trainierens und umgekehrt, um zu voller Blüte zu reifen: »So bedingen rechtes Handeln [...] und Meditation [...] einander. Eins setzt das andere voraus und verstärkt es. Fehlt die Meditation, wird das Handeln trotz guter Vorsätze bald egozentrisch [...]. Fehlt das Handeln, wird die Meditation selbstbezogen, ich-haft und kraftlos.«[383]

---

[382] Von Brück: Einführung in den Buddhismus, 25.
[383] Ebd., 26.

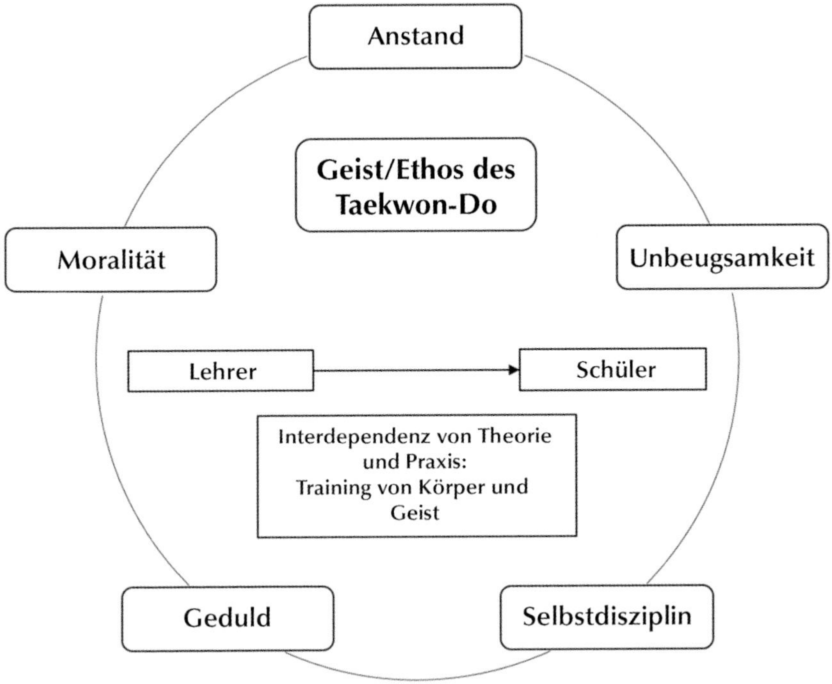

Übersicht 6: Das Ethos des traditionellen Taekwon-Do aus pädagogischer Sicht

Diese zusammenfassenden Überlegungen zeigen noch einmal deutlich: Das Ethos, der Geist des traditionellen Taekwon-Do weist eine klare und sich stetig fortentwickelnde und aufbauende innere Struktur auf: Der Schüler erzielt Fortschritte im Geist des Taekwon-Do, indem das Ethos zunächst von außen an ihn herangetragen, dann im Folgenden immer wieder erinnert, trainiert, vertieft und korrigiert wird, bis es schließlich vollkommen verinnerlicht ist. Es nimmt nun aus dem eigenen Antrieb des Schülers heraus in seinem Trainieren, seinem Handeln, seinem Auftreten und letztendlich in seinem Charakter Gestalt an: »Das im Taekwondo enthaltene hohe Ausmaß an Selbstüberwindung ist die Basis für Charakterbildung und geistige Entfaltung. Die Übungen im Taekwondo sollen die Schüler auf den Weg zur Einheit zwischen Körper und Geist führen, zum harmonischen Verhältnis zwischen Selbst und Universum – zum Ursprung.«[384]

[384] Son: Der Weg des Kreises, 38f.

2.4. Der Lehrer des traditionellen Taekwon-Do

2.4.1. Der Lehrende des traditionellen Taekwon-Do als Vorbild oder Modell

> *»Taekwon-Do ist nicht nur Sport, sondern auch Lebensweise. Dieser Lebensweise liegt [...] eine bestimmte Haltung zu Grunde.«*[385]

2.4.1.1. Hinführung

Ein Schüler des traditionellen Taekwon-Do kann den Weg des Do nur mit Hilfe eines kompetenten, qualifizierten und authentischen Lehrers beschreiten, der seinen Weg des Lernens initiiert und begleitet. Damit der Lehrende jedoch den Weg des Schülers auf kompetente, qualifizierte und authentische Weise initiieren und begleiten kann, muss er zuerst selbst die notwendige Lehrkompetenz, das heißt Sach-, Fach- und Selbstkompetenz sowie soziale Kompetenz, erworben haben. Nur so kann er sowohl der Sache, also dem System des traditionellen Taekwon-Do und dessen theoretischen und praktischen Komponenten, als auch dem zu Unterrichtenden gerecht werden. Denn Lehrkompetenz bedeutet, dass eine Lehrperson sowohl dem Unterrichtsgegenstand als auch den Schülern gegenüber kompetent ist.

Ein Lehrer, der traditionelles Taekwon-Do systematisch vermitteln und Schüler über einen längeren Zeitraum begleiten will, muss selbst den Weg des Do beschreiten. Das bedeutet, dass er durch den Unterricht im traditionellen Taekwon-Do bei seinem eigenen Lehrer zunächst Sachkompetenz in Hinblick auf theoretisches Wissen, aber auch in Hinblick auf die Ausführung der grundlegenden Techniken und innerhalb der einzelnen Disziplinen des Taekwon-Do entwickeln muss. Die Sachkompetenz sollte dabei zunächst das theoretische Wissen um das System des traditionellen Taekwon-Do, seine Grundtechniken und Disziplinen, aber auch um das Ethos und die tiefere Bedeutung des Taekwon-Do als Form der Meditation aus buddhistischer Sicht umfassen. Daneben muss mit dem theoretischen

[385] Son: Classic Taekwondo Alive, 17.

Wissen auch die praktische Kompetenz in der Ausführung der Techniken und der Disziplinen durch die Praxis des Trainings erworben und gepflegt werden. Denn nur das, was der Lehrende auf vollkommene Weise selbst beherrscht, kann auch kompetent weitergegeben werden.

Um sich diese Art von Fachkompetenz anzueignen und sie zu bewahren, ist regelmäßiges hartes Training wichtig, ja sogar unbedingt notwendig. Die weiter oben beschriebene Haltung eines Trainierenden, der aus sich heraus motiviert ist und aus eigenem Antrieb danach strebt, immer und immer wieder zu üben und den eigenen Körper zu schulen, ist die notwendige Voraussetzung, um als Lehrer des traditionellen Taekwon-Do glaubwürdig zu sein und erfolgreich arbeiten zu können. Nur eine Haltung, die selbst praktiziert und vorgelebt wird, wird den Schüler begeistern, seinen Ehrgeiz und Trainingswillen entfachen und das entfachte Feuer der Motivation am lodern halten.

Die erworbene und für das Unterrichten im traditionellen Taekwon-Do wichtige Sach- und Fachkompetenz geht dabei notwendigerweise mit einer Art Selbstkompetenz einher, die es dem Lehrer möglich macht, sich selbst, sein Training und seinen Unterricht zu reflektieren, zu optimieren und über sehr lange Zeit zu pflegen. Die Selbstkompetenz trotzt dabei allen Widrigkeiten, überwindet Hindernisse und vor allem den »inneren Schweinehund«, mit dem jeder Mensch von Zeit zu Zeit konfrontiert ist. Sie ermöglicht es dem Lehrenden, sich selbst ganz der Sache, seinem Training und der Vermittlung des Taekwon-Do zu widmen.

Diese Überlegungen zeigen: »Ein Lehrer muss seinen Schülern immer ein Vorbild sein«,[386] an dem er sich orientieren kann und will. Von solch einer Persönlichkeit wird er sich bereitwillig leiten und auf dem Weg des Do voranbringen lassen, immer mit dem Wissen und dem Gefühl, dass die Sach-, Fach- und Selbstkompetenz des Lehrers in hohem Grade ausgeprägt ist und den eigenen Wissens- und Kenntnisstand um ein Vielfaches übersteigt.

Der Lehrer fungiert also als Modell, als Vorbild, in Haltung, theoretischem und praktischem Wissen um das Ethos, den Geist des Taekwon-Do, seine Techniken und Disziplinen. Aus diesem Grund sollen an dieser Stelle

[386] Choi: Taekwon-Do, 239.

die Prinzipien des sogenannten Beobachtungs- oder Modelllernens[387] dargestellt werden, um die Rolle des Lehrenden als solche aus pädagogischer Perspektive vertiefend reflektieren zu können.

2.4.1.2. Prinzipien des sogenannten Modelllernens

Das Beobachtungs- oder Modelllernen ist in der Pädagogik ein seit längerem bekanntes Konzept, das in seiner Grundkonzeption auf Albert Bandura zurückgeht und größere Verbreitung fand.[388] Dem Beobachtungs- oder Modelllernen liegt folgende Überzeugung zugrunde: »Menschen und Tiere lernen nicht nur dann, wenn sie selbst handeln [...], sondern auch, wenn sie Handlungen anderer beobachten.«[389] Durch diese Art von Lernen hat der Lernende konkrete Vorteile in Hinblick auf seinen Lernprozess: »Dieses *Lernen am Modell* oder auch *Beobachtungslernen* ist ein mächtiger Lernmechanismus, der es uns erlaubt, unser Verhalten besser anzupassen, ohne selbst Fehler zu machen oder ohne lange probieren zu müssen, welches Verhalten in einer Situation erfolgreich ist.«[390] Durch Modelllernen können »[e]infache Verhaltensweisen«,[391] wie etwa gewisse vorgegebene Bewegungen der Gliedmaßen oder auch Bewegungen des Gesichts gelernt werden.[392] Man spricht hier vom Lernen mittels »einfachen Imitationen«.[393]

Solche Nachahmungen sind die Grundlage dafür, »intentionales Handeln anderer Personen zu verstehen«:[394] »Zunächst lernen Kinder die Beziehung zwischen ihren eigenen mentalen Zuständen, Motiven und Zielen und ihrem Verhalten. Dann können sie aus dem Verhalten anderer

[387] Vgl. dazu und zu den folgenden Gedanken Kiesling, A./Koch, I.: Lernen – Grundlagen der Lernpsychologie, Wiesbaden, 2012, 73 ff. sowie Mielke, R.: Psychologie des Lernens – Eine Einführung, Stuttgart, 2001, 67ff.

[388] Vgl. etwa Bandura, A.: Sozial-kognitive Lerntheorie, Stuttgart, 1979.

[389] Kiesling/Koch: Lernen, 73. Vgl. Mielke, R.: Psychologie, 67: »Beobachtungslernen wird von Bandura [...] als allgemeiner Prozess des aktiven Informationserwerbs verstanden, der überall stattfindet, wo andere Personen beobachtet (gesehen, gehört) werden, real oder symbolisch [...].«

[390] Kiesling/Koch: Lernen, 73.

[391] Ebd.

[392] Vgl. ebd., 73ff.

[393] Ebd., 74.

[394] Ebd.

schließen, welche mentalen Zustände diesem Verhalten zugrunde liegen, unter der Annahme, dass Personen, die sich so wie sie verhalten, auch dieselben mentalen Zustände haben.«[395] Daneben ist es auch möglich zu lernen, komplexere Handlungen zu imitieren und in der Folge darauf zurückzugreifen.[396]

Bandura hat maßgebliche Studien zum Thema Lernen initiiert und ausgewertet. Dabei hat sich bereits bald nach Beginn seiner Arbeit gezeigt, dass das Nachahmen von komplexem Verhalten einen Lernprozess darstellt: »Eine frühe Studie zum Beobachtungslernen von Bandura (1965) lässt vermuten, dass Imitation von komplexeren Verhaltensweisen im zeitlich längeren Rahmen nicht automatisch stattfindet, sondern gelernt wird. Diese Form des Lernens wird oft als *Beobachtungslernen, sozial-kognitives Lernen* oder auch *Lernen am Modell* bezeichnet.«[397]

In der besagten Studie von Bandura wurde Kindern mit Hilfe eines Films ein Modell aggressiven Verhaltens durch einen Erwachsenen vorgeführt, das am Ende des Films entweder gelobt, getadelt oder gar nicht bewertet wurde.[398] Als Ergebnis zeigte sich: »Kinder ahmten aggressive Verhaltensweisen häufiger nach, wenn das Modell belohnt wurde oder keine Konsequenzen erfuhr, als wenn das Modell für das aggressive Verhalten bestraft wurde, wobei sich Jungen generell häufiger aggressiv verhielten als Mädchen.«[399]

Eine zweite Versuchsreihe wurde so konzipiert, dass »die Kinder belohnt wurden, wenn sie das aggressive Verhalten des Modells nachahmten.«[400] Diese offenbarte, dass das vom Modell gezeigte aggressive Verhalten »unabhängig von der Filmversion etwa gleich häufig«[401] nachgeahmt wurde.[402] Gleichzeitig verringerte sich die Differenz unter den Geschlechtern beim Zeigen der Aggression.[403] Das heißt: »Alle Kinder haben die aggressiven

---

[395] Ebd.
[396] Vgl. ebd., 75.
[397] Ebd.
[398] Vgl. ebd.
[399] Ebd.
[400] Ebd.
[401] Ebd., 75f.
[402] Vgl. ebd.
[403] Vgl. ebd., 76.

Verhaltensweisen des Modells gelernt, sie wenden diese aber nur dann an, wenn sie glauben, dass diese Verhaltensweisen verstärkt werden bzw. erleben, dass sie erfolgreich sind.«[404]

Diese Versuche veranlassten Bandura, die Ergebnisse mit Hilfe einer Theorie zu erläutern.[405] Diese Theorie wird »oft als *sozial-kognitive Lerntheorie* bezeichnet«.[406] »Bandura postulierte vier Faktoren, die terminieren, ob ein Beobachter das Verhalten eines Anderen imitieren wird: (1) Aufmerksamkeit, (2) Gedächtnis, (3) motorische Reproduktionsfähigkeit und (4) Motivation.«[407]

Das bedeutet, dass die beobachtende Person sich einem nachzuahmenden Verhalten in einem ersten Schritt aufmerksam zuwenden muss, um es dauerhaft im Gedächtnis behalten zu können.[408] Dabei wird es dem Beobachter leichter gemacht, seine Aufmerksamkeit auf das beobachtete Verhalten zu richten, wenn das Beobachtete sich durch bestimmte Eigenschaften auszeichnet, »wie beispielsweise Auffälligkeit, Komplexität oder Neuigkeit. Wird das Verhalten zusätzlich durch Verbalisierung begleitet, erleichtert dies die Aufmerksamkeitsauslenkung auf Merkmale des Verhaltens.«[409]

Daneben wird die Aufmerksamkeit des Beobachters auch durch Merkmale seiner eigenen Persönlichkeit, »wie etwa Verfügbarkeit von kognitiver Verarbeitungskapazität oder Lernmotivation«[410], aber auch durch Merkmale der Person, die das Verhalten vormacht, beeinflusst.[411] »Ist das Modell dem Lerner beispielsweise in Bezug auf Alter und Geschlecht ähnlich, dann erhöht dies die Wahrscheinlichkeit, das Modellverhalten zu beachten. Ebenso werden Personen mit vermutetem hohen Status eher beachtet als solche mit niedrigem Status, so dass das Verhalten ersterer wahrscheinlicher imitiert wird.«[412]

---

[404] Ebd.

[405] Vgl. ebd. Zum Folgenden vgl. ebd., 76ff.

[406] Ebd., 76. Vgl. auch ebd.

[407] Ebd., Vgl. auch Mielke: Psychologie, 67f.

[408] Vgl. Kiesling/Koch: Lernen, 76. Vgl. auch Mielke: Psychologie, 67: »Der Beobachter muss die zu modellierenden Merkmale des Modells aufmerksam wahrnehmen [...].«

[409] Kiesling/Koch: Lernen, 76.

[410] Ebd., 76f.

[411] Vgl. ebd.

[412] Ebd., 77.

Damit das am Modell beobachtete Verhalten auch tatsächlich reproduziert wird, muss sich der Beobachter das Beobachtete einprägen: »Für die Reproduktion des beobachteten Verhaltens sind *Gedächtnisprozesse* selbstverständlicherweise wichtig.«[413] Bandura kam zu dem Ergebnis, dass beobachtetes Verhalten besser erinnert wird, »wenn die Erinnerung durch sprachliche Repräsentationen unterstützt wird«.[414, 415] Eine begleitende Erläuterung gezeigten Verhaltens wirkt sich folglich förderlich auf die Nachahmung des Verhaltens aus.

Einschränkend muss in diesem Kontext bemerkt werden, dass Beobachtetes von den Nachahmern in der Regel nicht sehr detailliert imitiert wird: »Gelerntes Imitationsverhalten ist deshalb keine exakte, detailgetreue Abbildung der beobachteten Handlung, sondern eher die Anwendung von abstrakten, instrumentellen Handlungsplänen, die durch Beobachtung erschlossen wurden.«[416] Man spricht in diesem Zusammenhang auch von »abstrahierendem Modelllernen«.[417] Das bedeutet: »Es werden […] allgemeine *Regeln* (oder Prinzipien, die dem Modellverhalten zugrunde liegen) über situationsangemessenes Verhalten und die zu erwartenden Konsequenzen gebildet und mit Begriffen belegt (symbolisch repräsentiert).«[418]

Es kann also durch im Lernenden ablaufende kognitive Prozesse zu einem neuen Verhalten kommen, das das beobachtete Verhalten transzendiert: »Das abstrahierende Modelllernen stellt eine weitere Form des Beobachtungslernens dar, die dadurch gekennzeichnet ist, dass es zu neuen, über das Modellverhalten hinausgehenden Verhaltensweisen bei der Beobachtungsperson kommt.«[419]

Neben der Kompetenz, sich Beobachtetes einzuprägen, ist darüber hinaus noch die Fähigkeit, ein Verhalten auch in motorischer Hinsicht umsetzen und verwirklichen zu können von nicht geringer Bedeutung

413 Ebd., vgl. auch Mielke: Psychologie, 67.
414 Kiesling/Koch: 77.
415 Vgl. ebd.
416 Ebd.
417 Vgl. Mielke: Psychologie, 69f.
418 Ebd., 69.
419 Ebd.

für das Lernen am Modell:[420] »Die Imitation von Verhalten erfordert zusätzlich, dass die *motorischen Prozesse* des Verhaltens reproduziert werden können. Hier sind dem Beobachter zuweilen enge Grenzen gesetzt. [...] Die Fähigkeit zur motorischen Reproduktion erfordert [...], dass der Lerner über die entsprechenden motorischen Fertigkeiten verfügt, die notwendig sind, um die beobachteten Verhaltensweisen durchzuführen.«[421]

Schließlich ist aus Sicht Banduras zu konstatieren, dass der Lernende das am Modell beobachtete Verhalten nicht notwendigerweise von sich aus nachahmen muss: »Das beobachtete Verhalten wird [...] nicht automatisch imitiert, sondern nur dann, wenn eine entsprechende *Motivation* vorliegt, dieses Verhalten durchzuführen.«[422]

Bandura ist der Ansicht, dass Motivation durch Konditionierung, vor allem durch Verstärkung, erzeugt wird: »Die Imitation des Modells kann dabei auf drei verschiedene Arten verstärkt werden. Erstens kann zunächst das Imitationsverhalten selbst verstärkt werden. Beispielsweise loben Erwachsene Kinder, die sich ähnlich wie sie selbst verhalten. Zweitens können die Konsequenzen des imitierten Verhaltens verstärkend wirken. Ein Kind, das Sprechverhalten imitiert und ›Bonbon‹ sagt, wird oft unmittelbar durch entsprechende Süßigkeiten verstärkt [...]. Und drittens kann sogenannte *stellvertretende Verstärkung* (oder auch stellvertretende Bestrafung) Einfluss auf das Imitationsverhalten haben [...]. Wird das Modell für das Verhalten belohnt oder bestraft, steigt oder sinkt dadurch die unmittelbare Häufigkeit der Imitation. Wichtig ist jedoch, dass Verstärkung für neues Lernen nicht erforderlich ist, sondern dass lediglich die Performanz (also das Imitationsverhalten) von der Verstärkungserwartung abhängt.«[423]

Der Lernende, der am Modell gelernt hat, vermag schließlich sein Verhalten in der Folge selbst zu steuern.[424] Zunächst beobachtet der Aus-

---

420 Vgl. Kiesling/Koch: Lernen, 77.

421 Ebd., vgl. auch Mielke: Psychologie, 67: »Soll das Verhalten ausgeführt werden können, muss [der Beobachter] über die notwendigen Fertigkeiten und Fähigkeiten verfügen sowie in bestimmten Situationen zur Ausführung motiviert sein.«

422 Kiesling/Koch: Lernen, 77.

423 Ebd., 77f.

424 Vgl. Mielke: Psychologie, 70f.

führende eines Verhaltens sein eigenes Verhalten, um es gegebenenfalls noch zu modifizieren.[425] Dieses Beobachten »dient der Feststellung des Ist-Zustandes, von dem ausgehend eine Veränderung in Angriff genommen werden kann. Die Veränderung des Verhaltens kann hinsichtlich unterschiedlicher Merkmale angestrebt werden. Entsprechend wird man auf diese Merkmale seine Aufmerksamkeit richten.«[426] Die Beurteilung des eigenen Verhaltens richtet sich zum einen nach der persönlichen Einschätzung, kann sich auf der anderen Seite aber auch auf Bewertungen und Urteile der Umwelt beziehen.[427] Außerdem legt der Imitator eines beobachteten Verhaltens auch Konsequenzen für sich fest[428]: »Dies sind in der Regel selbstfestgelegte Verhaltensfolgen.«[429] Auf diese Weise kann das Verhalten des Lernenden zunehmend selbstbestimmter werden.[430]

Zusammenfassend kann zur Theorie Banduras festgehalten werden: »Beobachtungslernen kann nach Bandura auf drei verschieden[e] Arten Ausdruck im Verhalten finden. Erstens wird neues Verhalten durch Beobachtung gelernt. Zweitens findet durch Beobachtung eine Hemmung oder Enthemmung von Verhalten statt, wenn ein Modell für ähnliches Verhalten belohnt oder bestraft wird. Und drittens bewirkt die Beobachtung von Verhalten die Bahnung von ähnlichem Verhalten, das heißt das Beobachten des Modellverhaltens ist ein Auslöser dafür, dass ähnliches (nicht dasselbe) Verhalten gezeigt wird.«[431]

Welche Konsequenzen ergeben sich nun aus der Theorie Banduras für die Rolle des Lehrenden als Modell, als Vorbild im Unterricht des traditionellen Taekwon-Do?

---

425 Vgl. ebd., 70.
426 Ebd., 70f.
427 Vgl. ebd., 71.
428 Vgl. ebd.
429 Ebd.
430 Vgl. ebd.
431 Kiesling/ Koch: Lernen, 78.

2.4.1.3. Lernen am Modell des Lehrers innerhalb des Unterrichts im traditionellen Taekwon-Do

»Den jeweiligen Meistergrad sollte man an der Leistung des Einzelnen erkennen.«[432]

Reflektiert man die Theorie Banduras in Hinblick auf ihr Potential für den Unterricht im traditionellen Taekwon-Do, so ergeben sich mehrere bedenkenswerte Aspekte. Ein erster wichtiger Punkt besteht darin, dass der Lehrer sich bewusst sein muss, dass er als Modell sowohl für die Ausführung der Taekwon-Do-Techniken als auch für das Trainingsverhalten sowie ganz grundsätzlich für die Haltung in Hinblick auf das Ethos des traditionellen Taekwon-Do fungiert. Dieser Tatsache muss er stets gewahr bleiben; es ist unerlässlich, sie sich immer wieder vor Augen zu führen: »Werde nie des Lehrens müde. Ein guter Lehrer muss jederzeit und überall unterrichten können und immer bereit sein, Fragen zu beantworten.«[433]

Konkret sollte der Lehrer im Unterricht sowohl einfache Grundtechniken als auch komplexere Übungsformen modellhaft demonstrieren. Dabei ist darauf zu achten, dass das Gezeigte im Blick auf Schnelligkeit, Sauberkeit, Präzision und Kraft der Technik einer optimalen Version der jeweiligen Technik nahekommt und auf das jeweils beim Schüler Fehlende, etwa Geschwindigkeit, Höhe des Kicks oder Kraft bei der Ausführung, klar aufmerksam macht. Genau das, was sich bei der Ausführung einer Technik durch den Schüler als Schwäche offenbart hat, muss durch den Lehrer in besserer Version demonstriert werden.

Eine bedeutsame Beobachtung bei der Auseinandersetzung mit dem Konzept des Modelllernens bestand darin, dass Verhalten besonders dann erfolgreich nachgeahmt wird, wenn der Beobachtete ein ähnliches Alter und/oder Geschlecht aufweist wie der Beobachtende und wenn der Beobachtete ein hohes Ansehen beim Beobachter oder der ganzen Lerngruppe genießt; daraus ergibt sich als Folge für den Unterricht im traditionellen Taekwon-Do: Nicht nur der Lehrer selbst sollte im Unterricht des traditionellen Taekwon-Do als Modell dienen, auch Schüler, die eine Übung be-

[432] Son: Der Weg des Kreises, 32.
[433] Choi: Taekwon-Do, 239.

sonders gut ausgeführt haben, können diese auf Anweisung des Lehrenden noch einmal demonstrieren.

Damit wird eine doppelte Zielsetzung verfolgt: Zum einen soll klar und für alle anderen Schüler verständlich auf das hingewiesen werden, was an der von einem einzelnen Schüler noch einmal demonstrierten Ausführung der Technik besonders gut ist. Dadurch wird das Beobachtete auch verbal unterstützt. Zum anderen wird auch beabsichtigt, durch den Hinweis auf eine besonders gelungene Ausführung einer Technik durch einen bestimmten Trainierenden die anderen Schüler zu motivieren und ihren Ehrgeiz zu wecken. Die saubere, korrekte, kraftvolle und spektakuläre Ausübung einer Technik oder Sequenz sollte vom Lehrenden, wie erwähnt, kommentiert werden, um auf diese Weise ein Feedback zu ermöglichen und Verbesserungen beim Schüler anzuregen. Bei besonders herausragender Leistung kann vom Lehrer auch das Spenden von Applaus für das Gezeigte angeregt werden. Dies wird den Schüler mit Stolz erfüllen und auf diese Weise belohnend und verstärkend wirken. Der Lernende sollte also, wenn dies möglich ist, positiv unterstützt werden. Auf diese Weise kann er lernen und immer wieder erleben, dass seine Leistung nach außen wirkt, er kann so die Wirksamkeit seines eigenen Selbst erfahren. Ähnliches gilt für die Wirksamkeit der Veränderung des eigenen Körpers, die sich durch das intensive Training einstellt. Dass der Schüler selbst wahrnimmt, wie sich seine körperliche Leistungsfähigkeit verbessert, kann sich verstärkend auf das Verinnerlichen einer positiven Trainingseinstellung und eines optimalen Trainingsverhaltens auswirken.

Darüber hinaus ist es für das Gelingen des Lernens am Modell im traditionellen Taekwon-Do von großer Bedeutung, dass der Lehrer im Unterricht eine Atmosphäre herstellt, in der der Schüler seine Aufmerksamkeit zielgerichtet auf das Modell des Lehrers oder eines anderen Schülers richten kann. Nur wenn die Aufmerksamkeit des Schülers in optimaler Weise auf das Wesentliche gelenkt wird, kann Modelllernen in Gang kommen. Vorteilhaft ist es in diesem Kontext auch, wenn der Lehrer durch klare sowie leicht verständliche Anweisungen und Erklärungen die Aufmerksamkeit des Schülers bewusst auf das lenkt, worauf es entscheidend ankommt, und verbal die zielgerichtete Fokussierung der Aufmerksamkeit unterstützt. Dies wird vor allem Schülern, die erst am Anfang des Weges im traditionellen Taekwon-Do stehen, und Schülern, denen Konzentration generell und damit auch die Ausrichtung der Aufmerksamkeit auf ein zu beobachtendes Geschehen schwerfällt, entgegenkommen und ihren Lernprozess maßgeblich unterstützen und fördern.

Das immer wieder neue Ausrichten der Aufmerksamkeit des Schülers kann darüber hinaus auch durch den Unterrichtsgegenstand und Inhalt selbst angeregt und gefördert werden. Bietet der Unterricht stets ein gewisses Maß an ungewohnten oder neuen und komplexen, mithin keineswegs stupiden Technikabfolgen zur Übung an, wird der Schüler immer wieder durch den Unterrichtsinhalt selbst aufgefordert, seine Aufmerksamkeit auf Neues und Komplexes zu richten. Der Geist des Schülers und seine Konzentrationsfähigkeit werden in jedem Training erneut herausgefordert, da der beobachtete Lerngegenstand, das heißt die noch nicht bekannte oder ungewohnte oder komplexe Kombination es erforderlich macht, dass die Aufmerksamkeit darauf zielgerichtet fokussiert wird. Auch hier gilt wieder, was sich bereits im Zusammenhang des Vorführens einer Technik durch den Lehrer oder einen eine Übung gut ausführenden Schüler als hilfreich erwiesen hat: Der Lernprozess wird unterstützt, wenn der Lehrende grundsätzlich die wichtigsten Hinweise für das optimale Ausführen einer Technik oder Techniksequenz verbal erläutert.

Um die Aufmerksamkeit des Schülers für die zu erlernenden Techniken zu fördern, sind auch der Status des Lehrenden und seine Person von großer Bedeutung. Der Lehrer muss durch seine Persönlichkeit, sein Wissen und durch seine sportlichen Fähigkeiten wirken. Das heißt, er muss die Techniken hervorragend ausführen können und das Ethos des Taekwon-Do verkörpern, und sein Auftreten muss durch eine gewisse Aura geprägt sein, so dass er den Schüler mit seinen mentalen und sportlichen Fähigkeiten, mit seiner gesamten Persönlichkeit beeindruckt. Auf diese Weise wird er die Aufmerksamkeit des Schülers auf sich und die Demonstration seiner Techniken ziehen können. So wirkt der Lehrer allein durch sich selbst und seine Persönlichkeit auf den Lernprozess und die Ausrichtung der Aufmerksamkeit des Schülers fördernd.

Daneben ist es für den Unterricht und das Steuern des Lernprozesses durch den Lehrer bedeutsam, dass einzelne Techniken, Techniksequenzen und ganze Kombinationen, aber auch die Formenläufe immer wieder wiederholt und geübt werden, damit sie sich beim Lernenden besser im Gedächtnis verankern können. Da das Beobachtete oftmals zunächst nicht genau reproduziert werden kann, kommt dem wiederholenden Üben, verbunden mit der Korrektur von Fehlern durch den Lehrer entscheidende Bedeutung zu. Fehler, die der Schüler bei einer Übung macht, sollten stets und sofort angesprochen sowie umgehend korrigiert werden, damit sie sich gar nicht erst einschleifen. Einmal angewöhnte Fehler in der Ausführung von Techniken sind später nur schwer auszumerzen und behindern den Lernprozess des Schülers.

In diesem Kontext gewinnt es auch an Bedeutung, dass der Lehrer unermüdlich das zu Erlernende korrekt demonstriert, und dass der Schüler die Techniken und Kombinationen anhand der Demonstrationen und Korrekturen von Seiten des Lehrers wieder und wieder in verbesserter Form weiterübt. Wichtig ist beim Verbessern und zum Überwinden von Fehlern auch, dass dem Schüler durch den Lehrer ganz klar bewusst gemacht wird, was genau er falsch macht und worin die Fehlerhaftigkeit seiner Ausführung begründet liegt. Nur dann kann konstruktiv an Neujustierungen gearbeitet werden.

Das Erzielen von Verbesserungen kann manchmal auch verlangen, dass zunächst Defizite auf anderen Ebenen behoben werden müssen, wenn diese Defizite einer korrekten Ausführung der Techniken im Wege stehen. Liegen etwa, was bei Jugendlichen, die bereits als Kinder mit traditionellem Taekwon-Do begonnen haben, und in der Adoleszenz einen großen Wachstumsschub erfahren haben, häufig zu beobachten ist, motorische Schwierigkeiten vor, muss der Lehrer dies erkennen und konstruktiv angehen. Ergänzende Übungen, so z. B. gymnastische Übungen, Kraft- oder Stabilitätsübungen können hier Abhilfe schaffen und die Defizite des Schülers ausgleichen. Ist dies gelungen, kann das Hauptaugenmerk wieder auf die Übungen und ihre korrekte Ausführung gelegt werden.

Ein wesentlicher Faktor im Modelllernen ist die Motivation des Schülers. Der Lehrer kann sie durch sein Vorbild, seine Kraft, Ausstrahlung und Haltung maßgeblich fördern. Natürlich sollte der Schüler, wenn er etwas besonders gut macht, für seine Leistung entsprechend gelobt werden. Dieses Lob sollte aber, damit es seinen Wert behält und entsprechend effektiv wirkt, maßvoll und überlegt eingesetzt werden. Nur wenn der Schüler es als etwas

Besonderes wertschätzen kann, wird es tatsächlich verstärkend wirken. Eine Form des Lobs kann auch darin bestehen, dass dem Schüler seine positiven Veränderungen durch das Training, wie z. B. größere Körperkraft und verbesserte Kondition, bewusst gemacht werden; so wird ihm noch einmal der grundsätzliche Wert von Training an sich vor Augen geführt. Auf diese Weise kann es dem Lehrer gelingen, Selbststeuerungsprozesse beim Schüler anzuregen, die ihn sein Verhalten und Training reflektieren lassen, so dass er zum einen erkennt, was er schon geleistet hat, zum anderen aber auch dahingehend motiviert wird, sich weiter zu verbessern.

Natürlich ergeben sich aus diesen Überlegungen auch praktische Konsequenzen für Aufbau, Ablauf, Steuerung und Gestaltung des Unterrichts im Taekwon-Do. Damit Modelllernen gelingen kann, muss der Lehrende zunächst den Ordnungsrahmen herstellen können, so dass sich eine das Lernen fördernde Atmosphäre einstellen kann. Dazu ist es nötig, dass den Schülern klare Anweisungen erteilt und ihnen die Grenzen dessen, was im Unterricht erlaubt ist und was nicht erwünscht ist, bewusst gemacht werden. Dies alles mit dem Ethos des traditionellen Taekwon-Do im Hintergrund als Maßstab und Richtschnur. Vor allem anständiges und an moralischen Grundsätzen orientiertes sowie dem Respekt vor dem Lehrer und Mitübenden Rechnung tragendes Verhalten sind hier von großer Bedeutung, um die Bedingungen für Modelllernen zu schaffen. Denn nur in einer ruhigen und konzentrierten Lernatmosphäre kann sich Unterricht generell und im Besonderen auch im traditionellen Taekwon-Do effizient entfalten und Lernen am Modell gelingen.

Der Unterricht selbst sollte sich vor allem durch eine klare Struktur und einen den Disziplinen des traditionellen Taekwon-Do gerecht werdenden Aufbau auszeichnen. Das Gesamtkonzept des Unterrichts muss alle relevanten Elemente wie Aufwärmen, Technik- und Kombinationstraining sowie Übung des Formenlaufs, der Bruchtesttechniken auf Schlagpolster und auch Übungen des freien Kampfes und der Selbstverteidigung enthalten. Der Einzelne sollte sowohl für sich üben als auch zusammen mit einem Partner. Übungen müssen hinreichend oft wiederholt werden können, damit sie sich beim Lernenden ins Gedächtnis einprägen.

Zudem sollte jeder Unterricht den Schülern auch eine klare und zu bewältigende Herausforderung bieten, etwa, indem eine neue oder veränderte

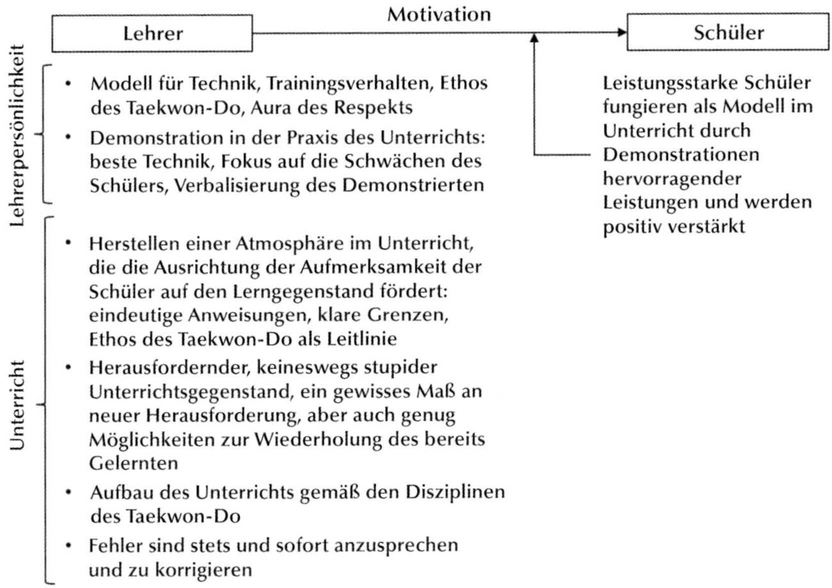

Übersicht 7: Modelllernen im Unterricht des traditionellen Taekwon-Do

Kombination trainiert wird oder indem die Schüler dazu gebracht werden, ihre körperlichen und mentalen Grenzen zu überschreiten. Gerade hier ist der Lehrende gefordert, seine Schüler zu leiten und ihnen den Weg zu größerer Stärke durch das eigene Vorbild zu weisen, da der Schüler an gewissen Schwellen sonst möglicherweise scheitern und aufgeben würde.

Hilfreich sind in diesem Zusammenhang natürlich auch klare und verständliche Erläuterungen und Anweisungen sowie Korrekturen und die immer wieder erfolgende Ermunterung, Dinge, die nicht gleich gelingen, noch einmal zu versuchen. Gerade wenn der Schüler versagt, scheitert und meint, nicht mehr weiter zu können, kommt dem Lehrenden als Modell die Aufgabe zu, dem Schüler die Erfahrung zu ermöglichen, dass als solche von ihm empfundene Grenzen mit entsprechendem Fleiß und Einsatz durchaus überschritten und bewältigt werden können. Dazu braucht es seitens des Lehrers natürlich großes Fingerspitzengefühl und Einfühlungsvermögen, um jedem Schüler individuell gerecht zu werden und ihn auf seinem Punkt des Weges im traditionellen Taekwon-Do ein Stück weiter zu bringen.

2.4.2. Zusammenfassung: Der Lehrer des traditionellen Taekwon-Do

Innerhalb des pädagogischen Settings des Unterrichts im traditionellen Taekwon-Do ist es der Lehrer, der den Unterricht gestaltet, Lernprozesse initiiert und begleitet sowie den Weg des Schülers maßgeblich beeinflusst. Damit Lernprozesse im Sinne des traditionellen Taekwon-Do und seines Ethos sowie des Technik- und Disziplinrepertoires dieser Bewegungskunst gelingen können, sind besondere Anforderungen an den Lehrer hervorgehoben worden.

1. Der Lehrer fungiert als Modell und muss daher der Tradition des Taekwon-Do gerecht werden. Das heißt konkret, dass er in seiner Haltung und seinem Verhalten das Ethos des Taekwon-Do, mithin den Geist des Taekwon-Do, entsprechend repräsentiert und verkörpert. Er ist das Modell für seine Schüler in Hinblick auf Anstand, Moralität, Geduld, Selbstdisziplin und Unbeugsamkeit des Willens. Dies muss nicht nur im Unterricht, sondern an der ganzen Persönlichkeit des Lehrenden sichtbar und spürbar sein.
2. Der Lehrer fungiert als Modell für die Techniken und Disziplinen des traditionellen Taekwon-Do und sollte daher alle Übungen selbst demonstrieren (können) und zwar so, dass bei seinen Schülern eine Vorstellung davon entsteht, wohin der Weg des Do gehen kann: Hin zu einer kraftvollen, schnellen und ästhetisch optimalen Ausführung einer immer und immer wieder geübten und auf diese Weise verinnerlichten Technik. Um diesen Modellcharakter seiner eigenen Leistung bewahren zu können, ist der Lehrende gehalten, Zeit seines Lebens selbst zu trainieren und in Bewegung zu bleiben.
3. Prinzipien des Modelllernens können im Unterricht des traditionellen Taekwon-Do gewinnbringend eingesetzt werden, um das Gelingen von Lernprozessen zu gewährleisten: Der Lehrer muss eine Atmosphäre schaffen, die es allen Lernenden ermöglicht, ihre Aufmerksamkeit dem Lerngegenstand zuzuwenden. Das zu Lernende muss klar vorgezeigt und erläutert werden. Unterstützend kann dabei auch die Demonstration einer guten Ausführung einer Technik oder Kombinati-

Vorbild und Modell in Theorie und Praxis

Lehrer → Schüler

- Sach- und Fachkompetenz in Theorie und Praxis: System des Taekwon-Do (Technik und Disziplinen), Ethos, Meditation in Bewegung
- Selbstkompetenz: Planung, Steuerung des eigenen Lern- und Trainingsprozesses
- Soziale Kompetenz: Planung und Steuerung des Unterrichts in Hinblick auf die teilnehmenden Individuen
- Modell für Technik, Ethos, Lebenspraxis im Sinne des Do

Wecken von (intrinsischer) Motivation für den Weg des Do und beständiges Training

Übersicht 8: Der Lehrer des traditionellen Taekwon-Do

on durch einen Schüler wirken. Durch ein hohes Maß an Übung und Wiederholung kann sich das Beobachtete besser ins Gedächtnis einprägen. Dabei muss auf Fehler und Ungenauigkeiten sofort und klar hingewiesen und die korrekte Ausführung demonstriert werden. Auch das Verbesserte und Korrigierte sollte im Unterricht wieder entsprechend ausführlich geübt werden können. Spektakuläre Demonstrationen durch den Lehrer und leistungsstarke Schüler dienen dazu, die Motivation im Unterricht hochzuhalten. Motivierend wirken können auch das gezielt und sparsam eingesetzte Lob einer sauber und gut ausgeführten Übung eines Schülers sowie vor allem auch das Setzen von neuen und realistischen, zugleich aber ambitionierten Zielen in Form von noch nicht vertrauten Inhalten und Techniken innerhalb des Unterrichts.

Auf diese Weise können sowohl der Schüler als auch der Lehrer vom Unterricht im traditionellen Taekwon-Do profitieren und dessen funktionale Aspekte voll ausschöpfen, mit positiven Folgen für das körperliche und seelische Wohlbefinden. Positive Folgen für Lehrer und Lernende, die mit dem Training des traditionellen Taekwon-Do einhergehen, sollen im Folgenden genauer untersucht werden.

2.5. Traditionelles Taekwon-Do als Bewegungs- und Lebenskunst – Funktionale Aspekte des Taekwon-Do-Trainings für Schüler und Lehrer

»Durch die Bewegung von Händen und Füßen üben wir einen positiven Einfluss auf unsere Organe aus. Wir helfen dadurch unserem Körper, gesund zu bleiben.«[434]

Traditionelles Taekwon-Do ist eine ganzheitliche Bewegungskunst,[435] die vor allem auch ein Gesundheitssport sein will und als solcher zu verstehen ist. Damit hat es einen funktionalen Wert, der sich sowohl für den Übenden als auch für den Lehrenden entwickeln und entfalten kann. Mit anderen Worten: Taekwon-Do als Bewegungs- und Lebenskunst bringt konkrete Vorteile für die Trainierenden und die Trainer mit sich. Diese stehen im Zusammenhang mit der Pädagogik und der Philosophie des traditionellen Taekwon-Do, welche darauf abzielen, den Menschen als Ganzes, seinen Körper und seinen Geist zu fördern und zu stärken, was sich letztlich positiv auf die gesamte Persönlichkeit eines Menschen auswirkt. Einige dieser Vorteile sollen im Folgenden dargelegt werden.

2.5.1. Traditionelles Taekwon-Do als Bewegungskunst

»Die Übungen im Taekwondo sollen die Schüler auf den Weg zur Einheit zwischen Körper und Geist führen […].«[436]

Aus der wörtlichen Bedeutung des traditionellen Taekwon-Do als Weg des Fußes und der Hand und aus seiner Geschichte ergibt sich, dass es sich bei dieser Kampfkunst um eine Kunst der Bewegung handelt, die alle Extremitäten einbezieht und damit für jeden Übenden in erster Linie einen Bezug zum ganzen Körper herstellt; das zeigt: Taekwon-Do ist wesentlich als eine ganzheitliche Bewegungskunst zu betrachten. Trainiert wird buch-

---

434 Ebd., 27.
435 Vgl. dazu Son: Der Körper als Spiegel des Herzens, 298ff.
436 Son: Der Weg des Kreises, 38.

stäblich jeder Muskel des Körpers. Alle Übungen werden immer auf beiden Seiten ausgeführt, um einerseits jede Art von Einseitigkeit zu vermeiden und andererseits gezielt auch die von Natur aus schwächere Seite des Übenden zu fördern und zu stärken. Es gibt eine Vielfalt an Übungsformen: unterschiedliche Arm- und Beintechniken, verschiedene Grunddisziplinen, mehrere Formen der Partnerübung, und all diese Übungen können zudem auf unterschiedliche Art und Weise ausgeführt werden, schnell oder langsam, im Stand oder im Sprung, mit Drehung oder ohne … Das alles bewirkt, dass vor allem die Feinmuskulatur nachhaltig trainiert und gestärkt wird. Durch das Training im traditionellen Taekwon-Do wird daher nicht nur die körperliche Kraft, sondern vor allem auch die Stabilität des Körpers und der Gelenke gesteigert.

Durch die Gymnastik, die Bestandteil eines jeden Trainings ist, verbessert sich zudem die Beweglichkeit des Körpers, er wird flexibler. Im Idealfall stehen Kraft und Beweglichkeit miteinander im Gleichgewicht und bilden eine harmonische Einheit. Der Körper des Übenden wird durch das Training des traditionellen Taekwon-Do stabil und beweglich zugleich.

Daneben bietet das Training des traditionellen Taekwon-Do weitere Vorteile: Es wird – und dies ist vor allem mit dem beständigen Üben und Wiederholen der Einzeltechniken oder Kombinationen verbunden – auch die Ausdauer des Übenden verbessert. Seine körperliche Leistungsfähigkeit und Kondition nehmen durch das Trainieren und das beständige Wiederholen und Optimieren der Techniken stetig zu.

Indem beide Körperseiten trainiert werden und indem die Übungen mit unterschiedlichen Schnelligkeiten ausgeführt werden, wird zudem auch das Koordinationsvermögen des Übenden nachhaltig trainiert.

Halteübungen verbessern den Gleichgewichtssinn, die Körperspannung und die Körperhaltung. Die beständige Bewegung aller Gliedmaßen in unterschiedlichen Graden der Geschwindigkeit ermöglicht dem Übenden, seinen Körper insgesamt besser zu kontrollieren, sowohl seine Arme als auch seine Beine.[437]

[437] Zur Bedeutung der Stärkung der unteren Extremitäten vgl. Son: Der Körper als Spiegel des Herzens, 58ff.

Indem der Übende schrittweise an die Ausführung immer schwierigerer Übungsformen herangeführt wird, werden die körperlichen Fähigkeiten Schritt für Schritt erweitert und neue Bewegungsmuster und -fähigkeiten allmählich erlernt und eingeschliffen.

Gleichzeitig wird auch der Geist, vor allem die Fähigkeit der Konzentration und des Fokussierens, geübt. Dadurch wird es dem Trainierenden ermöglicht, Gedanken an Alltägliches oder Belastendes und somit an Stressursachen für die Zeit des Unterrichts auszuklammern, indem nur die Übungen und das traditionelle Taekwon-Do im Zentrum der mentalen Auseinandersetzung des Übenden stehen. In der Regel verschiebt sich durch das Training auch die Sicht auf Stressfaktoren. Nach dem körperlich harten und die ganze Konzentration fordernden Training erscheinen Dinge, die vorher als unglaublich wichtig und stressbringend interpretiert wurden, in einem anderen, relativierenden Licht. Plötzlich wird ein anderer, gelassenerer Blick auf die Dinge möglich. So wird der Geist durch das körperliche Training von dem, was ihn von außen bedrängt und beeinträchtigt, befreit und erlangt neue Energie.[438]

Diese Überlegungen zeigen, dass durch das Training eine größere Harmonie zwischen Körper und Geist bewirkt wird; die Dualität von Geist und Körper wird überwunden, Einheit von Körper und Geist ist die Folge. Wirkt Taekwon-Do beständig in dieser den Menschen verändernden Art und Weise, wird eine dauerhafte Einheit von Körper und Geist erreicht, die den ganzen Menschen betrifft, ihn durchwirkt und formt. Somit prägt sich eine dem Do entsprechende Haltung des Übenden aus, die sich im weiter oben beschriebenen Ethos des Schülers manifestiert und immer wieder aufs Neue offenbart. »Indem ich mehr Bewegung mache, kann ich die tieferen Wurzeln in meinem Körper erkunden und festigen. Dieses tiefere In-sich-Gehen verbindet sich automatisch mit geistiger Kraft. Und, je mehr ich mich körperlich intensiv betätige, desto mehr wird mein Geist geschult und geformt.«[439]

---

[438] Zur Bedeutung regelmäßiger Bewegung vgl. ebd., 55ff.

[439] Son: Classic Taekwon-Do Alive, 13f.

2.5.2. Traditionelles Taekwon-Do als Lebenskunst

»Taekwondo ermöglicht dem Schüler, seiner eigenen Möglichkeit entsprechend zu reifen. Je intensiver er sich dem Taekwondo widmet, desto tiefer dringt er ein in eine Welt von Ordnung, Harmonie und Gesundheit.«[440]

Die bisherigen Reflexionen haben gezeigt, welche positiven Auswirkungen traditionelles Taekwon-Do vor allem in Hinblick auf die körperliche Ebene hat. Dass die körperliche Seite unmittelbaren Einfluss auf die mentale Ebene nimmt, wurde ebenfalls herausgearbeitet. Wird durch das Training mehr und mehr Harmonie zwischen Körper und Geist, mehr und mehr Einheit zwischen beiden Polen des Menschen erreicht, beginnt sich beim Schüler des traditionellen Taekwon-Do zunehmend eine Grundhaltung auszuprägen, die sich im Licht des Ethos des traditionellen Taekwon-Do näher bestimmen und charakterisieren lässt.

Der Weg des Do und damit der Weg des Schülers besteht nicht allein in der physischen Entwicklung durch das Training; die damit einhergehende Schulung des Geistes ist ebenfalls untrennbar damit verbunden. Dieser mentale Lernprozess, der durch das Vorbild des Lehrers unterstützt wird, bezieht sich inhaltlich auf das Ethos des traditionellen Taekwon-Do, wie es General Choi formuliert hat. Dieses Ethos ist konkret definiert durch die Wertbegriffe Anstand, Moralität, Geduld, Selbstdisziplin und Unbeugsamkeit. Durch das physische Training und durch die beständige Erinnerung an diese Tugenden und das Vorbild der Lehrer, der Meister oder Großmeister vermag der Schüler das Ethos zu verinnerlichen und in seine eigenen Verhaltensweisen zu integrieren. Der Geist des Taekwon-Do wird Leitlinie seines Lebens, traditionelles Taekwon-Do die Kunst, die das Leben des Schülers maßgeblich bestimmt.

Freilich muss das nicht jedem Schüler gelingen, es sind dazu harte Arbeit und viel Training vonnöten und auch die persönliche Bereitschaft, sich für die genannten Tugenden zu öffnen und die Motivation und den Willen zu entwickeln, beständig an der eigenen Persönlichkeit zu arbeiten und in

---

[440] Son: Der Weg des Kreises, 39.

Hinblick auf das Ausprägen der Tugenden zu wachsen. Ist ein Schüler aber motiviert und willens, Engagement und Einsatz sowie Arbeitsbereitschaft und ein gewisses Maß an Hartnäckigkeit zu zeigen, wird er persönlich vom Ethos des traditionellen Taekwon-Do profitieren können und in seiner Persönlichkeit sowie in seiner Haltung wachsen. Taekwon-Do avanciert für ihn zur Lebenskunst.[441]

Entwickelt er Anstand und Moralität im Training, wird sich dies auch auf andere Bereiche seines Lebens, so z. B. die Schule, das Studium, die Ausbildung oder den Beruf förderlich auswirken, indem er sich auch in diesen Bereichen den geltenden Ansprüchen an Anstand und Moralität entsprechend verhalten wird. Sind aber einmal das Bewusstsein und die Sensibilität für moralisches Verhalten und das Bemühen darum angestoßen, werden sie sich weiter entfalten, und es werden andere Tugenden folgen, die den Charakter des Schülers des traditionellen Taekwon-Do bestimmen. So wird der Schüler etwa auch grundsätzlich ein respektvolles Verhalten an den Tag legen und in diesem Sinne agieren, wie er es aus dem Training kennt, gleichgültig, mit wem er es zu tun hat, unabhängig von Herkunft oder Abstammung seines Gegenübers; solche Dinge haben für ihn keine Bedeutung, wenn es um den Umgang mit anderen Menschen geht. Er wird allen Menschen, wie jedem Trainingspartner, von Vornherein Respekt entgegenbringen und diesen Respekt als Leitlinie seines Handelns betrachten.

Dass mit dem Erweisen von Respekt auch Höflichkeit gegenüber allen Menschen in jeder Lage des Lebens verbunden sein sollte, braucht nicht eigens betont zu werden. Wer im Unterricht des traditionellen Taekwon-Do gelernt hat, seinen Körper und seinen Geist zu kontrollieren, der wird diese Kontrolle auch im höflichen und respektvollen Umgang mit seiner Umwelt und seinen Mitmenschen zeigen.

Durch das Training und die Einbeziehung des Ethos von General Choi wird darüber hinaus auch der Wert der Disziplin im Verhalten des Übenden offenbar werden und an Bedeutung gewinnen. Disziplin ist ein wichtiger Wert im Training des traditionellen Taekwon-Do, sie ist unerlässlicher Teil der Entwicklung im Do, unerlässlicher Teil des Trainings-

[441] Vgl. dazu auch Son: Classic Taekwon-Do Alive, 17.

weges eines jeden einzelnen Übenden, der sich beständig verbessern und weiterentwickeln will. Diszipliniertes Verhalten äußert sich etwa in der Aufmerksamkeit beim Lernen oder Arbeiten, im Zuhören, wenn andere Menschen etwas erklären oder ganz allgemein eine Unterhaltung mit jemandem führen sowie auch im fortwährenden Üben, vor allem von Dingen, die man nicht auf Anhieb kann oder versteht. Dazu gehört auch zu lernen, dass man nicht gleich aufgibt, wenn etwas nicht gelingt oder man aufgrund von Misserfolgen mit Motivationsproblemen konfrontiert ist. Die Haltung der Disziplin wirkt sich dabei selbstverständlich förderlich auf das Erbringen von Leistung aus, in Schule, Ausbildung, Studium und der beruflichen Tätigkeit.

Mit der Haltung der Disziplin verbindet sich im Idealfall auch die Haltung der Hingabe, zunächst der Hingabe an das Training und den Willen zur Verbesserung der eigenen Leistungsfähigkeit. Hingabe kann als Tugend gesehen werden, die es den Übenden ermöglicht, sich für die Sache des traditionellen Taekwon-Do, seine Techniken, Übungen, das Training und auch die theoretischen philosophisch-ethischen Inhalte wahrhaft zu begeistern. Auf dieser Basis kommt das Engagement für das eigene Training und das Taekwon-Do insgesamt aus dem Schüler selbst, entsteht sozusagen von innen heraus. Hingabe gewinnt so als intrinsische Motivation Gestalt.

Mit der Hingabe als intrinsischer Motivation, die nur wenige oder gar keinen Funken von außen benötigt, um ihre Strahlkraft für den Übenden zu entfalten, verbindet sich dann eine bestimmte Form der Ausdauer, die Beharrlichkeit. Zunächst natürlich mit Bezug auf das Training des traditionellen Taekwon-Do. Training wird aus dieser Haltung heraus eine Selbstverständlichkeit, die man beharrlich angeht und die fest in die eigenen Gewohnheiten integriert wird. Das bedeutet beispielsweise, dass man gar nicht erst mit sich selbst bzw. dem »inneren Schweinehund« diskutieren wird, ob an einem bestimmten Tag trainiert wird oder nicht. Man trainiert um des Trainings willen, ausdauernd und beharrlich.[442]

[442] Hier schließt sich der Kreis zur Tugendethik. Immanuel Kant bestimmt als »guten Willen« die Fähigkeit des Menschen, das eigene Handeln beständig und ohne Ausnahme an Grundsätzen bzw. Prinzipien oder Maximen auszurichten: »Der gute Wille ist nicht durch das, was er bewirkt oder ausrichtet, nicht durch seine Tauglichkeit zur Erreichung irgend-

Es geht dem, der die Tugend der Beharrlichkeit (auch als Perseveranz bezeichnet) verinnerlicht hat, allein um das Training, und damit natürlich auch um die Gesunderhaltung des Körpers, und dies möglichst das ganze Leben lang. Wie bereits ausgeführt wurde, versteht sich das traditionelle Taekwon-Do als ganzheitlich ausgerichteter Gesundheitssport, der ein Training gewährleisten will, das den ganzen Körper, alle seine Gliedmaßen und Muskeln schulen und stärken möchte. Dabei wird jede Einseitigkeit vermieden, es werden Beweglichkeit, Kraft, Koordination und Kondition nachhaltig verbessert und gesteigert. So werden durch Training, vor allem durch beharrliches Training, die Gesundheit und das körperliche Wohlbefinden gestärkt und erhalten.

Der Fokus auf die eigene Gesundheit bewirkt in diesem Zusammenhang auch eine generelle Erhöhung des Bewusstseins für einen gesunden Lebenswandel. Damit verbunden ist etwa der Verzicht auf Alkohol, Zigaretten oder ähnliche der Gesundheit abträgliche Substanzen. Wer sich für den Weg des Do, den Weg des Körpers und des Geistes entscheidet, lehnt den Konsum von Alkohol, Nikotin und Drogen kategorisch ab. Auch in diesem Bereich wird der Schüler des traditionellen Taekwon-Do Beharrlichkeit und Beständigkeit zeigen.

Dass das Training im traditionellen Taekwon-Do eine besondere Anstrengung verlangt, da ihm eine gewisse Härte innewohnt, wurde bereits im Kontext der Betrachtung des Unterrichts im traditionellen Taekwon-Do selbst angesprochen. Die Härte des Trainings, der der Schüler beständig ausgesetzt ist, lässt den Schüler, der nicht aufgibt, diszipliniert, beharrlich

---

eines vorgesetzten Zwecks, sondern allein durch das Wollen, d. i. an sich gut und, für sich selbst betrachtet, ohne Vergleich weit höher zu schätzen als alles, was durch ihn zugunsten irgendeiner Neigung, ja wenn man will der Summe aller Neigungen, nur immer zustande gebracht werden könnte.« (Kant, I.: Grundlegung zur Metaphysik der Sitten, Stuttgart, 1986, BA 1.). Vgl. auch Ernst: Grundfragen, 168: »Im ethischen Sinne gut ist allein derjenige Wille, der nicht von der Neigung, sondern allein von der Pflicht – das heißt nicht um eines äußerlichen Zwecks, etwa um eines Vorteils willen, sondern wegen des Gebotenseins der Handlung selbst – geleitet ist«. Für den Trainierenden bedeutet dies, dass er sein Handeln an der Maxime »Ich soll regelmäßig trainieren« oder auch am Grundsatz »Ich soll mich vom Geist/Ethos des Taekwon-Do leiten lassen« ausrichtet, ohne sich von seinen Neigungen, etwa dem Wunsch nach Nichtstun, beeinflussen zu lassen. Er trainiert »aus Pflicht«, weil Training selbst geboten ist.

und unermüdlich an sich arbeitet, selbst eine gewisse Härte entwickeln. Diese Härte bezieht sich zunächst auf das Training und das Erdulden von Schmerzen in den Muskeln, aber auch das Ertragen von Kritik des Lehrers an der eigenen Unzulänglichkeit und Schwäche. Dadurch lernt der Schüler, mit Kritik allgemein umzugehen, diese anzunehmen und für sich selbst gewinnbringend zu nutzen. Auf diese Weise prägt er eine Haltung der Resilienz (psychische Widerstandsfähigkeit) aus. Er kommt besser mit Niederlagen, Widrigkeiten und schwierigen Situationen im Leben zurecht. Er lässt sich nicht entmutigen, ganz einfach deshalb, weil er Niederlagen und Kritik bereits aus dem Training kennt und weiß, dass Kritik in Motivation und eine Niederlage durch Leistungsbereitschaft und beharrliche Mühe am Ende in einen Sieg über sich selbst verwandelt werden kann.

Die Haltung der Resilienz, die in jedem Training des traditionellen Taekwon-Do gefördert wird, kommt dem Schüler natürlich auch im alltäglichen Leben zugute. Wer es gewohnt ist, bei Rückschlägen im Training nicht klein beizugeben, sich nicht entmutigen zu lassen oder gar aufzugeben, sondern konstruktiv an Verbesserungen zu arbeiten und auch daran zu glauben, dass der Rückschlag nicht das letzte Wort ist, der wird diese Erfahrungen auch auf den Alltag übertragen können und so resilienter, psychisch widerstandsfähiger werden.

Die Persönlichkeit des Trainierenden, seine Haltung, sein Charakter, sein persönliches Ethos, kann durch das Training im traditionellen Taekwon-Do zu voller Ausprägung gelangen. Das Verhalten im Training, das geprägt ist durch die Tugenden des Ehrenkodex, durch Anstand, Höflichkeit, Moral und Respekt, das sich auszeichnet durch Disziplin, Hingabe, Unermüdlichkeit und Beharrlichkeit, verändert die Persönlichkeit des Übenden im Do, bewirkt eine vollkommene Entfaltung seines Selbst. So kann es gelingen, dass der Übende eine Haltung entwickelt, die sich grundsätzlich am moralisch Richtigen orientiert, die sich durch Anstand, Höflichkeit und Respekt auszeichnet.

Ein weiterer positiver Effekt kann darin bestehen, dass der Schüler in Hinblick auf alle Lebenssituationen diszipliniert, hingebungsvoll, unermüdlich und beharrlich Einsatz- und Arbeitsbereitschaft an den Tag legt. Darüber hinaus darf er sich auf ein großes Maß an Widerstandsfähigkeit der eigenen Psyche verlassen.

Holistischer (ganzheitlicher) Grundansatz und verändernde Wirkung des traditionellen Taekwon-Do

Bewegungskunst

- Einbeziehung aller Gliedmaßen und Muskeln des Körpers
- Vor allem Beanspruchung der Feinmuskulatur durch Variation der Bewegungsausführung
- Verbesserung von Stabilität, Körperhaltung und Beweglichkeit
- Steigerung von Kraft, Ausdauer und Kondition
- Training des Geistes: Konzentration und Fokussierung
- Reduktion des Alltagsstresses durch das Schöpfen neuer Energie

Lebenskunst

- Verinnerlichung des Ethos des Taekwon-Do (Anstand, Moralität, Geduld, Selbstdisziplin, Unbeugsamkeit) durch beständiges Training und harte Arbeit in Training und Alltag
- Hingabe/intrinsische Motivation zum Training
- Beharrlichkeit, Ausdauer
- Bewusstsein für einen aktiven und gesunden Lebenswandel
- Ausprägung von psychischer Widerstandsfähigkeit (Resilienz)

**Reinigung von Körper und Geist:
Erreichen einer Einheit von Körper und Geist und einer neuen Haltung der Persönlichkeit**

Übersicht 9: Traditionelles Taekwon-Do als Bewegungs- und Lebenskunst: Funktionale Aspekte

Schüler des Do zu sein endet nicht mit dem Verlassen des Trainingsraumes, des Dojang, sondern kann und soll als Haltung der Persönlichkeit des Schülers oder auch des Lehrers interpretiert und praktisch gelebt werden: »Taekwondo ist nicht nur Sport, sondern auch Lebensweise. Dieser Lebensweise liegt eine bestimmte Haltung zu Grunde. Diese Haltung solle physisch und psychisch verlässlich und dauerhaft stabil sein [...].«[443] Oder mit den Worten von Choi Hong Hi: »Die Lehrer dieser Kunst sind dafür verantwortlich, den Schülern moralische und physische Kraft zu vermitteln auf dem Weg zu einer besseren Welt.«[444]

Die folgenden persönlichen Erfahrungen des Autors stellen ein konkretes Beispiel für diese Überlegungen dar:

[443] Son: Classic Taekwon-Do Alive, 17.
[444] Choi: Taekwon-Do, 238.

Im Alter von sechs Jahren hatte ich das Glück, einem Lehrer des traditionellen Taekwon-Do zu begegnen, der mir half, mich zu entfalten und der mein Leben in der geschilderten Weise durch sein Vorbild verändern sollte. Mein Lehrer Winfried Fehrer hat mir von Anfang an gezeigt, was unermüdliches, diszipliniertes und an den Werten des Taekwon-Do bedingungslos orientiertes Trainieren und Leben bedeutet und mich so nachhaltig geprägt. Taekwon-Do ist sein Lebensinhalt, das ist für jeden, der ihm begegnet, unverkennbar und klar sichtbar. Er widmet sich mit all seinem Einsatz und all seiner Energie seinem Taekwon-Do, seinem Training und seinem Unterricht. Jeden Tag, in jeder Trainingseinheit und gegenüber jedem Schüler stellt er dies unermüdlich und beständig immer wieder aufs Neue unter Beweis. Dabei ist es nicht nur seine eigene überragende sportliche Qualifikation und Leistungsfähigkeit, die Laien genauso wie Profis in ihren Bann zieht und mit Begeisterung erfüllt, sondern vor allem seine Fähigkeit, mit besonderem pädagogischen Gespür den jeweils individuell geprägten Schüler zu unterrichten und alle immer wieder an die Grenzen ihrer Leistungsfähigkeit und darüber hinaus zu führen und so mit neuer Kraft und Energie für ihren Alltag und ihr Leben zu erfüllen.

Die Unbeugsamkeit seines Willens zeigt sich nicht nur in seinem Einstehen für sein Taekwon-Do und seinen Unterricht, sondern auch in seiner überragenden Leistung des Kieselsteinbruchtests. Dabei zertrümmert er einen Flusskieselstein mit der bloßen Hand; es wirkt im Bruchteil einer Sekunde eine Gewichtskraft von mehr als 10 000 Newton (entspricht etwa einer Tonne) auf den Stein und lässt ihn so zerbrechen. Diese Leistung ist nicht Ergebnis roher Gewalt, sondern die Manifestation des traditionellen Taekwon-Do als ganzheitlich ausgerichteter Kunst insgesamt: Sie wird ermöglicht durch jahrzehntelanges, diszipliniertes und unermüdliches Trainieren des Körpers und des Geistes, verbunden mit der ebenfalls aus dem Training resultierenden Fähigkeit zur absoluten mentalen Konzentration und Bündelung der körperlichen wie mentalen Energie auf einen einzigen Punkt hin, in einem sehr kurzen Zeitintervall. Der Kieselsteinbruchtest stellt somit einen Spiegel des im Do Erreichten dar, der für den Außenstehenden zunächst einmal unglaublich erscheint, der sich bei tieferem Verständnis der Kunst des traditionellen Taekwon-Do aber eben als Spiegel der Persönlichkeit des Ausführenden manifestiert.

Tiefe Dankbarkeit und große Freude erfüllt mich, wenn ich bedenke, wie sehr mich Winfried Fehrer als Mensch durch sein Vorbild innerhalb und außerhalb des Trainings des traditionellen Taekwon-Do geprägt hat, wie oft er mir in schwierigen Situationen des Lebens eine mentale Stütze war, wie sehr ich von seinem Unterricht für mein ganzes Leben profitiert habe. Er war und ist für mich das Ideal eines Trainierenden und Unterrichtenden, vor dem man sich in tiefem Respekt verneigen sollte.

2.6. Der Schüler des traditionellen Taekwon-Do

Damit die Zielsetzung des traditionellen Taekwon-Do, einen gesunden Körper und einen gesunden Geist über den Weg des Trainings zu erlangen, bei einem Schüler zur vollen Entfaltung kommen kann, muss der Schüler sich vollkommen und ohne Kompromisse auf seinen Lehrer und den Weg des Do einlassen.

Dazu gehört, dass er sich im Unterricht und daraus resultierend auch im Alltag seines Lebens zunächst einmal anständig in Hinblick auf den Lerngegenstand verhält und diesen Anstand auch im Umgang mit seinen Lehrern, Eltern und Mitmenschen an den Tag legt. Nur wer fähig ist, Anstand zu zeigen, vermag es, sich ganz auf ein pädagogisches Grundkonzept einzulassen und optimal von der Erfahrung und Kompetenz seines Lehrers zu profitieren, gleich einem Schwamm, der das Wasser des Wissens in sich aufnimmt. Dabei ist es wichtig, dass der Schüler den Wissensvorsprung und das Können seines Lehrers anerkennt und zu schätzen weiß. Nur eine solche an Demut erinnernde Haltung macht es möglich, Fortschritte auf höchstem Niveau zu erreichen. Denn: Wer meint, die Dinge bereits besser zu wissen oder zu können als sein Lehrer, behindert durch sein eigenes Ego und die dadurch verzerrte Sicht auf die Realität seinen eigenen Lernprozess und steht sich so letztlich selbst im Weg. Diesen Zusammenhang bringt Michael von Brück in seiner grundsätzlichen Auseinandersetzung mit Zen pointiert auf den Punkt: »Von Anfang an wusste man im Zen sehr wohl, dass es kompetenter Anleitung durch erfahrene Meister und Meisterinnen bedarf, damit die Schüler nicht in die Irre gehen. Die einzige Vorbedingung seitens der Schüler ist der kompromisslose Wunsch, zur Befreiungserfahrung zu gelangen, sowie die Hingabe an die geistige Führung durch den Meister.«[445]

Um die Haltung des Anstands dauerhaft in die eigenen Verhaltensmuster zu integrieren und so die gänzliche Hingabe an die Sache und den Weg eines Lehrers zu erreichen, bedarf es der intensiven und regelmäßigen Übung mit Bezug auf das eigene Denken und Handeln. Es geht darum, die Tugenden des Ethos des traditionellen Taekwon-Do geistig zu erfassen,

[445] Von Brück: Zen, 14.

sie mit seinem Denken zu durchdringen und sie schließlich in der Praxis des eigenen Lebens zu erproben. Nicht zuletzt geht es darum, auf dieser Grundlage beständig auf moralisch einwandfreies Reden und Tun bedacht zu sein. Sprache und Handeln des Schülers des traditionellen Taekwon-Do spiegeln seine Einstellung zum Do, zum eigenen Lernprozess und letztlich seine eigene Einstellung zur Sache, zu seinem Lehrer und auch zur Kunst des Taekwon-Do insgesamt wider.

Das regelmäßige harte Training des traditionellen Taekwon-Do eröffnet einem jeden Schüler die Möglichkeit, den eigenen Körper gesund und den Geist konzentriert und fokussiert zu erhalten. Dies kann zum Ausgangspunkt für eine grundsätzliche innere Haltung werden, die den Gegensatz zwischen Körper und Geist, zwischen gut und schlecht, positiv und negativ überwindet und davon ausgehend zu einer allgemeinen Wertschätzung eines jeden Menschen und Lebewesens in seiner ihm je eigenen Würde führt.

Der Schüler des traditionellen Taekwon-Do sollte mit Hilfe des beständigen, durch den qualifizierten Lehrer motivierten und angeleiteten Unterrichts sowie durch dessen Vorbild in der Technik zu einer realistischen Einschätzung der eigenen Stärken und Schwächen gelangen. Auf Basis einer solchen realistischen Einschätzung der eigenen Fähigkeiten und Möglichkeiten, aber auch der eigenen Defizite, seien diese körperlicher oder mentaler Art, wächst zum einen das Vertrauen in die eigene Kompetenz, zum anderen aber auch ein Bewusstsein um die Notwendigkeit der Arbeit an sich selbst, an seinem Körper und seinem Geist. Der Schüler des traditionellen Taekwon-Do sollte sich weder über- noch unterschätzen, sondern eine klare Sicht auf die eigene Leistung entwickeln. Er soll selbst erkennen, was er bereits erreicht hat und was noch verbessert werden kann. Nur so werden langfristig Erhalt und Weiterentwicklung von bestimmten Kompetenzen möglich – innerhalb und außerhalb des Trainings.

Dazu bedarf es in allererster Linie der Geduld. Nur wer sowohl im Training als auch im Leben generell lernt, geduldig zu sein, abzuwarten, hart und entschlossen an Verbesserungen zu arbeiten und die Anweisungen und Ratschläge des Lehrers auch in entsprechend geduldiger Manier umsetzt, wird langfristig Erfolg haben und sich in Hinblick auf Technik und mentale Einstellung weiterentwickeln. Dies gilt besonders für die Ausführung sehr schwieriger Übungen wie etwa extremer Gymnastik, von Sprungtech-

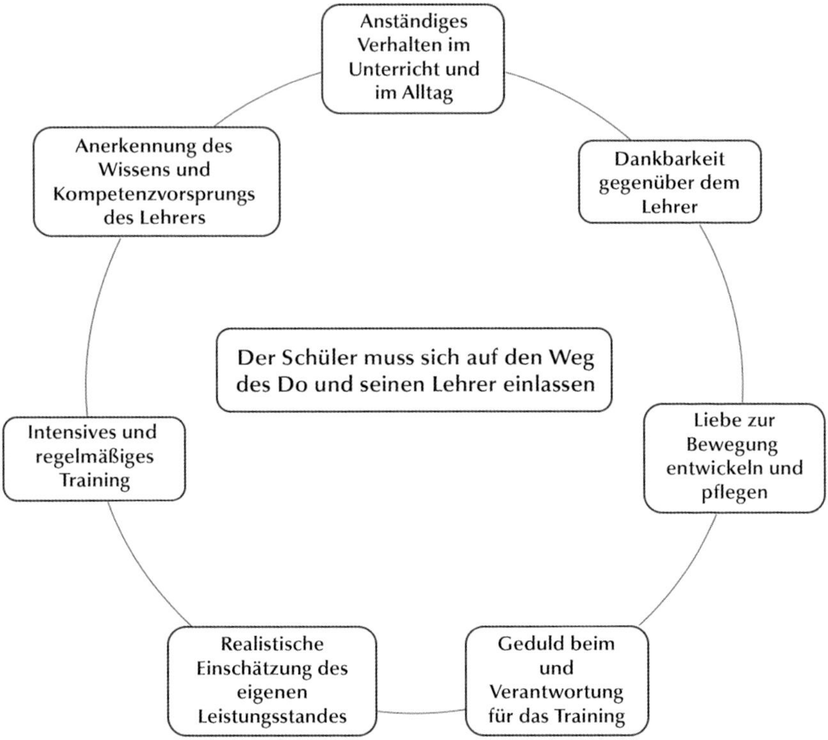

Übersicht 10: Der Schüler des traditionellen Taekwon-Do

niken mit mehreren Kicks in der Luft oder aus mehr als einer Drehung heraus oder auch für das Perfektionieren präziser, kraftvoll und kontrolliert ausgeführter Formenläufe oder Partnerübungen. Nur der Schüler, der geduldig an sich und seiner Technik, Kraft, Ausdauer und Beweglichkeit arbeitet, wird hier ab einem gewissen Punkt weiter auf dem Weg des Do voranschreiten können. Dies gilt besonders dann, wenn der Schüler große Probleme hat, sich in einer spezifischen Sache zu verbessern oder wenn er einfach Rückschläge im Training erleidet. Dann avanciert die Tugend der Geduld zum Gradmesser dafür, weitere Fortschritte zu ermöglichen.

Der geduldige Schüler vermag es mit anhaltendem Training, zunehmend selbst Verantwortung für seine eigene Motivation, sein Lernen und eben auch sein Training zu übernehmen. Der Wunsch und der Drang nach Bewegung, resultierend aus einer elementaren Liebe zur Bewegung an sich, sollte aus ihm selbst heraus fließen, entgegen allen Widrigkeiten, die sich ihm in den Weg stellen. Der Lehrende muss nicht mehr die Energie aufbringen, Motivation beim Schüler zu generieren, er leitet nur noch an und verbessert einzelne Kleinigkeiten, bis der ideal ausgebildete Schüler schließlich das Ziel des Do erreicht: den unbeugsamen Geist. Hat er diesen erreicht, wird er sich keinesfalls von seinem Lehrer abwenden. Er zeigt vielmehr Dankbarkeit, Achtung und Respekt für das, was der Lehrer ihm ermöglicht hat. Und dies Zeit seines Lebens: »Man sollte immer loyal sein [...]. Nie darf man einen Vertrauensbruch begehen.«[446] Denn: Der Lehrer ist es gewesen, der dem Schüler den Anstoß gab zur Entwicklung der Liebe zur Bewegung. Und der Schüler erweist dem Lehrer seinen Respekt. Durch Liebe zur Bewegung.

[446] Choi: Taekwon-Do, 239.

Epilog

»Fange nie an aufzuhören, höre nie auf, anzufangen.« – Marcus Tullius Cicero

Die Reflexionen über die Kampfkunst »Traditionelles Taekwon-Do« verfolgten die Absicht, diese koreanische Kunst der waffenlosen Selbstverteidigung unter den Aspekten ihrer Geschichte, des ihr zugrunde liegenden Technikrepertoires sowie des mit ihr verbundenen philosophischen und pädagogischen Hintergrunds zu analysieren und zu beschreiben. Traditionelles Taekwon-Do ist als Kunst der Bewegung ganzheitlich angelegt, es folgt einem Grundprinzip, das den Menschen als Einheit von Körper und Geist betrachtet. Dabei verfolgt es zum einen das Ziel, den Weg zu einer Meditation in Bewegung zu eröffnen, das heißt aus zen-buddhistischem Blickwinkel, das Ziel des Satori, die Loslösung von allen körperlichen und gedanklichen Schranken, Bedingtheiten und Hemmungen zu erreichen. Daneben ist das traditionelle Taekwon-Do ein Gesundheitssport, der es den Übenden ermöglichen will, durch die Bewegung den Körper, aber auch den Geist langfristig gesund und vital zu erhalten.

Zum pädagogischen System avanciert das traditionelle Taekwon-Do durch das Setting Lehrer-Schüler und den zugrunde liegenden Lerngegenstand, das Lehrsystem und dessen Philosophie. Als pädagogisches System hat das traditionelle Taekwon-Do für einen Schüler eine Fülle an Möglichkeiten und Chancen zu bieten: Der Schüler kann sich im Unterricht mit vollem Einsatz all seiner körperlichen Fähigkeiten bedienen, um die Techniken des traditionellen Taekwon-Do zu erlernen und zu verbessern. Dabei wird jede Einseitigkeit vermieden, es werden Arme und Beine gleichermaßen gefordert. Trainiert werden Kraft, Geschwindigkeit, Präzision, Kondition und Koordination. Das traditionelle Taekwon-Do wirkt sich so förderlich auf die Gesundheit des Schülers aus und macht ihn körperlich stärker und robuster.

Durch das Wertesystem des traditionellen Taekwon-Do, das bei jeder Trainingseinheit im Hintergrund steht, wird darüber hinaus auch der Geist des Schülers trainiert und gefordert. Der meditative Aspekt der Konzentration auf die auszuführende Übungssequenz lässt ihn Stress abbauen und innerlich ruhig und ausgeglichen werden. Durch das Training und die Anweisungen und Verbesserungsvorschläge des Lehrers wird außerdem die Disziplin des Schülers gefördert. Und weiter: Das traditionelle Taekwon-Do vermag es, durch die Werte Anstand, Moral und Respekt, die in jedem Training eingefordert und vorgelebt werden, auf Dauer auch den Charakter des Schülers zu transformieren und bei ihm eine Haltung als anständige, respektvolle und moralisch integre Persönlichkeit hervorzubringen bzw. zu stärken.

Damit dies gelingen kann, verlangt das traditionelle Taekwon-Do als pädagogisches System dem Lehrer eine Fülle an Kompetenzen ab: Er muss sach- und fachkompetent sein, das heißt, er muss selbst ein wahrer Meister des traditionellen Taekwon-Do sein, in Hinblick auf seine eigene Technik, Kraft und Schnelligkeit, aber auch im Wissen um die korrekten Abläufe von Formen etc. Er muss aber auch das, was er beherrscht, in adäquater Weise an seine Schüler vermitteln und dabei sowohl sich selbst als auch das von ihm Gelehrte weiterentwickeln können. Für das Entstehen von neuen Kombinationen etwa muss kreative Energie aus ihm fließen, für die Weitergabe der Techniken muss er ein besonderes pädagogisches Gespür für ein jedes Individuum, das bei ihm lernt, haben. Nur dann kann er auch bereits sehr leistungsstarke Schüler in Hinblick auf ihr Niveau immer und immer wieder weiterbringen und dies auf Basis individueller Anforderungen.

Mit diesen Überlegungen ist eine klare Absage an pädagogische Modelle verbunden, die den Lehrer »nur« als Moderator bzw. bloßen Lernbegleiter oder Initiator von Lernprozessen begreifen. Natürlich muss ein Lehrer des traditionellen Taekwon-Do erläutern und moderieren, motivieren und Lernprozesse anstoßen können. Dies alles ist aber aus Sicht dieser Kampfkunst nur möglich, wenn er selbst Modell und Vorbild für die geforderte Leistung ist und Höchstleistungen erbringen kann, die für sich gesehen wiederum motivierend und inspirierend auf Schüler wirken können.

Das traditionelle Taekwon-Do fordert dabei von jedem Schüler einiges an Voraussetzungen und Kompetenzen. Der Schüler muss sich im Unterricht auf das Wesentliche konzentrieren können, er muss bereit sein, Fleiß, Einsatz, Disziplin und die Bereitschaft zur Arbeit an sich selbst zu zeigen, er muss bereit sein zu lernen: »Man darf nie des Lernens müde werden. Ein guter Schüler kann jederzeit und überall etwas lernen. Dies ist der Schlüssel zum Wissen.«[447] Er muss sich realistisch selbst einschätzen lernen, um

[447] Choi: Taekwon-Do, 239.

sich dauerhaft weiterentwickeln und verbessern zu können. Ebenso gilt: Demut und Respekt gegenüber dem System des traditionellen Taekwon-Do und damit gegenüber dem Inhalt sowie gegenüber der Lehrperson und deren Leistung sind notwendige Schlüsselqualifikationen, die ein Schüler des traditionellen Taekwon-Do lernen und verinnerlichen muss. Nur unter diesen Voraussetzungen kann der Lernprozess im Unterricht gelingen und der Schüler sich auch außerhalb des Unterrichts hinsichtlich seines Verhaltens und seiner grundsätzlichen Kompetenz entfalten.

»Zur Entwicklung der Konzentration brauchen wir eine Praxis, und dann müssen wir uns diesem Pfad innerlich verpflichten und ihm beharrlich folgen, mit der Bereitschaft, Tag für Tag mit unserer Praxis zu arbeiten, was auch immer geschehen möge. Das fällt den meisten Menschen nicht leicht.«[448] Dies gilt mehr denn je in der modernen Zeit, die geprägt ist durch eine Vielzahl an unterschiedlichen, bisweilen konkurrierenden Angeboten, die sich oft durch Schnelllebigkeit auszeichnen und vielfältige Zerstreuung versprechen. Man denke nur an das Potential des Internets, von Onlinespielen bis zu den sozialen Medien, die Konzentrationsfähigkeit des Konsumenten zu beeinträchtigen sowie ihn dazu zu verleiten, Bewegung generell zu vernachlässigen. Umso notwendiger erscheinen die oben angeführten Tugenden wie auch die Freude an regelmäßiger Bewegung bzw. die grundsätzliche Liebe zur Bewegung. Dies muss ein Schüler erkennen und lernen, und er muss bereit sein, all dem in seinem Leben einen festen Platz einzuräumen. Denn: [...] [W]elche Kunst wurde jemals schnell erlernt? Jedes intensive Training wirkt genau in dem Maße, in dem wir uns ihm widmen.«[449]

Lässt ein Schüler sich mit besten Absichten und großer Motivation darauf ein, den Weg des Do mit Hilfe eines geeigneten Lehrers zu beschreiten, hat er die Chance, dass dadurch sein Körper, sein Geist und damit auch sein ganzes Leben positiv beeinflusst bis gänzlich transformiert werden. Traditionelles Taekwon-Do ist ein Weg, ein Do, der zwar beschwerlich sein kann und dies auch sein muss, der aber sehr lohnenswert und gewinnbringend ist. Für Lehrer und Schüler.

---

[448] Kornfield: Frag den Buddha, 83.
[449] Ebd.

Zusammenfassende Thesen

1. Traditionelles Taekwon-Do ist die in Korea entstandene und von General Choi Hong Hi maßgeblich institutionalisierte Form der waffenlosen Selbstverteidigung und bedeutet wörtlich übersetzt »Weg des Fußes und der Hand«.
2. In seiner Grundform war das traditionelle Taekwon-Do als Kriegskunst zur Verteidigung konzipiert und hatte von Vornherein eine körperliche und eine mentale Komponente. Im Blick stand stets die Schulung des ganzen Menschen, seines Körpers und seines Geistes.
3. Das traditionelle Taekwon-Do entfaltet sich praktisch in einer Vielfalt von Hand- (Schlag- und Block-) wie auch Fußtechniken und verschiedenen Disziplinen: Formenlauf, Bruchtest und Partnerübungen.
4. Das traditionelle Taekwon-Do versteht sich als Kunst der waffenlosen Selbstverteidigung, nicht als Waffe für den Angriff.
5. Das traditionelle Taekwon-Do wird auf theoretischer Ebene – maßgeblich beeinflusst von General Choi Hong Hi – durch ein Wertesystem getragen, durch ein klares Ethos für alle Aktiven: Anstand, Moralität, Geduld, Selbstdisziplin und Unbeugsamkeit sind die leitenden Werte.
6. Auf Basis dieses Wertesystems, dem ein jeder Schüler des traditionellen Taekwon-Do verpflichtet sein sollte, kann diese Kampfkunst aus philosophischer Perspektive als Meditation in Bewegung, mit dem Ziel, einen Zustand der inneren Leere (Satori) zu erreichen (Zen-Buddhismus), bzw. als Weg aus dem Leiden durch das rechte Sich-Versenken im Sinne des edlen achtfachen Pfades (Buddhismus) interpretiert werden.
7. Das traditionelle Taekwon-Do kann darüber hinaus als ganzheitlich ausgerichteter Gesundheitssport, als Schule für Körper und Geist, mit dem Ziel, beide Komponenten des Menschen gesund und vital zu erhalten, betrachtet werden. Es sollte ein Leben lang als Haltung firmieren und als Lebensweg beschritten werden.
8. Aus pädagogischer Sicht stellt der Unterricht im traditionellen Taekwon-Do ein pädagogisches System mit klarem pädagogischem Setting (Unterrichtsinhalt, Lehrer, Schüler) dar.

9. Der Unterrichtsinhalt bemisst sich am grundlegenden technischen System des traditionellen Taekwon-Do, seinen Techniken und Disziplinen und muss der theoretischen Basis, dem Ethos des traditionellen Taekwon-Do gerecht werden.
10. Im Zentrum des Unterrichts im traditionellen Taekwon-Do geht es um den Schüler als ganzen Menschen, der körperlich und geistig gefordert, geschult und erzogen wird. Technik und Ethos ergänzen und durchdringen sich gegenseitig, körperliche und mentale Stärke bedingen und fördern sich im Wechsel.
11. Der Lehrer gestaltet den Unterricht im traditionellen Taekwon-Do auf Basis der theoretischen wie praktischen Implikationen der Kunst. Er fungiert als Modell, als Vorbild für Technik, Training und Lebenshaltung.
12. Funktional betrachtet, wirkt sich traditionelles Taekwon-Do auf die körperliche und mentale Gesundheit des Übenden aus, etwa durch die Steigerung von Kraft, Beweglichkeit, Kondition und Koordinationsfähigkeit.
13. Funktional betrachtet, wirkt sich traditionelles Taekwon-Do ebenso auf die Persönlichkeit des Schülers aus und prägt ihn als Mensch, beeinflusst seine Haltung in Hinblick auf Anstand, Höflichkeit, Moral, Respekt, Disziplin, Hingabe, Perseveranz und Resilienz.
14. Damit traditionelles Taekwon-Do als Lernprozess, als Do gelingen kann, sind ein entsprechend qualifizierter und leistungsstarker Meister bzw. Großmeister als Lehrer und ein leistungsbereiter und lernwilliger Schüler notwendig. Lehren und Lernen bedingen und ergänzen sich im traditionellen Taekwon-Do gegenseitig.

Danksagung

Ohne die Unterstützung zahlreicher Menschen wäre dieses Buch in der vorliegenden Form nicht möglich gewesen.

Mein Dank gilt in erster Linie meinem Lehrer, Großmeister Winfried Fehrer, der mich nicht nur seit mehr als 35 Jahren unterrichtet, sondern mir im Leben stets eine sportliche, menschliche und emotionale Stütze war. Ohne ihn, der all seine Schüler Tag für Tag unermüdlich und als absolutes Vorbild im Do unterrichtet, sie unterstützt und weiterbringt, selbst zu unfassbaren Höchstleistungen im Stande ist und gleichwohl niemals ein Aufheben um seine Person macht, sondern allein um das Training des Taekwon-Do an sich und dessen Weiterentwicklung bemüht ist, wäre ich nicht der, der ich bin. Dafür bin ich meinem Lehrer unendlich dankbar und gleichzeitig mit großem Stolz erfüllt, sein Schüler sein zu dürfen. Nur durch seinen Unterricht, sein Vorbild und seine Begleitung ist dieses Buch überhaupt denkbar geworden.

Bilder sagen mehr als Worte. Für die freundliche Genehmigung, Bildmaterial für das vorliegende Buch zu verwenden, das den Inhalt zu illustrieren vermag, danke ich besonders Winfried Fehrer, Julia Fehrer, Michael Fehrer, Franziska Forster und Andy Obermeier.

Mein besonderer Dank gilt darüber hinaus Julia Fehrer und Michael Fehrer für viele Jahre des gemeinsamen Trainings und der Freundschaft, in denen wir nicht zuletzt bei zahlreichen Lehrgängen, Turnieren und Demonstrationsveranstaltungen im In- und Ausland wertvolle Erfahrungen sammeln durften, stets eine gute Zeit zusammen hatten und den Weg des Do gemeinsam gehen konnten und können.

Für die Lektüre des Manuskriptes sowie zahlreiche hilfreiche Hinweise danke ich recht herzlich Winfried Fehrer, Julia Fehrer und Benjamin Huhn.

Mein Dank gilt auch Herrn Dr. Frank Elstner für die Bereitschaft, mein Buch im Palisander Verlag zu veröffentlichen sowie für das akribische Lektorieren des Manuskriptes.

Zuletzt gilt mein Dank meiner Frau Franziska. Für ihre unendliche Liebe und dafür, dass sie mit mir den Do des Taekwon-Do und den Do des Lebens beschreitet und mein ganzes Leben durch ihr Wesen, ihre Wärme und Liebe stets mit einem Licht erfüllt.

Literatur

Bandura, A.: Sozial-kognitive Lerntheorie, Stuttgart, 1979.

Ceming, K.: Buddhismus – Eine Einführung, Frankfurt a. M., 2. Aufl. 2013.

Dies: Einheit im Nichts – Die mystische Theologie des Christentums, des Hinduismus und Buddhismus im Vergleich, Augsburg, 2004.

Choi, H.-H.: Taekwon-Do, Frankfurt a. M., 1977.

Dornemann, V./Rumpf, W.: Taekwondo Kids II – Grüngurt bis Blaugurt, Aachen, 2008.

Ernst, S.: Grundfragen theologischer Ethik – Eine Einführung, München, 2009.

Gatzweiler, G.: Handbuch Taekwondo – Technik, Training, Prüfungsordnung, Aachen, 3. Aufl. 2016.

Gil, K.: Taekwondo – Koreanischer Kampfsport, Dresden, 1995.

Gil, K./Kim, C.-H.: Taekwon-Do perfekt 1, Dresden, 1987.

Gillis, A.: A killing art, The untold history of Taekwondo, Toronto, 2011.

Kant, I.: Grundlegung zur Metaphysik der Sitten, Stuttgart, 1986.

Kiesel, A./Koch, I.: Lernen – Grundlagen der Lernpsychologie, Wiesbaden, 2012.

Kornfield, J.: Frag den Buddha und geh den Weg des Herzens – Was uns bei unserer spirituellen Suche unterstützt, München, 3. Aufl. 2017.

Kwon, J.-H.: Zen-Kunst der Selbstverteidigung – Taekwon-Do-Karate, München, 7. Aufl. 1992.

Mielke, R.: Psychologie des Lernens – Eine Einführung, Stuttgart, 2001.

Nydahl, L. O.: Wie die Dinge sind – Einezeitgemäße Einführung in die Lehre Buddhas, München, 2004.

Riegel, A.-M.: Taekwondo – Hintergründe und Philosophie einer asiatischen Kampfsportart, Heidelberg, 2013.

Rippe, K.-P./Schaber, P.: Der tugendethische Ansatz, in: Rippe, K.-P./Schaber, P. (Hg.), Tugendethik, Stuttgart, 1998.

Rubbeling, H.: Taekkyon – Wie Wasser und Wind, Norderstedt, 2017.

Sandvoss, E. R.: Geschichte der Philosophie – Von den Anfängen bis in die Gegenwart, Wiesbaden, 2004.

Son, J.-H.: Classic Taekwon-Do Alive, Klagenfurt, 2004.

Son, J.-H.: Der Körper als Spiegel des Herzens, Klagenfurt, 2014.

Son, J.-H.: Der Weg des Kreises, Klagenfurt und München, 1999.

Von Brück, M.: Einführung in den Buddhismus, Frankfurt a. M. und Leipzig, 4. Aufl. 2016.

Von Brück, M.: Zen – Geschichte und Praxis, München, 3. Aufl. 2016.

www.brucelee.com (Stand: 12.05.2022).

www.dtu.de (Stand: 12.05.2022).

www.taekwon-do-fehrer.de (Stand: 12.05.2022).

www.tbb.taekwon-do-fehrer.de (Stand: 12.05.2022).

de.wikipedia.org/wiki/Edler_achtfacher_Pfad (Stand: 12.05.2022).

Mabuni Kenei: Leere Hand – Vom Wesen des Budō-Karate

Das Vermächtnis eines Großmeisters des Karatedō

Budō ist der Weg der traditionellen japanischen Kampfkünste. Mabuni Kenei ist diesem Weg bis heute durch nahezu acht Jahrzehnte gefolgt. Er gehört zu den letzten Meistern, die bei den Gründervätern des modernen Karatedō in die Lehre gegangen sind. Der Sohn und Erbe Mabuni Kenwas, des Gründers des Shitō ryū, ist im Laufe seines Lebens zu einem tiefen Verständnis vom Wesen des Karate als Budō-Kampfkunst gelangt. Auf lebendige, fesselnde Weise versteht er es, dem Leser dieses außerordentlich komplexe und vielschichtige Wissen nahezubringen. Dies geschieht in Form von Lebenserinnerungen, technischen Erläuterungen, historischen und philosophischen Ausführungen, Legenden und anekdotischen Begebenheiten aus dem Leben berühmter Samurai und Budōka (u. a. Meister des Schwertkampfes, des Aikidō, des Okinawa-te und des Karate).

Mabuni Kenei (1918-2015) wurde auf Okinawa, dem Ursprungsort des Karate, geboren. Als Sohn eines der bedeutendsten Karateexperten in der Geschichte der Kampfkünste lernte er in seiner Jugend viele der großen Meister des Budō kennen, so z. B. Miyagi Chōjun, Motobu Chōki, Konishi Yasuhiro, Fujita Seiko und Funakoshi Gichin. Im Alter von 34 Jahren übernahm er den Vorsitz des Shitō ryū. Er war Inhaber des 10. Dan. Noch mit über 90 Jahren hielt er regelmäßig Lehrgänge in verschiedenen Teilen der Welt ab, in denen er authentisches Karatedō vermittelte.

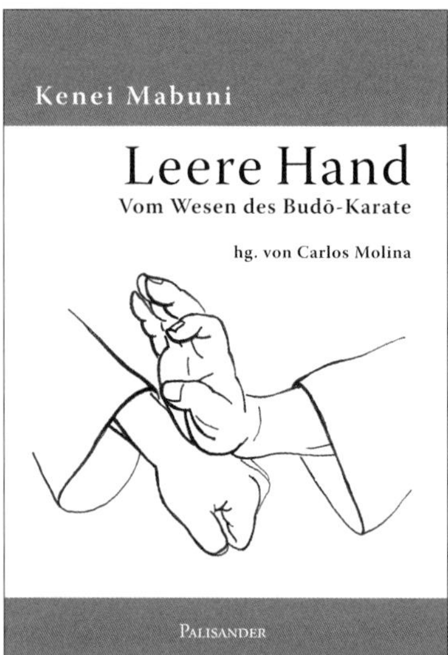

Dieses Werk, aus dem eine ebenso vergessene wie wertvolle Vergangenheit zu uns spricht, ist eine Einladung, dem Weg des »vollendeten Menschen« zu folgen, welcher der wahre Weg des Karatedō ist. Sōke Mabuni geht sogar über diesen Weg hinaus, indem er Verbindungen zu buddhistischer, daoistischer und konfuzianischer Spiritualität knüpft. Möge seine Botschaft gelesen und verstanden werden.

Roland Habersetzer

Kenei Mabuni
Leere Hand – *Vom Wesen des Budō-Karate*
Aus dem Japanischen von Bernd Winter
Herausgegeben von Carlos Molina
256 Seiten mit 100 Abbildungen
3. Auflage 2014
ISBN 978-3-938305-05-8
19,80 €

Von der Form einer Kampfkunst

Die Kata als zentrales Übungskonzept des Karate

Die traditionell überlieferten Formen des Karate, die Kata, enthalten sämtliche Facetten des Karatetrainings. Doch dieses Wissen wird nur dann umfassend zugänglich, wenn die Kata auf eine Weise analysiert werden, die das Weltbild der Menschen, die sie vor langer Zeit geschaffen haben, berücksichtigt, das heißt ihre religiösen Anschauungen, ihre Kenntnisse in traditioneller chinesischer Medizin, ihr Wissen über den Fluss des Ki (Qi) und vieles mehr.

Auf der Grundlage von über 40 Jahren eigener Übungs- und Unterrichtspraxis sowie umfangreicher Forschungsarbeit gelingt es dem Autor, anhand zahlreicher praktischer Beispiele und origineller Analysen darzustellen, wie es möglich ist, die Kata so zu entschlüsseln, dass der Karateka daraus vielfältiges anwendbares Wissen gewinnen kann. Erst mit solchem Wissen kann Karate wieder zu der echten und hocheffektiven Kampfkunst werden, als die es einst geschaffen wurde.

Das Werk beginnt mit Erläuterungen zu Aufbau und Struktur der Karate-Kata und zur potentiellen Wirkungsweise der enthaltenen Techniken; die Gesetze der Physik werden hierbei ebenso berücksichtigt wie alternativmedizische Modellbetrachtungen. Im zweiten Teil wird ausführlich auf das Üben der Kata und deren Umsetzung im freien Kampf eingegangen. Im dritten Teil werden einzelne für das heutige Karate besonders bedeutende Kata beschrieben und miteinander verglichen, so z. B. die Kata Naifanchin und Bassai.

Roman Westfehling, 5. Dan, möchte den Leser ermutigen, immer wieder Altbekanntes in Frage zu stellen, damit er weiterkommt auf dem Weg der leeren Hand, dem Karate-dō. Dieses Buch richtet sich an jeden fortgeschrittenen Karateka – unabhängig von seiner Stilrichtung –, und auch dem interessierten Anfänger kann es als Wegweiser und Wegbegleiter dienen.

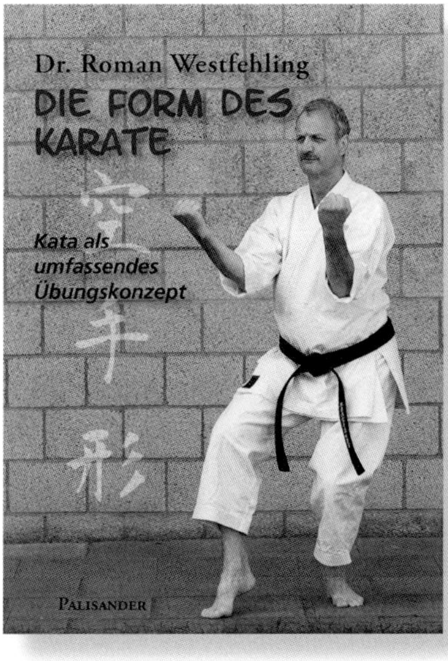

Roman Westfehling
Die Form des Karate
Kata als umfassendes Übungskonzept
408 Seiten mit 106 Abbildungen
1. Auflage 2015
ISBN 978-3-938305-84-3
24,80 €

Bubishi – Mit den 32 Formen des Kaisers Song Taizu

Die Bibel der Kampfkunst mit leerer Hand

In der südchinesischen Provinz Fujian (Fukien) entstand vor Jahrhunderten der Kampfstil des Weißen Kranichs, als Fang Jin Jang, Tochter eines Shaolinmeisters, die Kampfkunst ihres Vaters mit Haltungen und Bewegungen des Kranichs verknüpfte. Dieser Stil wird im Bubishi beschrieben, einem illustrierten Manuskript, das für jene bestimmt war, die Meister im Kampf ohne Waffen werden wollten. Es zeigt sich, daß die im Bubishi beschriebenen Techniken nichts weniger darstellen als jene Urformen, aus denen sich so unterschiedliche moderne Kampfkünste wie Karate, Jūjutsu, Jūdō, Aikidō oder Wingchun entwickelt haben. Alle Geheimnisse der waffenlosen Kampfkünste sind hier bereits offenbart.
In diesem Werk werden die 48 Nahkampftechniken des Bubishi (ergänzt durch ausführliche Kommentare und detaillierte Zeichnungen des Autors), die Kunst des Dianxue (die geheimnisumwitterten Vitalpunkttechniken der »vergifteten Hand«), die Geschichte des Kampfstils des »Weißen Kranichs« sowie Geschichte und Technik der Kata Hakufa und Happoren vorgestellt.

Die vorliegende Neuauflage des Bubishi enthält zudem eine umfassende Darstellung der »32 Formen des Boxens des Kaisers Song Taizu«. Hierbei handelt es sich um ein vollständiges Kapitel des chinesischen Klassikers Ji Xiao Xin Shu von General Qi Jiguang, der 1564 erschien.

Der japanische Karatemeister Ôtsuka Tadahiko, Lehrer und Freund Roland Habersetzers, analysiert die darin vorgestellten 32 Kampfpositionen. Der Wushu-Experte Maik Albrecht, welcher über zehn Jahre in China lebte, übersetzte und kommentierte die Einleitung des Ji Xiao Xin Shu, das erstmals einer nichtasiatischen Leserschaft zugänglich gemacht wird. Maik Albrecht, der bei einigen der größten lebenden Meister des Wushu (Kungfu) in die Lehre gegangen ist und chinesische Sprache und Kultur studiert hat, hat es vollbracht, den klassischen Text auf eine Weise zu übertragen und zu erläutern, daß der Leser tiefe Einblicke in die faszinierende Welt der waffenlosen Kampfkünste im alten China gewinnt.

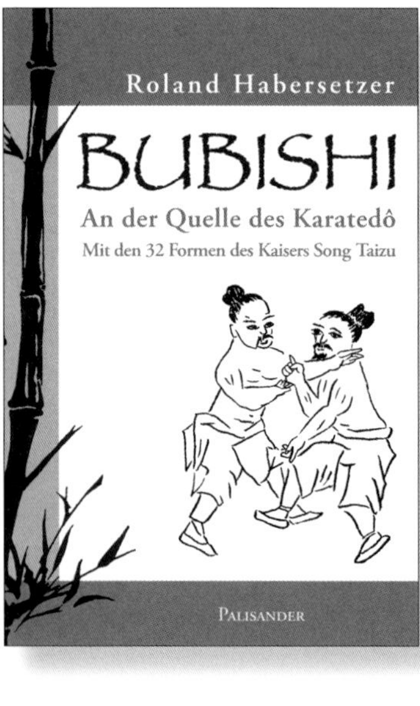

Roland Habersetzer
Bubishi – *An der Quelle des Karatedō*
Mit den 32 Formen des Kaisers Song Taizu
Aus dem Französischen von Frank Elstner
320 Seiten mit zahlreichen Abbildungen
5. Auflage 2020
ISBN 978-3-938305-00-3
25,90 €

M. Albrecht & F. Rudolph: Tigersturz und Ringerbrücke

Ein west-östliches Trainingsbuch für Kampfkünstler und Sportler

Dieses Buch stellt einige der effektivsten Trainingsmethoden aus West und Ost vor. Der Leser lernt Übungen kennen, die eine flexible dynamische Kraft aufbauen. Übungen mit und ohne Hilfsmittel werden in Text und Bild vorgestellt, grundsätzlich jedoch ausschließlich Übungen, die man ohne die technischen Geräte und Maschinen der Fitnessstudios praktizieren kann.

Es geht in diesem Werk um erprobte Trainingsformen, die den Körper so schmieden, dass er die Fähigkeit gewinnt, sich im Kampf oder im Wettkampf effektiv zu bewegen. Vor allem geht es um Methoden, die neben ihrem Trainingseffekt den Körper auch auf Dauer gesund erhalten. Derartige ganzheitliche Trainingsmethoden erfordern Disziplin, Leidenschaft und ein umfangreiches Wissen um unser wertvollstes Gut – den Körper. Aus diesem Grund wird im Buch auch ausführlich auf die physiologischen Grundlagen des Trainings eingegangen, so z. B. auf die Rolle der Faszien – des den ganzen Körper durchziehenden Bindegewebes.

Die in dem Buch dargestellten Trainingsmethoden sind für alle Kampfkünste und Sportarten sinnvoll. Der Kampfkünstler, egal welchen Stils, wird sich in seiner Kunst und seiner Kampfkraft erheblich verbessern. Der Leistungssportler kann seine Leistungsfähigkeit steigern, und der Freizeitsportler bleibt fit und gesund.

Maik Albrecht ist Schüler eines der besten Wushu-Meister Chinas, Li Zhengua. Frank Rudolph praktiziert verschiedene europäische und asiatische Kampfkünste.

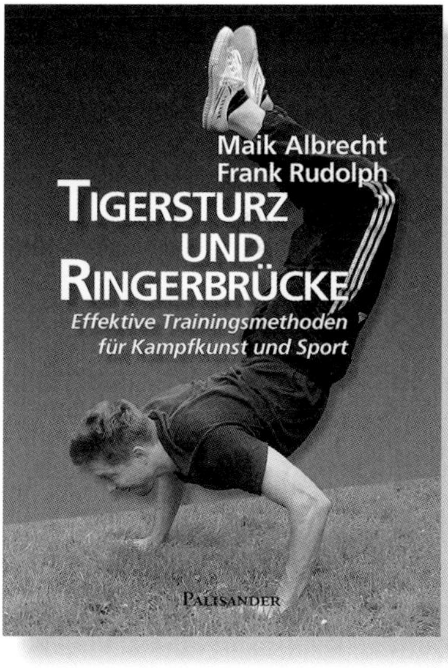

Maik Albrecht und Frank Rudolph
Tigersturz und Ringerbrücke
Effektive Trainingsmethoden für Kampfkunst und Sport
304 Seiten, 580 Abbildungen
ISBN 978-3-938305-73-7
19,90 €

Dàomíng Xióng: Yàn Chí Gōng

Die Wiederentdeckung einer alten Shaolin-Tradition

Im Jahre 1963 beschloss Großmeister Dàomíng Xióng, sein Wissen über das Yàn Chí Gōng schriftlich festzuhalten. Im Jahre 2012 gestattete Li Zhènghuá, Meister Xióngs geistiger Erbe, die Erstveröffentlichung des Manuskripts in deutscher Sprache. Sein Schüler Maik Albrecht übersetzte den Text und kommentierte ihn gemeinsam mit Frank Rudolph.

Das Yàn Chí Gōng ist ein in sich geschlossenes Übungssystem (gōng bzw. qìgōng), das anderthalb Jahrtausende lang nur Eingeweihten im Shaolin-Kloster bekannt war und schließlich fast vollkommen in Vergessenheit geriet. Es zielt darauf ab, eine nachhaltige innere Stärke von Körper und Geist und lebenslange Gesundheit zu entwickeln. Die Übungen werden im Buch auf nachvollziehbare Weise in Text und Bild dargestellt. Die einfacheren Übungen sind für Menschen, die einen Ausgleich zu vorwiegend sitzenden Tätigkeit suchen, bestens geeignet. Darüber hinaus ist das Yàn Chí Gōng ein hocheffektives, über Jahrhunderte erprobtes Trainingssystem für Kampfkünstler, das den Körper als Ganzes trainiert – einschließlich der inneren Organe und des Bindegewebes –, ohne ihn dabei zu verschleißen, wie dies oft im Leistungssport der Fall ist. Der Körper gewinnt durch die Übungen an Ausdauer, Kraft und Geschmeidigkeit.

Neben den eigentlichen Übungen wird auch das dahinterstehende Gedankengebäude des Daoismus tiefgründig erläutert, von der Schöpfungslehre über Medizin bis hin zur Sexualkunde.

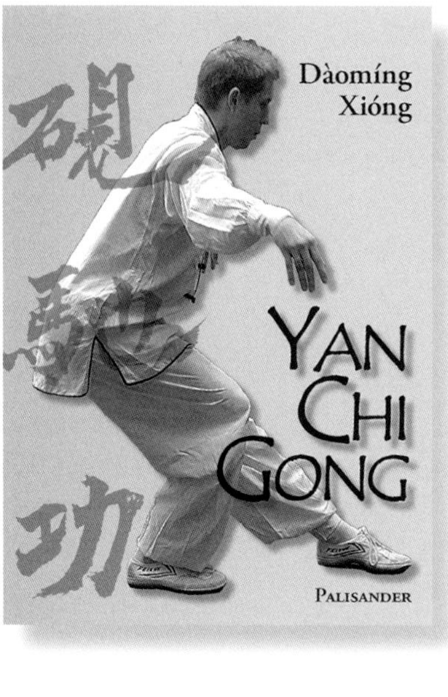

Xióng Dàomíng (ca. 1900-1986) war ein Großmeister der chinesischen Kampfkünste (Wushu). Er war Schüler des letzten Xiákè des alten China, Yáng Zuānkuí. Jener war nicht nur ein außerordentlicher Meister der alten Kampfkünste, sondern darüber hinaus ein universell gebildeter Mann. Zu den wertvollsten Dingen, die er Xióng Dàomíng lehrte, gehören das Trainingssystem und die Philosophie des Yàn Chí Gōng.

Dàomíng Xióng
Yàn Chí Gōng
Eine fast vergessene Shaolin-Tradition
Aus dem Chinesischen übersetzt und kommentiert von Maik Albrecht und Frank Rudolph
256 Seiten, ca. 280 Abbildungen
ISBN 978-3-938305-75-1
19,90 €

Berühmte Samurai, Rōnin und Ninja

Erzählungen aus 700 Jahre japanischer Geschichte

Dem Kampfkunstexperten und Historiker Roland Habersetzer ist es gelungen, die Zeit des alten Japan auf fesselnde Weise lebendig werden zu lassen.

Der Autor entführt seine Leser in die abenteuerliche Welt der Samurai, Rōnin und Ninja. Äußerst spannend erzählt er von legendären Helden der japanischen Geschichte. In authentischen Erzählungen, die auf historischen Quellen beruhen, werden Begebenheiten aus dem Leben der »Schwertheiligen« Tsukahara Bokuden und Miyamoto Musashi sowie des »letzten Samurai«, Saigō Takamori, dargestellt. Außerdem finden sich im Buch Berichte über den blutigen Machtkampf zwischen den Klanen der Minamoto und der Taira im 12. Jahrhundert, den Aufstieg und den Fall des Klans der Takeda, den Rachefeldzug der 47 Rōnin aus Akō und zahlreiche andere berühmte wie auch nahezu in Vergessenheit geratene Ereignisse der japanischen Geschichte.

Zum Inhalt dieses Werkes gehören des Weiteren unterhaltsame Kōdan- und Dōjō-Geschichten, die Zenweisheiten vermitteln, und Begebenheiten aus der Welt der Ninja, jener geheimnisvollen Schattenkrieger des japanischen Mittelalters.

29 Farbtafeln mit Reproduktionen von Holzschnitten aus der Edo-Zeit und zahlreiche Schwarzweißillustrationen verleihen dem Buch einen besonderen Reiz.

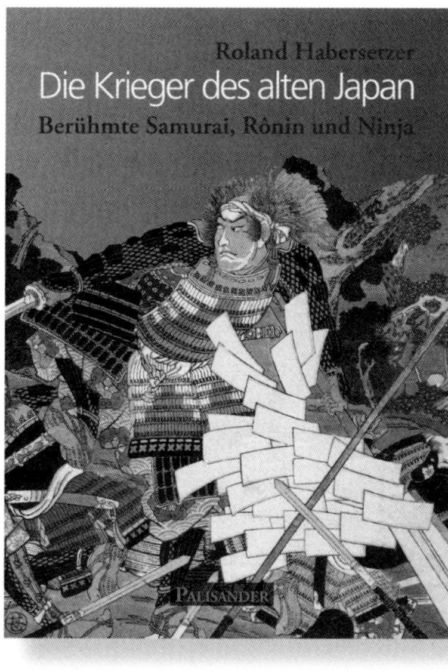

Roland Habersetzer
Die Krieger des alten Japan
Berühmte Samurai, Rōnin und Ninja
Aus dem Französischen von Frank Elstner
352 Seiten
29 Farbtafeln mit Holzschnitten
Zahlreiche Schwarzweißabbildungen
ISBN 978-3-957840-33-2
Neuausgabe 2021
€ 32,00